KB004618

요즘 어른을 위한

✗

최소한의
전쟁사

수천 년
세계사의
흐름이 통째로 이해되는

요즘 어른을 위한

김봉중 지음

최소한의
전쟁사

빅피시
BiG FISH

과연 인간은 과거의 경험을 통해
교훈을 얻을까?

"우리가 알 수 있는 유일한 것은 우리가 아무것도 모른다는 것이다.
이것이야말로 인간의 가장 높은 수준의 지혜이다."

레프 톨스토이, 《전쟁과 평화》

전쟁사는 시공간을 초월한 인간의 본질에 대한 성찰을 유도하며, 변화무쌍한 세계와 환경에서 불변하는 인간의 본성에 대한 성숙한 이해의 길잡이이다. 우크라이나 전쟁이 있기 전에 보스니아 전쟁이 있었고, 보스니아 전쟁 이전에 제1차 세계대전을 촉발했던 발칸반도의 갈등이 있었다. 등장인물과 시대적 배경은 다르지만 본질은 변함이 없다. 이스라엘-하마스 전쟁 이전에 끊임없이 반복 재생되었던 중동전쟁이 있었고, 수세기 전에 있었던 십자군 전쟁이 있었다. 역시 본질은 크게 다르지 않다.

전쟁사는 분명 역사학의 영역이긴 하지만 큰 틀에서 인문학의 영역이다. 역사학의 목적이 인간의 과거 행적을 통해 교훈을 찾는 것이라고 하는데, 인문학은 교훈보다는 인간의 이해에 치중한다. 나는 교훈보다는 이해가 우선되어야 한다고 생각한다. 과연 인간은 과거의 경험을 통해 교훈을 얻을까? 그래서 같은 실수를 반복하지 않을까? 굳이 답을 할 필요가 없다. 만약 내가 "그렇다"고 한다면 독자들이 코웃음 칠 것이 뻔하기 때문이다.

십자군 전쟁의 비이성과 광기를 무려 200여 년 동안 뼈저리게 경험했지만, 이후 전쟁에서 그것은 다시 반복되었다. 30년 전쟁의 야만과 광기가 좋은 예이다. 제1차 세계대전의 참혹함은 인류가 겪어보지 못한 상상을 초월한 것이었다. 그 기억이 생생한데 그보다 훨씬 참혹한 살육이 제2차 세계대전에서 행해졌다. 게다가 '인종 청소'라는 악마적 광기가 나치에 의해 자행되었고, '대동아공영권'의 미명 아래 일본 군국주의의 광기가 아시아를 휩쓸었다. 채 반세기도 지나지 않아 유사한 악마적 몸부림이 보스니아에서 재생되었다.

물론 이 책에서 나는 전쟁사의 역사적 교훈을 애써 거부하지는 않는다. 다만 그 교훈을 내가 자의적으로 만들려는 것을 경계할 뿐이다. 교훈을 찾는 것은 독자의 몫이다. 나 역시 이 시대를 살아가는 한국인이다. 19세기 초 나폴레옹이 몰고 온 유럽의 전쟁과 혼란에 대한 기억이 생생할 때, 톨스토이가 조국 러시아의 입장에서 《전쟁과 평화》를 썼듯 나의 시선은 대한민국과 우리 국민에게 갈 수밖에 없다. 이 점에서 나 역시 역사가의 한계를 벗어나지 못한다. 내가 궁극적으로 이 책을 통해서 무엇을 말하려고 하는지는 독자들이 제각기 알아차릴 것이고, 그것은 독자마다 다를 것이기에 미리 '스포'하고 싶지는 않다.

하지만 한 가지 힌트를 제시한다면, 나는 히틀러라는 개인보다는 민주주의라는 허울 속에서 히틀러를 선택한 독일 민족 전체의 악마성에 주목한다. 한 개인의 악마성이 부각되면 될수록 그것을 잉태한 집단은 조용히 면죄부를 받곤 하기 때문이다.

수천 년 세계사를 뒤흔든
전쟁을 바라보는 네 개의 창

《요즘 어른을 위한 최소한의 전쟁사》는 경제, 내전, 문명, 종교의 네 개의 영역으로 나뉜다. 나뉨의 기준은 나의 자의적인 판단에 의한 것이지만, 독자의 편의를 고려한 것이기도 하다. 대부분의 전쟁은 하나의 영역에만 해당되기보다는 두 개 이상의 영역이 중첩되어 있으며, 때론 네 개 모두를 포함하기도 한다.

예컨대, 십자군 전쟁이 그렇다. 이슬람과 기독교의 문명적 충돌, 종교적 열망, 유럽 사회의 다양한 정치적, 사회적, 경제적 이해관계가 복합적으로 나타난 것이 십자군 전쟁이었다. 특히 원정의 횟수가 늘어나며 종교적 열망보다는 세속적 열망이 더 크게 드러났다. 그렇지만 근본적으로 종교적인 동기를 제외하고 원정 전체를 설명할 수 없다.

이렇듯 각 전쟁이 여러 영역의 복합적 상호작용의 결과라고 해도, 그 모든 영역을 균등한 시선으로 조명하는 데는 한계가 있기에, 네 영역 중에서 가장 도드라진 영역에 주목하면서 서술했다.

첫 번째는 경제 영역이다. 경제적 욕망을 빼놓고 인간의 욕망과 본질을 제대로 설명할 수는 없다. 전쟁사에서 이러한 경제적 욕망을 제외한다면 그것은 완전한 역사가 아닐 것이다. 경제적 영역에 포함되는 전쟁을 선별하기가 쉽지 않았다. 고민 끝에 100년 전쟁, 스페인의 아메리카 정복 전쟁, 제1차 세계대전, 이라크 전쟁, 우크라이나 전쟁을 선택했다.

100년 전쟁은 결과적으로 유럽의 봉건 제도를 뒤흔들어 놓았고, 근대 시민 의식과 새로운 정치 제도의 터를 닦았지만, 그 시작은 경제적 욕망으로 출발했으며, 그 욕망이 예상치 못한 사회, 정치적 변화를 가져왔다. 스페인의 아메리카 정복사도 마찬가지이다. 식민지 개척을 통해 부를 축적하고자 하는 세속적 욕망이 세계사의 새로운 지평을 열었다. 제1차 세계대전이 발발한 데에는 제국주의와 민족주의 같은 유럽의 정치 및 사상적 배경도 중요하게 작용했지만, 그 저변에서는 산업혁명에 의한 경제적 이해관계가 크게 영향을 끼쳤다. 이라크 전쟁을 보는 시각은 다양하지만, 미국의 석유 패권에 대한 집착을 우회할 수 없다. 우크라이나 전쟁도 오랜 민족주의의 그루터기를 무시할 수는 없지만 동구권 공산주의의 몰락과 소련 해체 이후 러시아가 갖는 경제적 불안감을 이해하는 것이 중요하다. 그것이 나토와 유럽연합의 동진 정책에 따른 지정학적 불안감과 겹쳐지면서 폭발한 것이다.

두 번째 영역인 내전에 포함되는 전쟁을 선택하는 것은 쉽지 않았다. 일단 전 세계적으로 내전의 숫자가 너무 많아서이다. 특히 1945년 이후 아프리카와 중남미의 크고 작은 내전을 포함하면 그 수는 100개가 훌쩍 넘는다. 그래서 우리에게 익숙하거나 우리에게 남다른 영향을 주었으며, 우리가 유념할 필요가 있는 전쟁들을 선택했다. 시대순으로 보면 미국의 남북 전쟁, 중국 내전, 베트남 전쟁, 보스니아 전쟁이다.

남북 전쟁은 미국 건국부터 미국의 발목을 잡았던 남과 북의 지역주의가 낳은 지극히 미국적인 내전이지만, 미국 민주주의의 과거와 현재를 조망할 뿐 아니라 그것이 우리의 지역주의와 민주주의에 시사하는 바가 크다. 중국 내전 역시 한국 전쟁과 연계해서 우리의 과거와 현재를 이해하는 데 매우 중요하다. 보스니아 전쟁은 언뜻 보면 유럽의 지엽적인 내전으로 치부할 수 있지만, 적어도 1세기 이상 지속된 유럽 정치 지형도의 변화와 민족주의가 뿜어내는 비극적 역사의 속살을 그대로 노출하고 있기에 내전의 실체를 정확히 들여다볼 필요가 있다.

문명 전쟁 영역에서는 그리스-페르시아 전쟁, 알렉산드로스 대왕의 정복 전쟁, 몽골제국의 정복 전쟁, 나폴레옹 전쟁, 제2차 세계대전을 선택했다. 그리스-페르시아 전쟁, 알렉산드로스 대왕의 정복 전쟁, 몽골제국의 정복 전쟁은 동서양 문명의 흐름과 향방에 지대한 영향을 주었다. 나폴레옹 전쟁은 프랑스 혁명 이후 유럽의 세력 균형과 제국주의 팽창을 비롯한 근대 유럽 문명의 이해를 위해 중요하다고 판단했다. 제2차 세계대전은 오랜 유럽 중심주의 세계에서 미국 주도의 세계 질서로의 변환으로 보았다.

　전쟁은 당사자 국가와 민족뿐만 아니라 세계사의 흐름 전체를 바꿔놓곤 한다. 그것이 작은 전쟁이든 큰 전쟁이든 전쟁이 발발하면 그에 대한 깊은 성찰이 필요하다. 그리스-페르시아 전쟁 후 페르시아 제국이 그 전쟁의 의미를 진지하게 곱씹어보았더라면 세계 역사가 어떻게 바뀌었을까? 나폴레옹 전쟁 이후 영국과 프랑스를 비롯한 유럽의 주요 국가들이 자신들의 세력 다툼과 식민지 쟁탈에만 몰두하지 않고, 통일의 길에 접어든 독일 민족주의와 그 여파를 간파했더라면 세계사는 어떻게 변화했을까? 아시아에서 그 변화를 가장 먼저 감지한 나라가 일본이었다. 나폴레옹 전쟁 이후 세계의 변화에 따라 재빨리 국가의 체제와 방향을 바꾼 일본과 여전히 '고요한 아침의 나라'에 머물렀던 우리나라의 운명이 결정되는 순간이었다.

마지막으로 종교 전쟁에는 팔레스타인-이스라엘 전쟁, 이란-이라크 전쟁, 십자군 전쟁, 30년 전쟁이 포함된다. 십자군 전쟁은 앞에서 얘기했듯이, 종교적 열망을 빼놓고는 모든 원정을 이해할 수 없다. 30년 전쟁은 결과적으로 보면 유럽 민족국가의 토대를 제공하며 근대 유럽의 여명을 재촉한 면도 무시할 수 없지만, 기본적으로 중세에서 근대로의 전환에서 가장 중요한 부분이 종교개혁이라고 판단했다.

팔레스타인-이스라엘 전쟁 역시 뿌리 깊은 종교적 갈등에 대한 이해 없이는 풀어갈 수 없다. 중동 지역 내의 세속의 야망과 그것에 맞닿아 있는 외부적 이해관계도 중요하지만, 이슬람 세계 내의 종교적 분파주의를 이해하지 않고서는 복잡한 중동 문제를 정확히 이해할 수 없다고 판단해서 이란-이라크 전쟁을 포함했다.

인간의 욕망과 광기를 적나라하게 보여주는
전쟁사의 파노라마

나는 인문학자로서 이 책을 썼다. 평생을 역사학자로 살았는데, 새삼 인문학자로서 이번 책을 썼다고 하니 의아할 것이다. 명백한 역사학의 범주에 속한 전쟁사를 내놓으면서 말이다.

문학과 철학과는 달리 역사학은 논쟁에 휩싸일 경우가 많다.

역사를 보는 시각에 따라 분쟁과 분열, 때론 증오를 낳는다. 역사는 근본적으로 다른 인문학과는 달리 과거에 대한 정확한 답을 제시한다고 믿기 때문이다. 이 믿음이 자부심을 주기도 하지만, 자만심을 부추겨서 파괴적 매카니즘의 도구가 되곤 한다. 그래서 인간에 대한 이해라는 인문학 본연의 목적을 잃어버리고 혼란에 빠지기 십상이다. 두려움과 경계의 대상이 되기까지 한다.

그런데《요즘 어른을 위한 최소한 전쟁사》를 집필하면서 모처럼 역사학자보다는 인문학자로서의 나를 찾을 수가 있었다. 인간의 욕망과 야망, 그것을 부추기는 집단과 사회, 혼돈과 인간 내면의 갈등, 종교와 민족에 대한 광적인 믿음, 그것을 받치는 개인과 집단의 광기, 이런 인간의 다양한 모습을 종합적으로 투영하는 전쟁사만큼 우리 인간을 적나라하게 보여주는 것이 있을까? 시대와 지역은 다르지만 서로 다른 스펙트럼을 발산하는 전쟁사의 파노라마는 인간의 본성에 대한 불변의 의문을 제시한다. 그 의문은 역사의 달콤한 유혹, 즉 인간사에 대한 정답을 역사에서 찾으려는 시도가 얼마나 부질없는 일인지를 여과 없이 보여준다.

* * *

마지막으로《요즘 어른을 위한 최소한의 전쟁사》가 탄생하기까지의 여정에 함께한 빅피시 출판사에 감사의 마음을 전한다. 사실, 힘든 여정일 것으로 예상했다. 방송과 강연 등으로 정신없이 바빴던 2023년 한 해에 과연 원고를 완성할 수 있을까에 대한 걱정이 컸다. 하지만 출판사의 뚜렷한 기획과 세련된 편집으로 원고의 완성도가 높아가는 것을 보면서, 시간이 가면서 지치기보다는 오히려 에너지가 넘쳐나게 되었다. 이것이 빅피시의 매력인 것 같다. 저자가 작은 물고기보다는 큰 물고기가 되도록 독려하는 것이 빅피시의 철학이어서 출판사 이름을 그렇게 지었는지도 모른다. 이 모든 여정의 중심에 박지숙 이사님이 계셨다. 기획부터 편집 등 책의 완성도를 높이는 데 프로의 정수를 보여준 박 이사님에게 특히 감사를 전한다.

아내는 나의 최고의 독자이다. 내 글에 대해서 매서운 일침을 가하기도 하지만, 항상 최고의 찬사로 나의 에너지가 넘치게 하는 아내에게 감사하다. "더 많은 사람들이 당신의 글을 읽어야 하는데"라는 아내의 말을 들을 때마다 내가 얼마나 힘을 받는지 모른다.

2024년 3월
김봉중

목차

PART 03
문명의 흐름을 완전히 바꿔놓은 대전

PART 04
종교의 탈을 쓴 잔혹한 권력 다툼

기원전 499~449년

페르시아 전쟁

전쟁 주체
페르시아 vs 그리스 연합군

사망자 수
30만 명 추정

기원전 334~323년

알렉산드로스 대왕의 정복 전쟁

전쟁 주체
마케도니아 왕국

사망자 수
최소 14만 2,000명

1095~1291년

십자군 전쟁

전쟁 주체
기독교 vs 이슬람교

사망자 수
100만 명~300만 명

1618~1648년

30년 전쟁

전쟁 주체
신교(프로테스탄트)
vs 구교(가톨릭)

사망자 수
400만 명~1,200만 명

1803~1815년

나폴레옹 전쟁

전쟁 주체
프랑스 vs 유럽의 구체제

사망자 수
350만 명~700만 명

1861~1865년

미국 남북 전쟁

전쟁 주체
연방군 vs 남부군

사망자 수
62만 명~100만 명

1948년~현재

팔레스타인-이스라엘 전쟁

전쟁 주체
이스라엘 vs 팔레스타인

사망자 수
최소 116만 명

1955~1975년

베트남 전쟁

전쟁 주체
남베트남 vs 북베트남

사망자 수
100만 명~300만 명

1980~1988년

이란-이라크 전쟁

전쟁 주체
이란 vs 이라크

사망자 수
50만 명~150만 명

1206~1368년

몽골의 정복 전쟁

전쟁 주체
몽골 제국

사망자 수
3,000만 명~4,000만 명

1337~1453년

100년 전쟁

전쟁 주체
잉글랜드 왕국 vs 프랑스 왕국

사망자 수
230만 명~350만 명

1492~1572년

스페인의 아메리카 정복 전쟁

전쟁 주체
스페인 vs 아메리카 원주민

사망자 수
약 1,200만 명

1914~1918년

제1차 세계대전

전쟁 주체
동맹국 vs 연합국

사망자 수
1,700만 명~2,000만 명

1927~1949년

중국 내전

전쟁 주체
중국공산당 vs 국민당

사망자 수
700만 명~1,200만 명

1939~1945년

제2차 세계대전

전쟁 주체
연합국 vs 추축국

사망자 수
7,000만 명~8,500만 명

1992~1995년

보스니아 전쟁

전쟁 주체
보스니아 헤르체고비나 vs 스릅스카 공화국

사망자 수
9만 7,000명~10만 5,000명

2003~2010년

이라크 전쟁

전쟁 주체
미국 vs 이라크

사망자 수
15만 명~65만 5,000명

2022년~현재

우크라이나 전쟁

전쟁 주체
우크라이나 vs 러시아

사망자 수
약 52만 명

PART 01

돈과 패권을 둘러싼
피의 전쟁

제1차 세계대전 | 연합국 대 동맹국 전쟁 경과

스웨덴

덴마크

북해

영국

런던 ●

베를린 ●

독일

파리 ●

프랑스

이탈리아

대서양

로마 ●

에스파냐

포르투갈

연합국 측 국가
동맹국 측 국가
중립국
→ 연합국의 진로
→ 동맹국의 진로

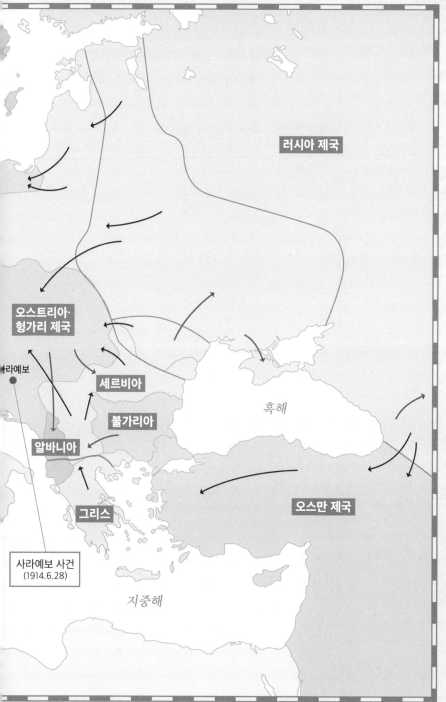

러시아 제국

오스트리아·
헝가리 제국

사라예보

세르비아

불가리아

알바니아

그리스

사라예보 사건
(1914.6.28)

흑해

지중해

오스만 제국

✦ 제1차 세계대전 연표 ✦

1911년	제2차 모로코 사태
1912~1913년	두 차례의 발칸 전쟁으로 오스만 제국 몰락
1914년 6월 28일	사라예보 사건
1914년 7월 28일	오스트리아, 세르비아에 선전포고
1914년 8월	독일, 벨기에 침공
1916년 7월	솜 전투 개시
1917년 1월	독일, 무제한 잠수함 전쟁 선포
1917년 4월	미국 참전
1917년 12월	러시아, 혁명의 여파로 독일과 휴전
1918년 11월 11일	독일, 휴전에 서명
1919년 6월	베르사유조약 체결

독일이 유럽의 신생 강국에서 패전국이 되기까지

제1차 세계대전
1914~1918

1914년 6월 28일, 사라예보에서 총성이 울렸다. 오스트리아-헝가리 제국(이하 오스트리아)의 황태자 프란츠 페르디난트 부부가 암살당했다. 오스트리아의 변방인 보스니아-헤르체고비나(이하 보스니아)의 수도에서 발생한 이 작은 총성이 무려 2,000만 명의 목숨을 앗아가며 20세기를 여는 '원시적인 대재앙'의 시작이라는 사실은 누구도 예상하지 못했다.

사라예보의 총성은 유럽 전체를 볼 때 지극히 지엽적인 사건이었다. 19세기 후반 오스만 제국이 발칸반도에서 지배권을 상실하면서 세르비아를 비롯한 대부분의 발칸반도의 국가들은 독립했다. 하지만 보스니아는 1908년에 오스트리아에 병합되었다. 이에 세르비아가 발끈했다. 범슬라브주의를 내세우며 발칸반도에서 슬라브계 통일 국가를 건설하려던 세르비아는 오스트리아의 보스니아 병합이 슬라브 민족주의 확산을 저지하려는 의도로 보았고, 궁극적으로는 세르비아에 대한 압박으로 받아들였다.

1912년부터 1913년까지 발생한 두 차례의 발칸 전쟁으로 쇠약해가던 오스만 제국이 발칸반도에서 완전히 물러나자, 영토 분할과 독립을 놓고 발칸반도는 격랑에 휩싸였다. 그 혼란의 진원은 오스만 제국이 떠난 자리에서 영향력을 키워가려는 오스트리아와 그에 대항해서 범슬라브 통일을 주도하는 세르비아였다. 사라예보의 총성은 오스트리아와 세르비아 간의 오랜 갈등이 낳은 예고된 사건이었다.

페르디난트 황태자 부부의 암살범인 가브릴로 프린치프는 범슬라브주의 비밀 결사에 소속된 세르비아 청년이었다. 더 이상 세르비아의 준동을 두고 볼 수 없었던 오스트리아는 세르비아 침공을 준비하기 시작했다. 그리고 동맹국이었던 독일에 침공 계획을 알렸다.

독일의 카이저 빌헬름 2세는 오스트리아에 무조건적인 지원을 약속했다. 독일은 가장 가까운 우방인 오스트리아가 세르비아 때문에 발칸반도에서 위축되는 것을 원치 않았고, 무엇보다도 세르비아와 가까운 러시아의 영향력을 견제할 필요가 있었다. 오스트리아는 독일의 백지수표 확약을 바탕으로 1914년 7월

1914년 7월 12일자 이탈리아 신문에 실린 사라예보 사건을 묘사한 삽화.

28일 세르비아에 선전포고했다. 그러자 러시아가 세르비아를 지원하기 위해 군대 총동원령을 내렸다.

　이후 일주일도 채 되기 전에 수많은 국가들이 미리 약속이나 한 것처럼 서로가 서로에게 전쟁 선포를 했다. 독일이 러시아와 프랑스에 선전포고를 했고, 영국이 독일과 오스트리아에 선전포고를 했으며, 오스트리아가 러시아에 선전포고를 했다. 아시아에서는 1902년부터 영국의 동맹국이었던 일본이 독일에 선전포고를 했다. 일본은 유럽의 전쟁을 기회 삼아 중국의 청도에 있는 독일 교차지를 비롯해서 남태평양에 있는 독일 식민지를 차지하고, 동아시아에 대한 영향력을 놓고 경쟁하고 있는 러시아를 압박하려는 심산이었다.

꼬리에 꼬리를 문 선전포고로 세계는 크게 오스트리아 측의 동맹국과 세르비아 측의 연합국으로 나뉘었다. 동맹국의 핵심은 독일과 오스트리아였고, 연합국은 프랑스, 영국, 그리고 러시아였다. 가장 큰 관심사였던 미국은 중립을 선포했지만, 세계는 역사상 최초로 세계대전의 소용돌이에 휩싸였다.

통일 독일, '총칼 외교'로
프랑스와 영국을 위협하다

오스만 제국의 쇠락으로 발칸반도에서 힘의 공백이 나타나자, 유럽에서는 적어도 나폴레옹의 몰락 이후부터 지켜왔던 '세력 균형'의 원칙이 흔들리기 시작했다. 세력 균형을 뒤흔드는 진앙지는 독일이었다.

1871년 프로이센은 종교는 다르지만 언어와 문화가 유사한 사람들로 구성된 39개의 독립 국가를 통합한 통일 독일의 탄생을 선포했다. 1870년에 발발한 프로이센-프랑스 전쟁에서 승리를 거머쥔 프로이센이 프랑스 역사와 문화의 자존심인 베르사유 궁전에서 승전과 함께 통일 독일을 선포한 것이다. 프랑스로서는 치욕적인 순간이었고, 독일로서는 게르만의 시대를 예고하는 영광의 순간이었다.

독일의 통일은 19세기 중반부터 강하게 태동하고 있던 민족주의의 발로였다. 독일은 게르만 민족의 우수성을 내세우며, 그동안 아프리카와 인도를 포함해서 '해가 지지 않는 제국'을 건설한 영국과 그 뒤를 이은 프랑스 제국주의에 강력한 도전장을 내밀었다. 민족적 우월주의는 독일뿐만 아니라 영국, 프랑스, 미국 등에서 무서운 속도로 서구인들의 의식을 사로잡고 있었다.

사회진화론, 즉 사회에서의 적자생존론이 국제사회 생태계에서도 적용되며, 가장 힘 있고 능력 있는 민족이 세계의 먹이사슬에서 최고의 포식자가 될 수밖에 없다는 믿음은 시대의 조류가 되었다. 특히 통일을 이룬 지 얼마 되지 않았고, 후발주자로 식민지 경쟁에 뛰어든 독일은 과학적, 경제적, 역사적으로 그들의 민족적 우월성을 증명하는 데 혈안이 되었다. 힘의 우위를 과시하며 민족적 자긍심을 표출하려는 민족주의는 이미 이성의 경계를 벗어나기 시작했고, 독일뿐만 아니라 유럽 곳곳에서 민족의 이름으로 위험한 도발을 부추기고 있었다.

1884년부터 1985년 사이, 독일은 영국과 프랑스가 주도하던 아프리카 식민지 분할에서 지분을 확보하는 데 성공했다. 겉으로 보면, 영국, 프랑스, 독일 세 나라가 평화롭게 아프리카 식민지 통치를 분할하는 것이지만, 식민지 쟁탈에 늦게 뛰어든 독일로서는 환호할 일이었다. 반면에 그동안 식민지 개척을 주도했던 영국과 프랑스는 독일의 약진에 불안감을 떨칠 수 없었다. 특히 영국은 아프리카 대륙을 종단하는 철도를 건설해서 '카이로에서 케이프(타운)까지' 아프리카를 지배하려는 야망을 세웠는데, 아프리카 중앙에 건설된 독일 식민지가 그러한 비전에 찬물을 끼얹고 말았다.

독일은 1905년과 1911년 두 차례에 걸쳐 모로코 사태에 개입하며 아프리카 북부에서 영향력을 키워가던 프랑스와 무력 충돌의 위기를 초래했다. 독일이 모로코 반란을 지원하며 무장 선박을 모로코의 아가디르 항에 상륙시키자 프랑스와 독일 사이에 전운이 감돌았다. 다행히 프랑스는 독일로부터 모로코 지배권을 인정받고, 독일은 프랑스의 콩고 식민지 일부를 넘겨받으면서 사건이 일단락되었지만 영국과 프랑스는 이 사건을 계기로 양국 간의 동맹을 강화하면서 독일의 '총칼 외교'를 견제하는 데 총력을 기울였다.

급격한 산업화로
유럽 시장을 장악한 독일

독일의 '총칼 외교'에 가장 놀란 나라는 영국이었다. 1911년 제2차 모로코 사태에서 독일이 모로코의 아가디르 항에 군함을 파견한 것은 프랑스에 대한 무력시위였지만, 영국은 궁극적으로 영국에 대한 도전으로 보았다. 영국은 19세기 내내 해상에서 절대적인 우위를 점하고 있었으며, 어떤 나라도 영국의 해군에 도전하리라고는 생각지 않았다. 그런데 독일이 지중해의 서쪽에서 대서양으로 연결되는 모로코에 전함을 파견했고, 그것은 영국에 대한 도전이나 다름 아니었다. 당시 영국의 해군 장관이었던 윈스턴 처칠은 '아가디르 위기'가 세계대전으로 가는 '아마겟돈'이 될 것으로 예견했다. 세계사의 흐름을 읽는 데 탁월했던 그 젊은 정치인은 그때부터 세계 패권의 판도를 뒤흔들 빅뱅이 가까워진 것을 직감한 것이다.

통일 이후 독일 군사력은 놀라운 속도로 증강되고 있었다. 이미 세계 최강의 육군을 소유한 프로이센은 독일 통일을 완성한 후 해군력 증강에 총력을 기울였다. 이는 곧 독일이 해양에서도 영국의 주도권에 도전하겠다는 것이었다. 19세기 초에 나폴레옹도 성공하지 못했던 것을 독일이 시도하고 나서자, 영국으로서는 긴장할 수밖에 없었다. 독일의 군사력은 단순히 민족주의적 이상에서뿐만 아니라, 빠른 속도로 진행되고 있는 산업화가 뒷

독일의 무장 선박이 모로코의 아가디르 항에 상륙하면서 프랑스와 독일 사이에는 전운이 감돌았다. '아가디르 위기'로도 불리는 제2차 모로코 사태 이후 모로코에 주둔 중인 프랑스군의 모습. 1912년 3월 30일.

받침하고 있었기 때문이다.

통일 이후 20년 만에 독일의 산업은 영국, 프랑스와 비슷한 수준으로 성장했고, 어느 부분은 앞서기 시작했다. 영국에서는 적어도 100년 이상이 걸렸던 산업화가 독일에서 순식간에 이뤄졌다. 산업화의 '철마iron horse'인 철도는 석탄과 철강 산업의 붐을 이루었다. 독일의 석탄과 철강 생산은 영국과 같은 수준으로 올라왔고, 제1차 세계대전이 발발할 당시에 독일은 영국보다 2배 이상 많은 철강을 생산하게 되었다. 제품 수출에 있어서도 독일의 약진은 놀라웠다. 통일 당시에 독일 수출품의 3분의 1만이 완제품이었으나 1913년에는 그 비중이 63%로 증가했다. 독일은 프랑스를 제외한 모든 유럽 대륙의 시장을 장악하기에 이르렀다.

급격한 산업화로 일자리가 늘어나자 독일인들 중에 이민을 나가는 숫자도 급속히 감소했다. 1880년대 연평균 13만 명에 달하던 이민자 수는 1890년대 중반에는 2만 명으로 극감했다. '아메리칸 드림'을 좇아 미국으로 가기보다는 '독일 드림'의 중심지인 베를린과 루르로 갔다.

강력한 산업화는 군사력의 증강으로 이어졌다. 세계 제1의 육군력을 자랑하는 독일은 영국의 해군력을 따라잡기 위해 막대한 군사비를 투입했고, 19세기 말에 독일은 영국에 이어 두 번째로 강한 해군을 갖게 되었다. 최강 육군과 세계 2위의 해군력을 갖춘 독일은 '해가 지지 않는 나라' 영국에 충분히 위협적이었다. 독일의 엘리트들은 '해가 지지 않는 나라'에서 독일의 자리를 차지해야 한다고 외치기 시작했고, 독일 국민들은 그것이 허황된 꿈이 아니라 현실로 다가오고 있다고 믿었다.

전사자만 2,000만 명, 역사상 가장 참혹했던 전쟁

급격한 산업화에 따른 군사력의 증강으로 유럽 열강은 자신감이 넘쳐났다. 전쟁이 일어나면 누구나 승리는 자신들의 몫일 것이라고 자신했다. 나폴레옹 전쟁 이후 유럽은 100년간 대규모 전쟁을 겪지 않았기에 전쟁에 대한 낭만적인 환상은 민족주의, 애국주의와 함께 더욱 부풀어갔다. 독일은 심지어 다가오는 전쟁을 기대하고 있었으며, 군사 전략가들은 방어적 전술보다는 공격적 전술을 짜는 데 몰두했다. 대표적으로 독일의 알프레드 폰 슐리펜 장군은 "공격이 최고의 방어"라고 주장하며 1905년부터 이른바 '슐리펜 작전'을 세웠다. 이는 전쟁이 발발하면 러시아가 대응할 시간을 갖기 전에 벨기에를 통해 빠른 시일 내에 프랑스를 제압한다는 전략이다.

하지만 전쟁이 계획대로 전개되지 않을 수 있고, 공격형 전술이 절대적으로 유리하지도 않으며, 그렇게 빨리 끝나지도 않는다는 현실을 알기까진 그리 오랜 시일이 걸리지 않았다. 전쟁 발발과 함께 예상대로 독일은 벨기에를 침공해서 프랑스 영토 내에까지 빠르게 진격했지만, 파리 근처의 마른강 전투에서 프랑스와 영국 연합군에게 저지당하며 진격의 힘을 잃고 주저앉았다. 동부전선에서는 타넨베르크 전투에서 러시아의 진격을 물리치며 동부 프로이센과 폴란드를 지켜내기는 했지만, 독일은 이제 동서 양쪽 전선에서 힘겨운 방어 전쟁을 할 수밖에 없었다.

슐리펜 작전의 실패로 전선이 교착 상태에 빠지자, 독일군과 영국, 프랑스 연합군은 참호전에 돌입했다. 자동으로 발사되는 기관총의 등장과 철조망은 나폴레옹식의 대열 전투 공격을 무기력하게 만들었다. 그럼에도 서로는 한 치의 땅이라도 더 차지하

1916년 베르덩 전투에서 프랑스 군대가 참호에서 나와 철조망을 뚫고 진격하는 모습.

겠다고 참호를 나와 돌격했고, 그럴 때마다 수많은 병사들과 말들이 기관총에 맞고 철조망에 걸리는 참극이 벌어졌다. 1916년 7월에 시작된 솜 전투에서 프랑스와 영국군은 겨우 15km를 전진했는데, 그 과정에서 60여만 명의 프랑스와 영국군, 그리고 비슷한 수의 독일군이 다치거나 전사했다. 인류사에서 그 유례를 찾을 수 없는 처참한 전투였다.

지리한 참호전이 계속되자 전쟁은 물자와의 싸움이 되었다. 탱크, 독가스, 비행기 등 온갖 신무기들이 등장하면서 참전국들은 모든 자원과 기술력을 동원해 군수 물자를 생산하는 데 총력을 기울였다. 공장은 더 많은 무기를 생산해야 하고 농촌은 더 많은 식량을 생산해서 전선에 투입해야 했다. 하지만 국내 생산만으로는 한계가 있었기에 해외 물자에 의존할 수밖에 없었다.

가장 큰 변수는 미국이었다. 미국은 이미 철강, 석탄, 석유 등 주요 산업에서 세계 최강 국가로 부상했을 뿐만 아니라 농산물에서도 최대 수출국이었다. 미국은 중립국으로 남아서 '전쟁 특수'를 누리고 있었지만, 미국의 교역은 프랑스와 영국 쪽에 치우쳐져 있었다. 독일의 입장에서는 연합국에 물자를 제공하는 미국의 상선을 저지하지 않고는 전쟁에서 이길 수 없었다.

1917년 초, 독일은 결단을 내렸다. 중립국 선박이라도 연합국에 군수물자에 해당하는 물품을 운송하면 독일 잠수함의 공격을 받을 것이라고 선포했다. 이는 사실상 미국에 대한 선전포고나 다름없었다. 독일 정부를 장악한 군부는 미국의 물자를 막고 서부전선에서 총공세를 가하면 전쟁을 승리로 이끌 수 있을 거라고 판단했다.

결국 4월 초 미국은 독일에 전쟁 선포를 했다. 미군이 도착하자 서부전선의 연합군 참호에선 환호가 터졌지만, 독일군 참호에선 한숨 소리가 나왔다. 참호전은 심리전이었다. 미군의 참전으로 연합군은 기세가 등등해졌지만, 독일군의 기세는 꺾이기 시작했다. 미군의 전투력이 우수해서가 아니라 미국의 풍부한 물자를 독일은 당해낼 도리가 없었다. 1917년 볼셰비키 혁명을 거친 후 러시아는 소비에트 연방(소련)으로 확장되어 재탄생했고, 다음 해 3월 전쟁에서 손을 뗐다. 이로써 독일은 동부전선에서 부담감을 덜었지만, 승패의 열쇠를 쥐고 있는 서부전선에서 미군의 참전으로 계속 수세에 몰렸다. 결국 1918년 11월 11일 독일은 휴전에 서명할 수밖에 없었다. 4년여 만에 포성이 멎고 포연이 걷혔다. 전사자만 무려 2,000만 명으로 그때까지 역사상 가장 많은 인명을 앗아간 참혹한 전쟁이 끝났다.

훗날 더 큰 비극을 부른
베르사유조약

1919년 초부터 시작된 평화회담은 주로 영국, 프랑스, 미국, 이탈리아의 '빅4'가 주도했다. 회담에서는 프랑스의 조르주 클레망소 총리의 입김이 가장 컸다. 전쟁으로 가장 많은 인명 및 물리적 피해를 입은 나라가 프랑스였기 때문이다. 약 200만 명이 목숨을 잃었고, 프랑스 산업화의 일번지였던 북동부의 석탄과 철광석 지대는 황폐해졌다. 클레망소의 목표는 독일을 경제적, 군사적, 영토적으로 약화시켜 다시는 프랑스를 침략하지 못하게 하는 것이었다. 프랑스는 알자스 로렌 지역을 할당받고 독일이 라인란트를 비무장화하는 데 성공했다. 또한 프랑스는 독일의 경제를 완전히 붕괴하지 않고는 안심할 수 없다고 보고, 독일

1919년 6월 28일 베르사유조약의 서명. 프랑스는 1871년 프로이센-프랑스 전쟁에서 패배한 수치심을 씻기 위해 베르사유궁전 거울의 방을 협약의 서명 장소로 선택했다.

에 전쟁 책임을 물어 1,300억 마르크(330억 달러)에 해당하는 배상금을 지불하도록 했다. 지금의 가치 기준으로 약 5,880억 달러(약 780조 원)에 해당하는 천문학적인 액수였다.

영국의 입장은 프랑스와 약간 차이가 있었다. 영국의 데이비드 로이드 조지 총리는 전후 독일이 완전히 무너지고 프랑스가 독일을 대신해서 유럽 대륙의 강국으로 부상하는 것을 경계했다. 동시에 독일이 패배를 극복하고 소련 주도의 공산주의로부터 서구 유럽의 자본주의를 지켜낼 수 있을 정도로 복원하기를 원했다. 하지만 영국은 '해가 지지 않는 제국'의 위상을 굳건히

하고자 했다. 그동안 해외 식민지 경쟁에서 영국에 위협적이었던 독일 식민지 제국을 해체하고 그 일부 영토를 양도받았다. 독일은 모든 해외 식민지를 잃게 되었다.

미국은 승전에 결정적인 역할을 했음에도 협상 테이블에서 주도적인 역할을 하지 못했다. 우드로 윌슨 대통령은 "세계 민주주의를 안전하게" 하기 위해 참전을 결심했고, 14개조 평화 원칙을 내세우며 자유와 평등, 그리고 민족자결주의 원칙을 주창했다. 하지만 '유럽 문제는 유럽이 알아서 한다'는 마음가짐으로 회담에 임한 프랑스와 영국이 주도권을 잡았기에, 윌슨의 영향력은 한계가 있었다. 다만, 윌슨은 항구적인 평화를 보장할 국제연맹을 제안해서 그것을 출범시키는 데 성공했다.

1919년 베르사유조약에 의해 제1차 세계대전은 공식적으로 끝이 났다. 하지만 10~13%의 인구와 영토를 잃고 식민지 전부를 잃었으며, 천문학적인 배상금을 지불해야 하는 독일의 분노는 훗날에 더 큰 비극을 초래했다. 윌슨은 국제연맹의 출범으로 평화가 보장될 것으로 기대했지만, 정작 미국 의회는 미국의 전통적인 먼로주의 원칙에 입각해서 미국이 국제연맹 회원국으로 가입하는 것을 허락지 않았다. 미국이 빠진 국제연맹은 주요한 국제분쟁과 전쟁을 막을 수 없었다. 제1차 세계대전을 종식시킨 베르사유조약은 다가오는 더 큰 전쟁의 불씨가 되고 말았다.

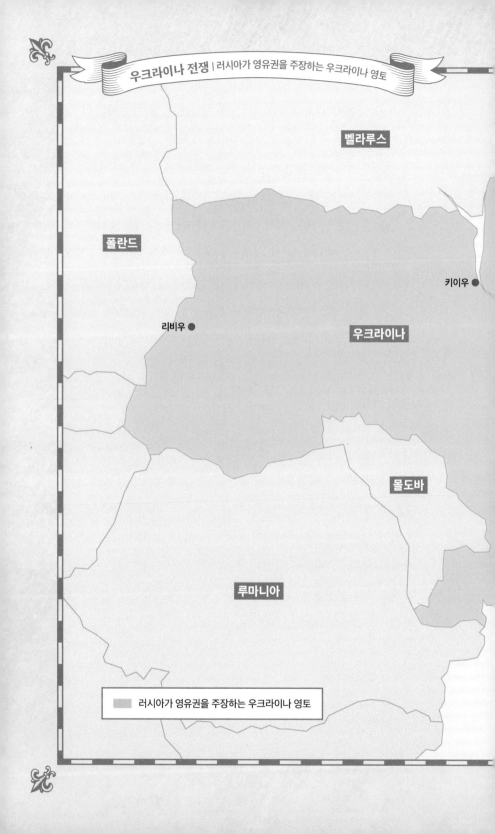

우크라이나 전쟁 | 러시아가 영유권을 주장하는 우크라이나 영토

벨라루스

폴란드

키이우 ●

리비우 ●

우크라이나

몰도바

루마니아

러시아가 영유권을 주장하는 우크라이나 영토

러시아

돈바스

● 히르키우

드니프로강

● 드니프로

● 루한시크

● 도네츠크

● 자포리자

● 오데사

● 헤르손

아조프해

● 크림반도

흑해

✸ 우크라이나 전쟁 연표 ✸

1954년	소련, 크림반도 우크라이나에 양도
1992년 2월	크림 자치 공화국 독립 개헌안 채택
1994년	우크라이나, 핵확산방지조약$_{NPT}$ 가입
1999년	체코, 폴란드, 헝가리 나토 회원국 가입
2000년	푸틴 대통령 당선
2004년	우크라이나, 빅토르 야누코비치 당선(친러)
2005년	재선거에서 빅토르 유셴코 당선(친서방)
2008년	유셴코 대통령 나토 가입 모색
2010년	야누코비치 대통령 당선
2014년 2월	친러 정책 반대 시위 발생 야누코비치 러시아 망명
2014년 3월	러시아, 크림반도 무력 병합
2022년 2월 24일	러시아, 우크라이나 침공

푸틴은 왜
우크라이나를 침공했을까?

우크라이나 전쟁
2022~현재

    우크라이나는 동쪽으로 러시아, 북쪽으로 벨라루스, 서쪽으로 폴란드, 헝가리, 루마니아와 국경을 이루고, 남쪽으로는 흑해에 맞닿아 있다. 국토 면적으로만 따지면 유럽에서 러시아 다음으로 큰 나라이다. 비옥한 흑토와 풍부한 지하자원을 보유한 우크라이나는 9세기 후반에 동유럽 슬라브족들이 세운 '키이우(러시아어로 키예프) 루스'라는 나라의 중심 지역이었다. 키이우 루스는 오늘날의 우크라이나, 러시아, 벨라루스의 기원이 되는 나라인데, 키이우의 이름을 따서 국명이 지어졌듯이 키이우를 중심으로 지금의 우크라이나가 키이우 루스의 중심지였다.

우크라이나의 불운한 운명은 13세기 몽골 제국의 침략과 함께 찾아왔다. 1236년에 칭기즈 칸의 손자 바투Batu가 키이우 루스를 침략해서 키이우를 완전히 파괴하고, 키이우 루스를 멸망시켰다. 당시 키이우의 인구가 5만 명이었는데 단지 2,000명 정도만 살아남았을 정도로 키이우는 무자비한 학살과 약탈로 폐허가 되었다. 몽골 침략으로 키이우가 몰락하자, 당시 키이우에 비해 작은 도시 공국이었던 모스크바가 그 지역의 중심으로 떠올랐다. 모스크바 공국은 몽골 제국에 협조하면서 주변 지역을 합병하며 세력을 키웠다. 몽골 제국이 물러난 이후 16세기에 우크라이나는 한때 폴란드에 합병되기도 했지만, 이후 19세기까지 대부분의 우크라이나 영토는 러시아 제국에 통합되었고, 일부는 오스트리아-헝가리 제국의 지배 아래 들어갔다.

20세기에 들어서 우크라이나는 거대한 세계사의 소용돌이에 휩싸였다. 제1차 세계대전과 1917년 러시아 혁명의 혼란기에 우크라이나는 독립을 시도하여 '우크라이나 국민 공화국'을 설립했으나, 1922년 소비에트 연방에 강제로 합병되고 말았다. '우크라이나 소비에트 사회주의 공화국'이란 이름으로 소비에트 연방, 즉 소련에 합류된 것이다. 하지만 1991년 또 하나의 거대한 세계사의 격동 속에 우크라이나는 전환점을 맞게 되었다. 소련의 붕괴와 함께 우크라이나는 드디어 숙원이었던 독립 국가를 이루게 된 것이다.

하지만 이것은 불안한 독립이었다. 우크라이나는 러시아와 국경을 맞대고 있을 뿐만 아니라 우크라이나 영토 안에는 상당수의 러시아인들이 거주하고 있었다. 러시아계는 주로 우크라이나의 동부와 남부에 거주하고 있었는데, 크림반도에는 무려 70% 정도가 러시아계였다. 수도 키이우에는 인구의 13%가 러시아계였다. 이런 민족적 분포 때문에, 우크라이나가 러시아의 눈치를 보지 않고 실질적이고 완전한 독립을 이루기는 쉽지 않은 일이었다.

러시아의 입장에서는 우크라이나의 방대한 영토뿐만 아니라 경제적 가치 때문에 우크라이나의 완전한 독립은 받아들이기가 어려웠다. 우크라이나는 풍부한 지하자원과 수력발전 등으로 그동안 러시아의 기계 제조 공업 및 화학 공업에 중요한 부분을 차지했었다. 무엇보다도, 유럽은 천연가스의 40%를 러시아에서 공급받는데, 그 공급 파이프 라인의 80%가 우크라이나를 통과하기 때문에, 우크라이나의 파이프 라인에 문제가 생긴다면 러시아로서는 심각한 경제적 위기를 맞을 수밖에 없었다. 게다가 우크라이나는 세계 4대 곡창지대의 하나로서 밀, 옥수수, 보리 같은 곡물의 주요 생산지이고 축산도 발달해 있어 소련의 가장 중요한 농목축 지역이었다. 이런 곳이 완전한 독립 국가로 자리를 잡게 된다면 러시아로서는 큰 손실이 아닐 수 없었다.

우크라이나인들의
분노와 증오, 그 시작

　우크라이나의 지정학적 위치와 경제적 조건을 놓고 볼 때, 우크라이나가 독립 이후에 러시아와 우호적인 관계를 유지할 수만 있다면 양국이 함께 윈윈win-win할 수 있는 여건을 충분히 갖추고 있었다. 하지만 두 민족의 오랜 역사적 기억은 그 가능성을 희박하게 만들었다. 무엇보다도 소련 시대에 대한 우크라이나인들의 기억에는 분노와 증오가 가득했다.

　결정적인 계기는 1930년부터 스탈린이 우크라이나에 집단농장 체제를 도입한 것이었다. 농업 생산량을 극대화시킨다는 명분으로 우크라이나의 농부들을 국가가 운영하는 집단농장으로 몰아넣었다. 이 과정에서 농부들은 땅과 재산을 몰수당했고, 집단농장으로 이주를 거부하는 농민들은 총살당하거나 시베리아 강제수용소로 보내졌다. 집단농장화 정책은 우크라이나의 대기근을 촉발했고, 1932년에서 1933년 사이에만 수백만 명의 목숨을 앗아갔다. 스탈린의 통치 동안 우크라이나에서 기근으로 사망한 숫자는 적게는 800만 명에서 많게는 1,000만 명 이상으로 추산된다. 이를 가리켜 굶주림holod을 통한 살해mor란 의미의 홀로도모르라고 한다. 제2차 세계대전에서 나치 독일의 유대인 학살, 즉 홀로코스트를 유대인들이 잊지 못하듯, 우크라이나인들은 홀로도모르를 잊지 못한다.

1933년 하르키우 거리에 굶어죽은 시체가 굴러다니고 있다.

제2차 세계대전이 발발하자 우크라이나는 또다시 비극을 맞게 되었다. 1941년 중순 독일군이 우크라이나를 침공하면서 소련과의 동부전선 전투를 개시했다. 독일군은 키이우에서 역사상 최대 규모의 소련군 포위 작전을 펼쳤다. 약 70만 명의 소련군이 목숨을 잃었던 이 작전에서 수천 명의 우크라이나인들도 목숨을 잃었다. 제2차 세계대전 중에 800만 명에 이르는 우크라이나인들이 사망했다. 군인 사망자로 보면, 소련군 사망자는 1,100만 명인데, 그중에 270만 명이 우크라이나인들이었다. 전쟁 전에 4,170만 명이 우크라이나에 살았는데 전쟁이 끝날 때 2,740만 명만이 남아 있었다. 약 1,500만 명이나 되는 우크라이나인들이 전쟁 중에 사망했거나 우크라이나를 떠났다는 것이다.

전쟁 후 소련은 우크라이나가 전쟁으로 받은 희생과 전쟁에 대한 공헌도를 상기하곤 했다. 소련에서 전쟁 영웅으로 포상을 받은 사람들 중에서 18.2%가 우크라이나인이었다. 그렇다고 해서 제2차 세계대전을 계기로 우크라이나와 소련과의 관계가 우호적으로 변하지는 않았다. 스탈린의 철권통치로 수백만 명이 희생된 우크라이나인들이 쉽게 소련에 우호적인 감정을 가질 수는 없었다.

게다가 전쟁을 치르면서 드러난 우크라이나 내의 민족적 분열도 전후 우크라이나의 진정한 통합에 걸림돌이 되었다. 전쟁 중에 우크라이나에서 유대인 150만 명이 학살되었는데, 학살에 가담한 친나치 우크라이나인들에 대한 러시아계의 따가운 시선은 우크라이나인과 러시아인의 분열과 갈등의 씨앗이 되었다. 제2차 세계대전 중에 나치에 협조한 우크라이나인들에 대한 조사와 연구는 지금도 계속되고 있는데, 대체로 그들은 소수의 극단적인 우크라이나 민족주의자들이었다. 하지만 러시아인들은 지금까지도 우크라이나인들을 친나치 백인우월주의들이라고 몰아붙이며 비판을 멈추지 않고 있다.

두 나라 악연의 시초가 된
370년 전의 조약

　제2차 세계대전 이후 소련 정부는 우크라이나를 다독이며 우호적인 관계를 유지하려고 노력했다. 소련은 1954년 니키타 흐루쇼프 소련 공산당 서기장의 제안에 따라 페레야슬라프 조약 체결 300주년을 기념해서, 크림반도를 우크라이나에 양도했다. 페레야슬라프 조약은 1654년 카자크 수장국(우크라이나)과 루스 차르국(러시아) 간에 체결한 조약으로, 두 나라가 연합해서 가톨릭 국가인 폴란드에 맞서 싸우자는 내용을 골자로 한다. 하지만 러시아는 중간에 일방적으로 전쟁을 멈추고 폴란드와 평화협정을 맺은 후 우크라이나 영토를 폴란드와 나눠 가졌다. 이 조약은 현재까지도 양국 갈등의 불씨가 되고 있는데, "러시아는 카자크에 군사를 원조하고, 카자크는 러시아 황제에게 충성을 맹세한다"는 조약의 내용을 놓고 양국의 해석이 엇갈리기 때문이다. 러시아는 페레야슬라프 조약으로 우크라이나가 러시아에 합병되었다고 주장하는 반면, 우크라이나는 단기적 군사 동맹에 지나지 않는다는 입장이다.

　크림반도를 양도받은 우크라이나로서는 나쁠 것이 없었지만, 이러한 역사적 배경으로 인해 우크라이나인들은 이것을 러시아의 호의로만 받아들이지는 않았다. 우크라이나로서는 페레야슬라프 조약으로 인한 영토 편입은 러시아의 강압에 못 이긴 것으

카자크 수장국의 보흐단 흐멜니츠키 수장(왼쪽)과 루스 차르국의 알렉세이 미하일로비치 차르(오른쪽).

로 언젠가는 크림반도를 포함한 동남부 지역을 러시아로부터 돌려받아야 한다고 보았다. 또한 크림반도는 돌려받았지만, 그곳에 거주하는 주민들 대부분이 러시아계였기 때문에 실질적인 통치권을 받았다고는 할 수 없었다. 우크라이나 영토가 된 크림반도는 오히려 분쟁의 소지로 작용될 가능성이 컸기에 불안한 지역으로 남게 되었다.

크림반도의 애매하고 불안한 상황은 1991년 소련이 해체되면서 곧바로 현실이 되었다. 소련이 해체되자 크림반도 주민들은 크림 자치 공화국을 세우고 완전한 독립을 위한 개헌안을 채택했다. 우크라이나 정부는 완전한 독립을 허락하지 않았다. 크림반도의 러시아계는 격렬한 항의 시위를 전개했고, 논란 끝에 크림 자치 공화국은 우크라이나로부터 자치를 인정받고 우크라이나에 잔류하기로 합의했다. 하지만 크림반도의 러시아계는 우크라이나 국민이 아니라 러시아 국민으로 행세했기에, 여전히 분쟁의 소지가 다분했다.

크림반도의 불안정과 함께 우크라이나가 당면한 또 다른 문제는 소련으로부터 물려받은 핵무기였다. 우크라이나는 세계에서 세 번째로 많은 핵무기 보유국으로서, 1,900개 정도의 전략핵탄두와 176개의 대륙간탄도미사일, 44대의 전략 폭격기를 보유하고 있었다. 만약 우크라이나가 핵무기를 이용해서 국익을 추구하려고 한다면, 이는 러시아와 서방 국가들, 특히 북대서양조약기구NATO에 중대한 위협이 될 수가 있었다. 다행히 우크라이나는 1994년 핵확산방지조약NPT에 가입하고 모든 핵무기를 러시아에 돌려주었다. 우크라이나는 인력, 기술력, 그리고 재원에서 러시아의 도움 없이는 핵을 관리할 능력이 없었기에, 핵을 포기하는 대가로 러시아로부터는 경제 원조를 받고, 나토로부터는 영토 및 정치적 독립을 보장받는 것이 실리적이라고 판단했다.

우크라이나가 핵확산방지조약에 가입한 또 다른 이유는 나토에 가입하고자 했기 때문이었다. 하지만 이것은 러시아의 심기를 건드릴 가능성이 크기 때문에 조심스럽게 접근해야 했다. 소련 해체 이후 러시아의 가장 큰 우려는 나토의 동진 정책이었다. 구소련 영향권에 있던 동부 유럽 국가들은 끊임없이 나토 회원국이 되길 원했고, 러시아는 그것을 막으려고 했다. 그럼에도 1999년에 체코, 폴란드, 헝가리가 나토 회원국에 가입했다. 러시아는 우크라이나의 나토 회원국 가입은 결코 용납하지 않을 것이라고 경고했다. 우크라이나가 나토 회원국들과 러시아 사이의 완충 지역으로서 러시아의 안보를 위한 최후의 보루로 남기를 원한 것이다.

민족주의와 포퓰리즘에 기대어 영웅이 된 푸틴

소련 해체로 생성된 독립 국가들과 러시아의 최우선 과제는 변환기의 혼란을 극복하고 경제적 안정을 확보하는 것이었다. 미국과 유럽연합은 소련 해체 이후 러시아가 경제적으로 연착륙하도록 돕는 것을 최우선 과제로 삼았다. 클린턴 대통령과 국제통화기금IMF은 러시아 연방의 초대 대통령 보리스 옐친을 지원해서 러시아 경제가 소생하도록 도왔다.

하지만 공산주의에서 자본주의로의 전환은 쉽지 않았다. 새로운 체제와 자유민주주의의 결합은 삐걱거리며 곳곳에서 불협화음이 발생했다. 러시아 정부 내 부패는 만연했고, 금융 기관은 새로운 금융 체제를 구축하는 데 무능했다. 결국 1998년에 만성적인 재정적자와 재정 경영 미숙 등으로 러시아 정부와 러시아 중앙은행은 루블화를 평가절하하고 부채를 상환하지 못하는 금융위기를 맞게 되었다. 이러한 경제 위기로 인한 소득 불평등과 빈부격차의 폭발적인 증가는 자본주의 체제로의 전환에 대한 러시아인들의 불만을 증폭시켰다.

이런 상황에서 2000년에 블라디미르 푸틴이 대통령에 당선되었다. 국민들은 그가 약 10년간 지속된 러시아의 혼란을 잠재우며, 부강하고 강한 러시아를 건설할 수 있을 것이라고 기대했다. 푸틴은 특권계층을 척결하고, 러시아의 경제를 일정 부분 복원하는 데 성공했다.

러시아가 1998년 금융위기를 벗어나게 된 일차적인 배경은 석유 및 천연가스의 국제 가격이 상승했기 때문이었지만, 푸틴의 재임 기간 중에 경기가 회복되면서 푸틴의 인기는 높아갔다. 이러한 인기에 편승해서 푸틴은 2004년 선거에서 러시아 국민의 압도적인 지지를 받아 재집권에 성공했다. 푸틴은 계속해서 강한 러시아 건설을 외치고 자신의 카리스마를 과시하며 '스트롱맨' 이미지를 부각했다. 그는 또한 반서방 외교를 기조로 러시아의 패권을 유지하려고 했고, 이를 위해서 크림반도 강제 합병과 같은 러시아의 민족주의를 부추기는 등 포퓰리즘 정책을 펴면서 인기몰이를 했다.

푸틴은 러시아가 그동안 어렵게 획득하고 세워나가고 있던 민주주의를 파기하고 갈수록 일인 독재 종신 집권 체제를 강화하기 시작했다. 70여 년간 지속된 공산주의 체제가 자유민주주의로 전환되기 위해선 수많은 시행착오와 혼란이 따를 수밖에 없었지만, 러시아인들은 현실에 불만이 컸으며, 그 불만은 민족주의에 위험한 토양을 제공했다. 결국 민족주의와 포퓰리즘에 기댄 푸틴이 러시아의 독재자이자 영웅이 되었다. 민주주의에 낯선 러시아인들은 독재의 위험성보다는 민족의 자긍심을 높여 줄 영웅에 환호했다.

갈등의 시초가 된
크림반도 무력 병합

푸틴은 강한 러시아 건설에 전념하면서 우크라이나를 러시아 편으로 끌어들이기 위해 우크라이나 내정에 간섭하기 시작했다. 2004년 우크라이나 선거에서 푸틴은 친러시아 성향의 빅토르 야누코비치가 당선되는 데 일조했다. 하지만 야누코비치는 부정선거 의혹으로 당선이 취소되고 다음 해 초에 재선거에서 친서방 성향의 빅토르 유시첸코에게 패배했다.

2008년 유시첸코 대통령이 노골적으로 우크라이나의 나토 가입을 모색하자 푸틴은 우크라이나에 대한 천연가스 공급을 중단하는 등 경제 압박을 통해 유시첸코 정부를 압박했다. 게다가 그해 터진 세계 금융 위기로 말미암아 우크라이나 경제가 휘청거렸다. 국민들은 경제 회복에 자신감을 드러낸 야누코비치에게 기회를 줘서, 2010년 선거에서 야누코비치가 대통령에 당선되었다. 하지만 야누코비치는 언론 탄압과 정실 인사, 그리고 부패 등으로 국민들의 원성을 샀다. 무엇보다도, 푸틴의 영향력에 따라 그가 유럽연합과의 경제 협력보다는 러시아와의 무역 거래 등에 치중하는 등 노골적인 친러 정책을 시행하자, 국민들은 분노했다. 2014년 2월 야누코비치 타도를 외치는 소요가 일어나서 100명 정도의 시위자들이 목숨을 잃는 사태가 발생했다. 결국 야누코비치는 러시아로 망명하고 말았다.

상황이 이렇게 되자 러시아는 2014년 3월 무력으로 크림반도를 병합했다. 러시아의 크림반도 병합에 따라 러시아계가 주를 이루고 있던 우크라이나의 동남부 지역에서 친러시아 세력들이 민병대를 조직해서 우크라이나로부터의 분리와 러시아 병합을 외치며 우크라이나 정부군과 충돌하기 시작했다. 특히 돈바스 지역에서 양 세력은 강력하게 대치하게 되었다. 처음에는 돈바스 지역 내의 러시아계 분리주의자들이 반우크라이나 무장 세력의 주를 이루었으나 점차 러시아 시민들이 합류하면서 반군 조직의 80%를 차지하게 되었다. 또한 대포를 비롯한 각종 무기들이 러시아로부터 유입되면서 전쟁은 사실상 러시아와 우크라이나 전쟁으로 확대되고 있었다.

결국 2022년 2월 24일 러시아는 우크라이나에 대한 전면적인 침공을 개시했다. 푸틴은 군사 작전의 목표가 우크라이나의 비무장화, 우크라이나의 나토 및 유럽연합 가입 저지 및 중립 유

2022년 2월 24일 러시아가 우크라이나의 수도 키이우를 공습한 모습.

지, 그리고 우크라이나 영토에서 자행된 러시아인 집단 학살을 종식시키는 것이라고 주장했다. 러시아는 키이우를 비롯한 우크라이나 전역에 미사일을 발사했다. 본격적으로 러시아-우크라이나 전쟁이 시작되었다.

전쟁이 시작된 지 2년이 지났지만 전쟁의 끝은 보이지 않는다. 우크라이나는 물론이요 러시아도 많은 희생자를 낳고 있으며, 특히 600만 명이 넘는 우크라이나 난민들이 고향을 떠나 배회하고 있다. 전쟁은 에너지와 식량 공급 문제를 야기하며 세계 경제를 뒤흔들고 있다. 군사적으로 보면 우크라이나는 러시아의 상대가 되지 않지만, 미국을 중심으로 NATO 회원국들과 미국의 우방들이 우크라이나를 지원하고 있고, 무엇보다도 나라를 지켜내려는 우크라이나 국민들의 의지가 높기 때문에, 전쟁이 러시아가 원하는 방향으로 전개되지 않고 있다. 게다가 러시아 국민들도 전쟁에 열광하고 있지 않다.

그렇다면 왜 푸틴은 전쟁을 시작했고, 상황이 유리하지도 않는데 전쟁을 계속하고 있을까? 전쟁이 끝난 이후에도 이 의문은 오랫동안 미스테리로 남을 가능성이 크다. 하지만 역사가 주는 공통적인 교훈은 독재자의 말로는 비참하다는 것이다. 더 중요한 것은 그런 독재자가 나올 수 없는 제도와 의식을 확립하는 것이 인류의 평화를 위해서 얼마나 소중한가이다.

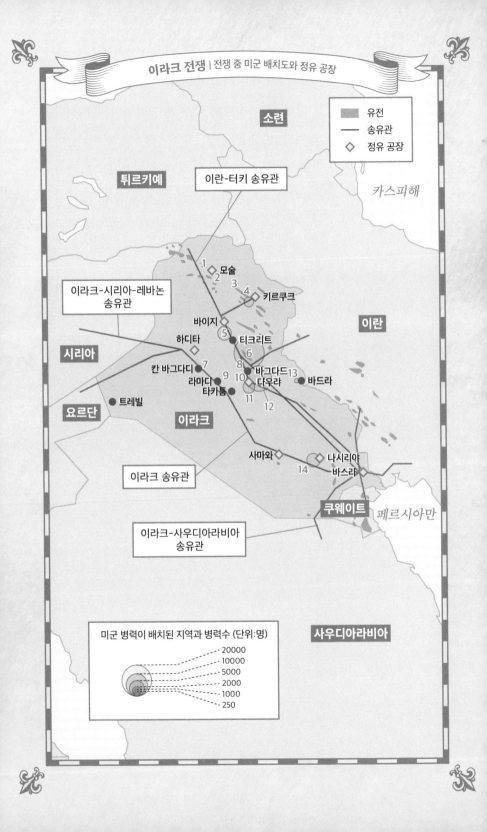

🏃 이라크 전쟁 연표 🏃

2001년 9월 11일	9.11 테러 발생, 부시 대통령 '테러와의 전쟁' 선포
2001년 10월 7일	아프가니스탄 전쟁 개시
2002년 9월 12일	부시 대통령, 이라크 대량 살상 무기 생산 비난
2002년 11월	유엔안정보장 이사회 결의 제1221호 통과 이라크 무장 해체 결의
2003년 3월 17일	부시 행정부, 후세인에 최후통첩
2003년 3월 19일	미국, 이라크 공격
2003년 4월	바그다드 함락
2003년 12월 13일	후세인 체포
2006년 12월 30일	후세인 처형
2008년	버락 오바마 당선
2010년 8월	미국, 이라크 작전 종료

미국과 이라크의 악연은
어디에서 시작되었나?

이라크 전쟁
2003~2010

2001년 9월 11일, 뉴욕과 워싱턴 D.C.에서 동시다발적인 테러가 발생했다. 뉴욕의 세계 무역 센터 쌍둥이 건물이 비행기 자폭 테러로 무너져내렸고, 워싱턴 D.C.에 위치한 미국 국방부 건물의 일부가 또 다른 비행기 자폭 테러로 파괴되었다. 그리고 펜실베이니아 들판에 또 하나의 비행기가 추락했다. 비행기 납치범들이 백악관이나 국회의사당을 공격하려다 탑승객들의 저항으로 뜻을 이루지 못하고 들판에 추락한 것이다. 9.11 테러로 2,996명의 사망자와 최소 2만 5,000명의 부상자가 발생했다.

사상 최악의 테러는 미국을 공포로 몰아갔고, 공포는 이내 분

2001년 9월 11일, 유나이티드 항공 175편이 세계 무역 센터 남쪽 타워에 충돌한 직후 화염이 올라가는 모습.

노로 이어졌다. 분노의 대상은 이슬람 극단주의자들이었다. 미국 연방수사국FBI은 사우디아라비아 출신의 오사마 빈 라덴과 그의 추종 조직인 알카에다를 주요 용의자로 지목했다. 조지 W. 부시 대통령은 '테러와의 전쟁'을 선포했다. 이슬람 극단주의자들을 돕는 '악당'이나 조직, 혹은 나라는 반드시 그 대가를 치르도록 할 것이라고 했다. 첫 번째 악당과 조직으로 빈 라덴과 알카에다를 지목했고, 그들의 근거지는 아프가니스탄이었다. 10월 7일 부시 대통령은 영국과 함께 아프가니스탄 전쟁을 일으켰고, 11월 20일에는 아프가니스탄 전역을 점령했다.

그런데 9.11 테러의 주범으로 지목한 빈 라덴은 잡히지 않았다. 초조한 부시 대통령은 또 다른 악당을 언급하기 시작했다. 10년 전 걸프 전쟁의 악마가 다시 소환되었다. 이라크의 사담 후세인이었다.

후세인은 1990년 쿠웨이트를 침공했고, '아버지 부시' 대통령은 연합군을 꾸려 이라크를 응징해서 쿠웨이트를 해방시켰다. 이를 제1차 걸프 전쟁이라고 한다. 페르시아만Gulf에서 벌어진 전쟁이기 때문이다. 이제 '아들 부시' 대통령은 9.11 테러를 계기로 알카에다를 비롯한 이슬람 극단주의자들을 척결하기 위해서 후세인을 제거해야 한다는 방향으로 여론을 조성해갔다.

2002년 9월 12일 부시 대통령은 유엔 총회 연설에서, 이라크는 이란, 이스라엘, 서방 국가들을 직접 공격하는 테러리스트 조직들을 지원하며, 아프가니스탄을 빠져나온 알카에다 테러리스트를 보호하고 있으며, 생물학무기, 화학무기, 장거리 미사일 등을 포함한 대량 살상 무기를 생산하고 있다고 비난했다. 유엔은 그해 11월 유엔안전보장이사회 결의 제1441호를 만장일치로 통과시켜 이라크는 유엔 사찰을 통한 무장 해체를 받아야 한다고 결의했다.

미국의 이라크 침공에 대한 국내 및 국제적 환경을 조성한 부시 행정부는 다음 해 3월 17일 후세인에게 48시간 내에 이라크를 떠나지 않으면 미군의 분노에 직면할 것이라고 최후통첩을 보냈다. 예상대로 후세인이 최후통첩을 무시하자 부시는 3월 19일 국방부에 이라크 공격을 명령했다. 이렇게 해서 제2차 걸프 전쟁, 즉 이라크 전쟁이 발발했다. 영국군 2만 명과 호주군 500명의 지원을 받은 약 12만 5,000명의 미군은 공중 및 지상 작전을 개시했고, 20여 일 만에 이라크 전역을 점령하고 후세인 정권을 무너뜨렸다.

석유 이권을 둘러싼
악연의 시작

제2차 세계대전 이후 미국은 수차례 중동 문제에 개입했고, 크고 작은 군사적 행동을 했지만, 공식적으로 특정한 국가와 전쟁을 한 경우는 이라크가 유일하다. 1990년 제1차 걸프 전쟁에 이어 2003년의 제2차 걸프 전쟁, 도대체 왜 미국은 이라크와 두 번의 전쟁을 하게 되었을까? 미국과 이라크의 악연은 어디서부터 시작되었을까?

제2차 세계대전 이전까지 미국 정부는 현재의 이라크를 형성하는 메소포타미아 지역에 관심이 거의 없었다. 1921년, 이라크는 제1차 세계대전의 결과로 오스만 제국으로부터 독립했지만, 미국의 관심 밖이었다. 하지만 1927년 이라크에서 대규모의 유전이 발견되자 상황이 바뀌었다. 미국의 석유회사들이 이라크 석유 이권에 개입하기 시작했기 때문이다.

1928년 미국의 석유회사들이 승전국으로서 영국과 프랑스와 함께 이라크석유회사IPC의 일정 지분을 배당받았다. 제1차 세계대전으로 중동 지역에서 오스만 제국이 물러나면서 영국, 네덜란드, 프랑스는 석유 이권을 놓고 경쟁을 벌였다. 여기에 미국이 합류했다. 당시 미국은 세계에서 가장 크고 많은 석유회사를 소유하고 있었는데, 세계 석유 시장을 독점하던 '7개의 자매회사' 중에서 영국과 네덜란드 회사 외에 5개가 지금의 엑슨모빌, 셰브론, 텍사코와 같은 미국 회사였다.

이후 미국 정부의 중동 정책은 미국 석유회사들이 이라크 유전 개발과 이권에서 유럽 국가들로부터 차별을 받지 않게 하는 것이었다. 하지만 석유 이권에 관련된 것을 제외하고는 미국의 이라크에 대한 관심은 제한적이었다. 제2차 세계대전이 발발하기 전까지, 미국은 중동 문제에 있어서 중동 지역에 가장 영향력이 컸던 영국의 주도권을 인정하며 별다른 간섭을 하지 않았다.

이라크에 대한 이러한 미국 정부의 무관심은 제2차 세계대전 이후에 변화하기 시작했다. 그 근본적인 이유는 냉전이었다. 냉전의 시작과 함께 미국은 소련 공산주의의 팽창이 이라크에 뻗치는 것을 막는 데에 외교력을 총동원했다. 미국 정부는 미국 석유 회사들이 이라크 정부와 우호적인 관계를 유지하도록 유도했으며, 이라크 정부에 경제 및 군사 원조를 제공했다. 1955년에 미국은 중동의 반소 방위 협력체인 바그다드 조약을 체결했는데, 이라크를 회원국으로 참여시켰다. 이라크는 중동에서 안정적인 친미 반공주의 국가로 정착하는 듯했다.

그러나 1950년대부터 변수가 생겼다. 이라크가 정치적 혼란기에 빠진 것이다. 1958년 7월 14일, 이라크 장교들이 쿠데타로 국왕 체제를 무너뜨렸다. 7.14 혁명 이후로도 쿠데타가 계속 발발했고, 이라크 정국은 극도로 혼란스러웠다. 처음에 미국 정부는 이라크 상황을 지켜보기만 했지만, 케네디 행정부가 들어서면서 이라크 내정에 개입하기 시작했다. 표면적으로는 이라크에 친소련 민족주의 정권이 들어서는 것을 차단하기 위함이었지만, 실질적으로는 이라크 내부의 급격한 변화가 미국 석유회사들의 이권에 부정적인 영향을 끼칠까 봐 우려했기 때문이다.

1972년 초에 그 우려가 현실이 되었다. 이라크 정부가 이라크 석유회사를 국유화해버렸다. 미국 정부는 당황했지만, 이라크 정부에 직접적인 압박을 가하지는 않았다. 당시 이라크가 석유 생산량에서 차지하는 비중은 2% 정도였기에 미국이나 세계 시장에 끼친 영향은 제한적이었다. 무엇보다도 미국은 미국의 간섭으로 이라크의 친미 기조에 변화가 있을까 봐 우려했다. 이라크의 석유 국유화 이후에 오히려 미국과 이라크 간의 통상은 급격히 늘어났다.

미국이 이란-이라크전에서
이라크를 지원했다고?

1979년, 사담 후세인이 권력을 장악했다. 후세인은 신속하고도 강력하게 이라크를 장악하며 이라크뿐만 아니라 중동에서 입지를 키워나갔다. 그는 정적과 비판 세력을 잔혹하게 숙청했다. 정권을 장악한 직후, 후세인은 수백 명의 당 간부들을 회의에 소집한 후, 쿠데타를 모사하는 자들이라고 20여 명의 이름을 호명했다. 그리고 호명된 사람들을 회의장 밖으로 데리고 나가서 한 사람씩 총으로 쏴 죽였다. 그 끔찍한 장면을 비디오로 찍어서 이라크 전역에 배포했다. 자신이 어떤 사람이고 어떻게 국정을 운영할 것인가를 보여주고자 했던 것이다. 미국을 포함한 서방 국가들은 후세인의 '공포정치'에 경악했지만, 후세인이 노골적으로 친소련 정책을 펴거나 주변 국가들의 석유 자원을 위협하지 않는 한 이라크의 내정 문제에 관여하길 꺼렸다.

무엇보다도, 당시 미국의 이목은 온통 이란에 쏠렸다. 1979년 초에 아야톨라 루홀라 호메이니가 정권을 잡고 자신의 이슬람 혁명주의를 이란뿐만 아니라 중동 전체에 전파하겠다고 선언했다. 동시에 호메이니 추종자들이 테헤란의 미 대사관을 급습해서 미국인들을 인질로 잡았다. 66명이나 되는 미국인들이 인질로 잡힌 사건을 대하면서 미국인들은 중동의 문제가 먼 나라 얘기가 아니라 미국의 안보에 직결된다는 점을 깨닫게 되었다. 이런 상황에서 미국 정부는 강력한 후세인이 버티고 있는 이라크가 이란의 이슬람 근본주의에 대항하는 주요한 보루가 될 것으로 기대했다.

이란 혁명으로 중동의 상황이 어수선할 때, 후세인은 돌연 이란을 침공했다. 1980년 9월에 시작해서 1988년까지 계속된 이란-이라크 전쟁은 양국의 사상자 수가 100만 명이 넘을 정도로 1945년 이후 중동에서 벌어진 최악의 전쟁이었다. 미국은 어느 편을 들지 난감했지만 미국의 선택은 이라크였다. 후세인이 악랄한 독재자로 비난을 받고 있었지만, 이라크가 이란의 팽창주의를 막는 주요한 보루라고 판단한 레이건 행정부는 이라크에 경제 원조와 군사 정보를 제공했다.

1987년, 레이건 행정부는 이라크를 대신해 이란에 대한 직접적인 군사 작전을 펼치기도 했다. 이란이 쿠웨이트의 주요 석유항에 미사일 공격을 하고, 이라크 유조선을 공격하자, 레이건은 미국과 전 세계의 석유 시장 안정을 위해, 미 해군에 걸프만 순찰을 강화하고 유조선을 보호하라고 명령했다. 1987년 7월 24일부터 1988년 9월 26일까지 진행된 미 해군의 유조선 호송 작전은 제2차 세계대전 이후 전개된 최대 규모의 해군 작전이었다. 미군의 압박을 이겨내지 못한 이란의 호메이니가 1988년 휴전을 수락하면서 8년간의 이란-이라크 전쟁이 끝이 났다.

미국의 경제 패권국 위상을
지켜준 나라

이란과의 오랜 전쟁으로 20여만 명 이상의 이라크 국민이 목숨을 잃었고, 경제는 뿌리째 흔들렸지만, 후세인은 비판적인 인사들을 잔혹하게 숙청하며, 일인 우상화를 강화해 나갔다. 또한 이라크가 믿는 유일한 자원인 석유 자원을 활용해서 군대 재무장에 박차를 가했다.

후세인은 더 많은 석유 자원을 확보하며 아랍 세계에서 그의 입지를 강화하기 위해서 1990년 8월 2일 쿠웨이트를 침공했다. 미국과 세계는 전혀 예상치 못한 중동의 상황에 당황했다. 당시 미국의 눈과 귀는 온통 유럽에 쏠려 있었다. 1989년 베를린 장벽이 무너지는 것을 신호탄으로 동부 유럽의 공산주의가 무너지고 있었다. 후세인은 그런 시대적 흐름을 쿠웨이트 침공의 최적의 순간으로 보았다. 이라크가 페르시아만의 작은 국가를 침공한다 해도 유럽의 상황에 촉각을 곤두세우고 있는 미국은 별다른 관심을 갖지 않을 거라고 예상한 것이다.

하지만 후세인의 예상은 완전히 빗나갔다. 부시 대통령은 즉각적이며 단호하게 대응했다. 부시는 '사막의 방패 작전'을 통해 이라크군이 쿠웨이트 이외의 지역으로 이동하지 못하도록 사우디아라비아에 미군을 배치했다. 1970년대 초부터 사우디아라비아는 중동의 이슬람 국가 중에서 미국의 가장 중요한 우방이었다.

1971년 닉슨 대통령이 금태환 정지 선언을 함으로써 국제통화 질서에 격변이 일어났다. 세계는 금본위제도에서 달러를 기축통화로 하는 변동환율제 시대로 변화되었다. 하지만 1973년 오일 쇼크가 터지면서 미국의 달러에 대한 신뢰가 급감했다. 세계질서를 주도하던 미국은 가장 큰 경제적 위기에 봉착했다. 이때 사우디아라비아가 원유 대금으로 미국의 달러만을 받겠다고 약속함으로써 미국의 달러가 기축통화로 자리매김하는 데 결정적으로 기여했다.

이로써 미국은 페트로(석유) 달러와 함께 원유 시장을 통제할 뿐만 아니라 달러 가치를 유지하는 이중 효과를 얻을 수 있었다. 사우디 덕분에 미국은 경제 패권국의 위상을 지킬 수 있었던 것이다. 미국은 사우디에게 군사 장비와 기술 등을 지원하며 사우디 왕가를 정치, 군사, 외교적으로 보호해주겠다고 약속했다. 사우디는 중동에서 이스라엘 다음으로 미국의 가장 중요한 우방이 되었다. 그런데 후세인이 쿠웨이트를 침공하자, 미국은 혹시 그 불꽃이 사우디아라비아로 번질까 봐 걱정했던 것이다.

부시 대통령은 북대서양조약기구NATO 회원국을 포함해서 전 세계 42개국이 참가한 동맹군을 결성해서 1991년 1월 '사막의 폭풍 작전'을 개시한 후 5주도 채 되기 전에 이라크의 군사, 정치, 통신 목표물에 대한 공습과 지상 침공으로 쿠웨이트를 이라크의 통제에서 해방시켰다. 쿠웨이트가 해방되자 부시는 곧바로 종전을 선언했다. 미국 내부에서는 미국이 이라크를 점령해서 후세인을 축출해야 한다고 주장하는 목소리도 있었지만, 부시는 더 이상 전쟁을 지속하는 것을 원치 않았다. 이라크 점령에 따른 미군 사상자와 군사비의 증강 등이 미국 내 여론을 악화시킬 소지가 있다고 보았기 때문이다. 베트남 전쟁의 매서운 기억은 여전했고, 부시는 제2의 베트남 전쟁이 될까 봐 걱정했다.

국고 1조 달러 이상을
쏟아부은 8년의 전쟁

2001년 9월 11일 테러가 발생하자, 임기 첫해를 맞는 '아들 부시' 대통령은 '테러와의 전쟁'을 선포하며 테러리스트들이나 그들을 돕는 단체나 국가는 미국의 심판을 받을 것이라고 선포했다. 이때 오랫동안 잊힌 악당이 다시 소환되었다. 부시 대통령과 그를 호위하는 매파들은 사담 후세인을 지목하며 그가 모든 중동의 문제와 테러의 온상이라고 비난했다. 그리고 대외적으로는 크게 부각하지 않았지만, 후세인이 존재하는 한, 미국과 세계 석유 시장의 가장 중요한 통로인 페르시아만이 결코 안전할 수 없다고 판단했다.

2003년 3월 19일 부시 대통령은 이라크 공격을 명령했다. 이른바 '2차 걸프 전쟁'이 발발했다. 우연이지만, 아버지 부시와 아들 부시 대통령이 두 차례의 걸프 전쟁을 수행한 것이다. 전

미군에 의해 체포된 사담 후세인.

쟁 개시와 함께 미군은 막강한 군사력으로 이라크군을 압도했다. 한 달도 채 되기 전에 수도 바그다드와 후세인의 마지막 거점이었던 고향 티크리트를 함락했다. 후세인은 은신처로 도망쳤지만 미군의 집중적인 수색 끝에 2003년 12월 13일에 체포되었다. 이후 사담 후세인은 반인도적 범죄 혐의로 유죄 판결을 받고 2006년 12월 30일 처형되었다.

사담 후세인은 몰락했지만, 부시 대통령은 그의 아버지의 전철을 밟지 않았다. 아버지 부시는 1차 걸프 전쟁 직후 전쟁을 종결하고 미군을 철수했지만, 아들 부시는 이라크 전쟁을 계속했다. 하지만 무장 반군은 곳곳에서 대미 항쟁을 이어갔다. 이들은 자살 공격, 저격, 차량 폭탄, 도로변 폭탄 등으로 미군을 공격했다. 2003년 12월까지 약 300명의 미군이 사망했는데, 이는 초기 침공 당시 사망자 수의 두 배가 넘는 수치였다. 시간이 가면서 미군 사망자 수는 계속 늘어갔다.

이라크 전쟁이 계속되면서 미국에서는 전쟁에 대한 비판적인 목소리가 커져갔다. 초당파 의원으로 구성된 9.11 테러 조사 위원회는 2004년 7월에 발표한 보고서에서 이라크 정부와 알카에다 간의 "협력적 작전 관계"에 대한 증거가 없다고 보고했는데, 이는 미국 정부의 주요 전쟁 명분 중 하나와 정면으로 모순되는 것이었다. 게다가 부시 대통령이 이라크 전쟁의 명분으로 내세운 대량 살상 무기도 발견되지 않고 있었다. 공화당 의원들조차 이라크에서 즉각 철수하라고 대통령에게 압력을 가했다.

부시 대통령의 지지도가 낮아지면서 2006년 중간 선거에 민주당이 상원과 하원에서 과반수를 차지했다. 2008년 대통령 선거에서 민주당의 버락 오바마가 대통령에 당선되었다. 오바마의 당선은 부시의 이라크 전쟁에 대한 국민들의 심판이었다.

2010년 8월에 오바마 대통령은 이라크 전쟁을 종결했고, 2011년 12월에 이라크에서 모든 전투 병력을 철수시켰다. 이렇게 해서 미군 4,500여 명이 사망하고 3만 명이 넘는 부상자가 발생했으며, 미국 국고에서 1조 달러 이상의 자금이 투여되었고, 약 10만 명의 이라크인 사망자와 200만 명의 이재민이 발생한 8년간의 이라크 전쟁이 종결되었다.

왜 미국은 이라크 전쟁을 일으켰을까? 이 의문에 대한 답은 다양하게 제시되지만, 가장 큰 배경은 9.11 테러의 충격이었다. 분노는 미국인들의 이성을 마비시켰고, 미국인들은 전쟁의 명분을 따지지 않았다.

게다가 '만약' 부시 대통령과 그의 측근들이 석유와 관련해서 이라크와 중동에 사적인 이권이 걸려 있고, 적어도 미국의 석유 패권 안정을 위해서 사담 후세인을 제거할 필요가 있다고 판단했다면, 이만한 기회가 없었을 것이다. 그런데 그 '만약'이 설득력이 있는 이유는 부시와 그의 측근들 상당수는 실제로 석유나 석유 관련 회사들의 CEO를 지낸 인사들이었다.

물론 부시와 측근들의 석유 이권이 이라크 전쟁의 결정적인 이유라고 증명하기란 쉽지 않다. 하지만 한 가지 부인할 수 없는 것이 있다. 부시와 그를 둘러싼 공화당 매파들은 미국의 석유 패권을 지키기 위해서나 그것과 불가분의 관계가 있는 중동의 평화를 위해서 사담 후세인은 언제고 제거되어야 한다고 판단했다는 점이다. 그 기회가 9.11 테러로 찾아온 것이다.

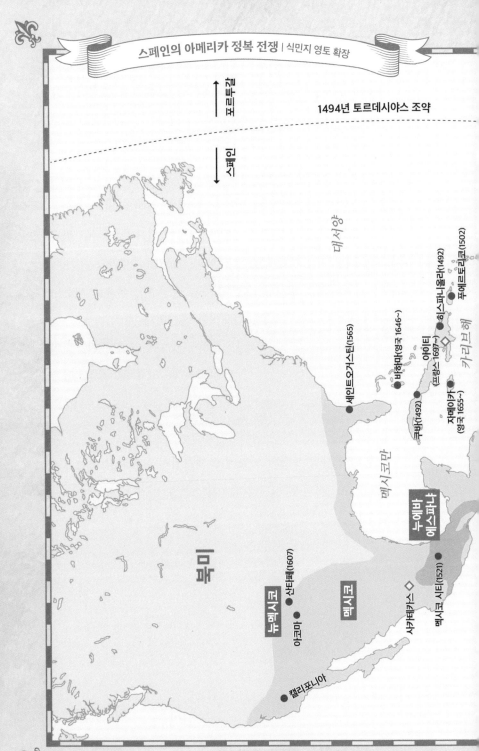

스페인의 아메리카 정복 전쟁 | 식민지 영토 확장

포르투갈

스페인

1494년 토르데시야스 조약

대서양

세인트오거스틴(1565)

바하마(영국 1646~)

아이티

히스파니올라(1492)

푸에르토리코(1502)

쿠바(1492)

자메이카
(영국 1655~)

(프랑스 1697~)

카리브 해

멕시코 만

누에바에스파냐

과테말라

누에바비스카야

멕시코 시티(1521)

산타페(1607)

아콤마

캘리포니아

북미

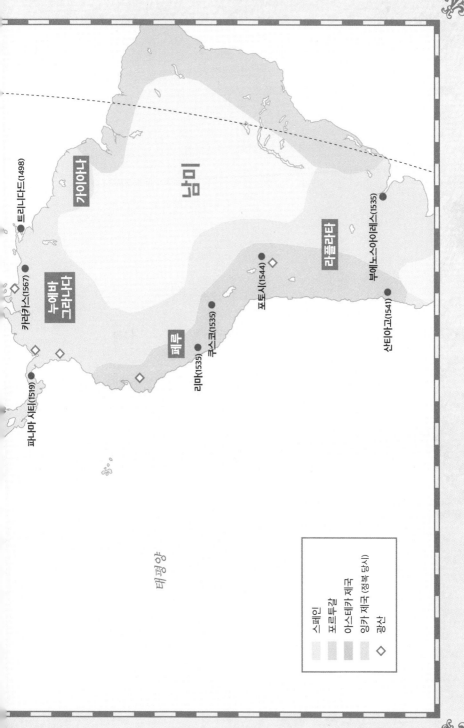

트리니다드(1498)

가이아나

남미

누에바 그라나다

카라카스(1567)

라플라타

파나마시티(1519)

페루

리마(1535)

쿠스코(1535)

포토시(1544)

부에노스아이레스(1535)

산티아고(1541)

태평양

스페인
포르투갈
아스테카 제국
잉카 제국 (정복 당시)
◇ 광산

✦ 스페인의 아메리카 정복 전쟁 연표 ✦

1492년 8월 3일	콜럼버스, 산타 마리아호 항해 시작
1492년 10월 12일	콜럼버스 원정대, 바하마 제도 상륙
1504년	콜럼버스, 네 번의 항해를 마치고 스페인으로 돌아옴
1506년	콜럼버스 사망
1519년 2월 10일	코르테스, 유카탄반도 원정 시작
1519년 8월	코르테스 원정대, 테노치티틀란 도착
1524년	피사로, 두 척의 배로 남아메리카 해안 탐사 시작
1532년 9월	피사로, 페루 상륙
1532년 11월 16일	카하마르카 전투, 피사로 군대의 포로가 된 아타우알파 황제
1572년	잉카 제국 멸망

황금을 찾아 떠난
대항해 시대의 세 탐험가

스페인의 아메리카 정복 전쟁
1492~1572

15세기 말, 유럽인들은 지구에 대한 새로운 환상과 호기심으로 들떠 있었다. 1300년경에 출판된 마르코 폴로의 동방견문록을 비롯한 동방에 대한 얘기들은 꾸준히 인도와 중국 등 새로운 지역에 대한 유럽인의 상상을 자극했다. 그 상상은 사람들을 물질적인 욕망으로 들끓게 했다. 유럽인들은 이미 실크로드를 통해 동방에서 건너온 진기한 물품에 매료되어 있었다. 차와 비단, 그리고 향료들은 그들을 매료시켰고, 동방에는 금과 은이 차고 넘친다는 소문이 파다했다.

하지만 동방으로 가는 길목에는 무슬림의 오스만 제국이 버티고 있었기에 육로를 통한 교역이 어려웠다. 동방으로 가기 위해서는 항로를 선택해야만 했다. 때마침 지구가 편평하지 않고 둥글다는 생각이 확산되고 있었고, 1488년 바르톨로메우 디아스가 아프리카 남단, 희망봉을 돌아 항해함으로써 대륙 주위에 해양 항로가 있음을 증명했다. 서쪽으로 계속 항해를 하면 언젠가는 당시 유럽의 반대쪽에 위치한 인도와 중국에 도달할 수 있다는 기대감을 높였다. 야망이 있다면 누구나 도전해볼 만했다.

그중에 한 명이 크리스토퍼 콜럼버스였다. 이탈리아 제노바 공화국 출신인 그는 이탈리아의 여러 공국들뿐만 아니라 포르투갈과 영국 등의 군주들에게 항해에 대한 지원을 요청했다. 그러나 누구도 콜럼버스의 요청에 응하지 않았다, 아직은 모든 것이 불확실한 상황에서 선뜻 콜럼버스의 항해에 투자하기란 도박과도 같았기 때문이었다.

하지만 그 도박에 뛰어든 왕이 나타났다. 스페인의 이사벨 1세였다. 1469년 아라곤 왕국의 왕위 후계자 페르난도 2세와 결혼한 카스티야의 이사벨 여왕은 1492년 1월에 무슬림의 마지막 보류였던 그라나다 토후국을 정복해서 781년간의 이슬람 통치를 종식시켰다. 이로써 무슬림 세력을 몰아내고 이베리아반도를 다시 그리스도교화 하려는 이른바 '레콩키스타(기독교도의 국토회복운동)'의 임무를 종결했다. 레콩키스타의 진취적 기상을 이어받은 이사벨 1세는 콜럼버스의 제안에 투자할 가치가 있다고 판단했다.

1492년 8월 3일, 콜럼버스는 이사벨 1세의 지원을 받아 기함인 산타 마리아호를 비롯한 4척으로 항해를 떠났고, 10월 12일 신대륙 본토와 가까운 바하마 제도에 속한 섬에 상륙했다. 콜럼버스는 그 섬을 '성스러운 구세주'라는 의미의 '산살바도르섬'으로 이름 붙였다. 콜럼버스는 자신이 발견한 곳이 인도의 일부일 거라고 믿었기에 그곳의 원주민들을 인디언이라고 불렀다.

산살바도르에 도착한 후 콜럼버스는 그의 일기에 "발견한 최초의 섬에 도착하자마자 원주민들로부터 정보를 얻기 위해서 무력으로 그를 사로잡았다"라고 적었다. 그가 얻고자 하는 정보는 황금이었다. 하지만 기대했던 황금이 나오지 않자, 그는 실망할 수밖에 없었다. 실망감은 원주민에 대한 야만적인 행동으로 이어졌다. 수많은 원주민들을 노예로 팔았고 원주민들이 금 할당량을 채우지 못할 경우에는 그들의 손을 잘라버리는 형벌을 내렸다. 반항하는 원주민들은 잔인하게 학살되었다.

지금의 아이티와 도미니카 공화국으로 구성된 히스파니올라섬의 인구는 콜럼버스 이전에는 30만 명이었으나 콜럼버스와 접촉한 이후 2년 만에 10만 명이 죽었다. 원주민의 숫자가 줄어들자 아프리카에서 흑인 노예를 데려와서 노동력을 충당하기 시작했다. 이 과정에서 흑인 노예와 원주민 간의 혼혈이 태어났고, 지금도 이 지역에는 흑인과 원주민의 혼혈 혈통을 물려받은 사람이 많다.

아메리카 원주민을 학살하는 탐험가들. 원주민들이 금 할당량을 채우지 못하면 탐험가들은 그들의 손을 잘라버리는 형벌을 내렸다.

아메리카 원주민의
80%가 사라진 이유

콜럼버스는 어딘가에는 분명 금과 은이 있을 것이라고 믿고, 인근 푸에르토리코와 쿠바 등으로 정복을 위한 항해를 계속했다. 1504년 콜럼버스는 네 번의 항해를 마치고 스페인으로 돌아갔고, 2년 뒤 사망했다. 그는 죽었지만, 수많은 사람들이 그가 못다 한 꿈을 성취하기 위해서 신대륙으로 향했다.

황금에 대한 환상이 야망에 사로잡힌 사람과 만날 때 환상은 헛된 공상에서 실제 역사로 탈바꿈한다. 그 역사를 만든 사람이 아메리카 정복사에 큰 획을 그었던 에르난 코르테스였다. 아직 신대륙은 많은 위험이 뒤따르는 미지의 세계였지만, 코르테스에 겐 야망을 불태울 기회의 땅이었다. 쿠바 총독이 된 디에고 벨라 스케스를 도와 쿠바를 점령하는 데 혁혁한 공을 세운 코르테스 는 총독의 명령을 거부하고 유카탄반도 원정을 떠났다.

1519년 2월 10일, 코르테스는 스페인 병력 550명과 원주민 300명, 그리고 대포 10문을 실은 11척의 배로 유카탄반도 원정 을 시작했다. 이때 말 16마리가 포함되었는데, 아메리카 대륙에 최초로 말이 들어온 순간이었다. 원정대는 멕시코 동부에 '진정 한 십자가'라는 의미의 베라크루스 도시를 세웠고, 인근 원주민 부족들을 차례로 정복했다. 코르테스는 타고 온 배를 모두 침몰 시켜 버렸다. 쿠바로 돌아갈 것을 요구하는 대원들에게 후퇴 없 는 전진만이 있을 뿐이라는 것을 명확히 하기 위함이었다.

그해 8월, 코르테스 원정대는 몬테수마라는 이름의 황제가 다스리는 아스테카 제국의 수도인 테노치티틀란에 도착했다. 유 카탄반도를 지배하려는 코르테스와 아스테카 제국을 지켜내려 는 몬테수마 간에 치열한 전투가 예상되었다. 하지만 코르테스 는 피 한 방울 흘리지 않고 손쉽게 테노치티틀란을 수중에 넣었 다. 아즈텍족이 코르테스 원정대를 "금발의 흰 피부를 지닌 신이 다시 돌아오리라"라는 예언이 이루어진 것으로 받아들여 코르테스에게 무릎을 꿇은 것이다.

테노치티틀란에 무혈 입성했지만, 코르테스의 아스테카 제국 정복사는 인류 역사에서 그 유래를 찾기 힘든 잔혹사를 남겼다. 처음에는 아즈텍족이 코르테스를 '다시 돌아온 금발의 신'으로 믿었으나, 시간이 가면서 그 믿음이 회의로 변하기 시작했다. '다시 돌아온 금발의 신'들이 희생 제물을 바치는 제사에 참여하지 않았고, 몇몇 원주민 추장을 살해까지 했다. 아즈텍족은 반란을 일으키기 시작했다. 반란을 진압하며 수도를 완전히 점령하는 과정에서 20여만 명의 아즈텍인들이 정복자들과 그들 편에 선 원주민 부족들에 의해서 목숨을 잃었다. 돌창과 팔매에 의지한 아즈텍 전사들은 강철 창과 화승총 등으로 무장한 스페인 정복자들에게 힘없이 무너졌다. 게다가 아직 면역 체계가 형성되지 않았던 원주민들이 유럽의 질병에 노출되면서 아즈텍족 인구의 80%가 사망했는데, 그 수는 최소 500만 명에서 최대 1,500만 명으로 추산된다.

잉카 제국은 어떻게 멸망에 이르렀을까?

코르테스가 아스테카 제국을 멸망시켰다는 소식은 제2의 코르테스를 꿈꾸는 수많은 야심가들을 신대륙으로 떠나게 만들었다. 그중 한 사람이 프란시스코 피사로였다. 정복자 집안의 사생아로 태어난 피사로에게 신대륙은 유럽의 신분 제약을 떨쳐 버리고 마음대로 정복의 꿈을 펼칠 수 있는 환상으로 다가왔다. 1513년, 그는 스페인 원정대에 참가해서 처음으로 태평양을 보았다. 그는 그것으로 만족하지 않고 남쪽으로 눈길을 돌렸다. 남쪽으로 가다 보면 엄청난 황금 제국이 있다는 말을 들었던 그는 1524년 동료인 디에고 데 알마그로와 함께 두 척의 배로 남아메리카 해안을 탐사하기 시작했다.

그러나 황금 제국은 쉽게 나타나지 않았다. 피사로의 원정은 코르테스의 원정과는 전혀 다른 상황에 맞닥뜨렸다. 가도 가도 끝없는 밀림의 연속이었고 모기떼에 시달려야 했다. 더군다나 코르테스와는 달리 대규모의 스페인 군대도 아니었고, 몬테수마에 대항하는 수만 명의 원주민 지원군도 없었다. 피사로가 파나마에 도착했을 때 그의 휘하에는 병사 180명과 말 30필밖에 없었다. 얼마 후 병력 100명과 말 50필이 추가로 합류했지만, 수만 명의 잉카 제국 전사들을 대적하기에는 그 수가 턱없이 부족했다. 하지만 그들은 남쪽으로의 항해를 계속했다.

1532년 9월, 드디어 지금의 페루에 상륙했다. 수적으로 절대적인 열세에 있었던 피사로의 원정대가 어떻게 거대한 잉카 제국을 멸망시켰는지는 쉽게 이해가 되지 않는다. 당시 잉카 제국은 아타우알파라는 황제가 통치하고 있었다. 피사로는 지금의 페루 북부에 있는 카하마르카라는 곳에서 아타우알파를 만났다.

11월 16일, 6,000명의 호위 부대를 이끌고 나타난 아타우알파는 피사로와 동행한 신부가 내민 책을 땅바닥에 던져버렸다. 이는 스페인 정복자들에게 신성모독이었다. 그 책이 바로 성경이었기 때문이다. 신부는 그 책에 신의 말씀이 들어 있다고 했는데, 책을 귀에 가까이 댄 아타우알파는 아무 소리도 들리지 않는다며 책을 던져버린 것이다. 피사로 군대는 공격을 개시했다. 화승총이 불을 뿜자, 아타우알파의 일행들은 혼비백산했고, 말 탄 정복자들의 공격에 속수무책으로 쓰러졌다. 피사로 군대는 잉카 제국의 전사들을 무참히 도륙했다. 스페인 병사들의 피해는 고작 5명의 부상이 전부였다.

　　도저히 믿기지 않는 전투였다. 이는 전투라기보다는 일방적인 도륙이었다. 아무리 스페인 병사들의 무기가 월등하다고 해도 6,000명의 잉카 전사들이 그렇게 무기력하게 전멸당한 것은 믿기지 않는다. 게다가 몇 킬로미터 후방에는 수만 명의 아타우알파의 군대가 대기하고 있었다. 만약 그 군대가 합류했다면 상황은 전혀 달랐을 것이다. 하지만 그 만약은 일어나지 않았다.

　　피사로 군대는 황제를 포로로 잡았다. 황제는 자신을 풀어주는 대가로 커다란 방을 황금으로 채워주겠다고 약속했고, 그 약속을 지켰다. 하지만 정복자들은 아타우알파를 처형했다. 곧이어 피사로는 잉카 제국의 수도 쿠스코로 군대를 이동시켜 그곳을 점령했다. 잉카 제국은 결국 1572년에 멸망했다. 콜럼버스가 아메리카에 도착할 당시만 해도 아메리카 대륙에서 가장 강력한

잉카의 유적지 마추픽추. 잉카 제국 멸망 후 정복자들을 피해 산속으로 숨어든 잉카인들의 비밀 도시이다. 산 아래에서는 보이지 않아 공중에서만 확인할 수 있다.

제국을 형성하고 있던 잉카 제국이 스페인 정복자들의 총칼 앞에 허무하게 무너지고 말았다.

유럽의 아메리카 정복이
'손쉬웠던' 세 가지 이유

콜럼버스에서부터 코르테스, 그리고 피사로에 이르기까지 스페인의 아메리카 정복사는 많은 의문을 남긴다. 그 의문 중의 하나가 어떻게 소수의 스페인 군대가 손쉽게 아메리카 원주민들을 제압했는가이다. 물론 여기서 '손쉽게' 정복했다는 것은 다른 유럽의 전쟁과는 달리 상대적으로 빨리, 그리고 적은 희생으로 광대한 지역을 점령하고 지배했다는 것이지, 원주민들의 대항이 없었다는 것은 아니다.

스페인을 비롯해서 이후 유럽의 아메리카 정복사에서 공통적으로 제기되는 그 '손쉬운' 정복의 이유는 대체로 세 가지로 정리된다.

첫 번째는 무기의 불균형이다. 구석기 시대 수준의 무기로 무장한 아메리카 원주민들은 단단한 철기로 만들어진 창과 칼, 갑옷, 그리고 화승총과 대포에다 말을 타고 신속하게 움직이는 유럽인들에 대항하기에는 그 한계가 너무 컸다. 하지만 아무리 강력한 무기를 소유하고 있다 하더라도 병력 수에서 원주민들이 압도적인 우위를 갖고 있었는데, 그들이 쉽게 제압당한 것은 의아하다. 화승총의 경우만 보더라도 당시에는 장전과 발사의 시간적 간격이 컸기에, 원주민들이 훗날의 '인해전술' 방식으로 끊임없이 공격했다면 상황이 달라졌을 텐데 그렇지가 않았다. 특히 잉카 제국의 카하마르카 전투에서 원주민 6,000명과 채 200명도 되지 않는 피사로 군대와의 대결이 그 좋은 예이다.

두 번째 이유는 원주민 내부의 문제이다. 아스테카 제국의 멸망이나 잉카의 몰락에서 볼 수 있듯이 원주민 부족들 간의 갈등과 대결은 스페인 정복자들이 '손쉽게' 그들을 정복하게 만든 배경이었다. 원주민들 간의 전쟁은 일상이었다. 승자는 패자를 마음대로 유린했다. 패자는 승자의 노예가 되었고, 상당수는 승자의 인신 공양의 희생 제물이 되었다. 서로 간의 증오심은 상상을 초월했다. 스페인 정복자들은 그런 증오심을 이용해서 용이하게 그들을 정복했다.

마지막으로 유럽인들이 가져온 각종 전염병이다. 콜럼버스가 신대륙에 도착했을 당시 남아메리카에는 900만 명에서 1,600만 명의 원주민이 살고 있었다고 추정한다. 그런데 스페인의 정복 이후 생존한 사람들은 불과 200만 명에서 400만 명이었다. 스페인 정복 전쟁으로 그곳 원주민의 4분의 3이 사라진 것이다. 그중에 적어도 80% 정도는 유럽인들이 가져온 전염병으로 목숨을 잃었다. 하지만 그 통계가 맞다 하더라도 그것이 너무 강조되어서는 곤란하다. 아무리 유럽인들의 전염병이 원주민 말살에 가장 큰 이유라고 하더라도, 스페인의 정복 전쟁에 의해 희생된 원주민들의 숫자가 인류 역사에서 그 유례를 찾을 수 없는 규모라는 사실을 덮으려는 의도가 숨겨져 있을 수 있기 때문이다.

흑사병을 물리친 것이
남아메리카의 감자였다?

스페인을 시작으로 이후 포르투칼, 프랑스, 네덜란드, 영국

등 유럽 국가들이 경쟁적으로 아메리카 대륙에 대한 식민지 개척에 박차를 가했다. 유럽 국가들의 아메리카 정복은 약간의 차이가 있지만 대체로 같은 패턴으로 진행되었다. 유럽 국가들의 아메리카 침략과 착취사로 규정지어도 될 정도로 유럽인들의 아메리카 원주민에 대한 일방적인 침탈사였다.

대서양을 놓고 마주하는 서로 다른 민족과 인종의 첫 접촉과 그에 따른 문화적인 흐름 역시 일방적으로 보인다. 종교적인 면을 보면 그것을 잘 알 수 있다. 거의 대부분의 원주민들은 그리스도교도가 되었다. 원주민들의 개종은 유럽의 신부들과 정치적 지도자들의 강압적인 포교와 때론 원주민들의 자의적인 선택에 의한 결과였다. 훗날 미국이 된 영국의 북아메리카 식민지에서는 예외적이었지만, 거의 대부분의 원주민들이 그리스도교도가 되었다는 점은 유럽인과 원주민들 간의 교류는 쌍방적이기보다는 일방적이었다는 점을 보여준다.

하지만 유럽인들과 아메리카 원주민 간의 접촉과 그 영향을 일방적인 문화적 교류로 설명해서는 곤란하다. 종교와 총, 균, 쇠, 그리고 말을 비롯한 새로운 가축들의 유입이 아메리카 원주민들의 삶에 커다란 변화를 초래한 것은 사실이지만, 원주민들의 문화가 유럽인들에게도 많은 변화를 가져다주었다. 그 대표적인 것이 식물이었다. 원주민의 "세 자매"로 불리는 옥수수, 콩, 호박에다 토마토가 유럽에 전래되면서 유럽인의 식단이 다양화되었고 풍요롭게 되었다.

무엇보다도 남아메리카에서 유럽에 소개된 감자는 유럽 문명에 막대한 영향을 끼쳤다. 지금의 남부 페루와 북서부 볼리비아 지역에서 재배되던 감자가 유럽에 소개되면서 유럽은 그동안 주기적으로 고통을 받았던 흑사병과 같은 전염병에서 해방될 수 있었다. 전형적인 구황작물의 등장으로 유럽인들은 영양 결핍과 기근에서 벗어날 수 있었고, 궁극적으로 전염병 창궐을 막을 수 있었다. 이는 곧 인구 폭등을 유발했고, 산업화를 촉발하거나 확산시키면서 이후 유럽 근대화의 초석이 되었다.

이처럼 유럽의 아메리카 정복사는 우월한 유럽 문화가 열등한 아메리카 문화로 이식되었다는 문명화의 일방적인 흐름보다는, 쌍방적인 교류로 진정한 의미의 지구화를 시작하게 만들었던 계기로 보아야 한다. 스페인을 비롯한 유럽 정복자들에 의한 원주민들의 고통과 희생을 다 헤아릴 수는 없겠지만, 유럽 중심적인 해석에서 벗어나 쌍방적 교류로서 그 시대를 바라보는 것은 그들의 아픔을 감싸는 최소한의 태도일 것이다.

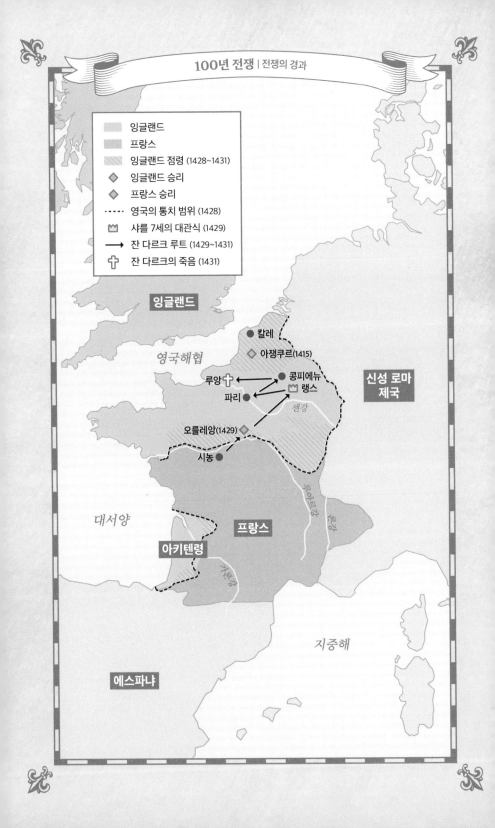

100년 전쟁 | 전쟁의 경과

잉글랜드
프랑스
잉글랜드 점령 (1428~1431)
잉글랜드 승리
프랑스 승리
영국의 통치 범위 (1428)
샤를 7세의 대관식 (1429)
잔 다르크 루트 (1429~1431)
잔 다르크의 죽음 (1431)

잉글랜드

영국해협

신성 로마
제국

칼레
아쟁쿠르 (1415)

루앙 ✝
파리 ●

콩피에뉴
랭스
센강

오를레앙 (1429)

시농 ●

대서양

루이르강

루아르강
론강

프랑스

아키텐령

지중해

에스파냐

♟ 100년 전쟁 연표 ♟

1337년	프랑스 필리프 6세, 잉글랜드 아키텐령 무력 점령
1356년	푸아티에 전투, 프랑스 장 2세 잉글랜드 억류
1364년	프랑스 샤를 5세 즉위
1377년	잉글랜드 리처드 2세 10세에 즉위, 숙부 곤트의 존 섭정
1389년	리처드 2세 직접 통치 시작
1413년	잉글랜드 헨리 5세 즉위
1415년	헨리 5세, 아쟁쿠르 전투 압승
1420년	트루아 조약 체결, 헨리 5세 프랑스 왕위 계승권 확보
1422년	헨리 5세, 발진티푸스에 걸려 35세 나이로 사망
1429년	잔다르크와 샤를 황태자 만남, 잔 다르크의 오를레앙 탈환
1429년 7월	샤를 7세 즉위
1430년 5월	잔 다르크, 잉글랜드군에 억류
1431년	잔 다르크, 루앙에서 화형
1453년 7월 17일	가스티용 전투, 프랑스 대승

종교와 신분의 시대에서
돈과 능력의 시대로

100년 전쟁
1337~1453

잉글랜드와 프랑스는 대부분의 유럽 지역이 그렇듯이 로마 제국의 속국으로서 로마의 영향을 받았다. 대서양과 북해를 잇는 작은 해협을 두고 마주하는 두 지역은 로마 제국의 흥망성쇠와 그에 따른 주변 환경의 영향을 받으며 서로가 가깝지도 그렇다고 으르렁대는 사이도 아닌 각자의 생활권을 유지하고 있었다. 이러한 관계는 어떤 특별한 상황이 발생하기 전까지는 변화가 없을 듯했다.

그 특별한 순간이 1066년에 찾아왔다. 프랑스 북서부에 위치한 노르망디의 공작 윌리엄이 잉글랜드를 침공해서 노르만 왕조를 세웠다. 윌리엄 1세는 잉글랜드의 왕인 동시에 프랑스 왕에게 충성을 서약한 가신이었기에, 왕과 신하라는 두 개의 신분을 갖게 되었다. 그로서는 프랑스의 신하보다는 잉글랜드의 왕 신분이 더 매력적일 수밖에 없었다. 그래서 프랑스의 봉건제를 도입하되 프랑스와는 달리 왕권 강화에 유리한 형태로 잉글랜드의 봉건제를 변형했다.

왕권 강화를 위해서 왕실의 재정을 튼튼하게 조성해야 했기에, 잉글랜드 왕실은 주로 프랑스 영주들과의 혼인을 통해 프랑스 내 영토를 확보해갔다. 이를 프랑스 왕실이 좋아할 리가 없었다. 이런 이유로 윌리엄 1세 시기부터 잉글랜드가 소유한 프랑스 영토를 놓고 뺏고 빼앗기는 싸움이 300년이나 반복되었다. 시간이 지나면서 잉글랜드 왕실과 프랑스 영주들과의 혈연관계가 약해지면서 프랑스 내에 잉글랜드가 소유권을 행사할 수 있는 영토는 갈수록 줄어들었다. 14세기 초반에 이르러서 잉글랜드 왕실이 소유한 프랑스 내 영토는 프랑스의 남서부 기옌 지방뿐이었다.

이런 상황에서 1328년 프랑스에서 왕위 계승 문제가 불거지자, 잉글랜드 왕실이 이에 적극적으로 개입했다. 프랑스의 카페 왕조의 샤를 4세가 후사 없이 사망하고 그의 사촌인 발루아 왕가의 필리프 6세가 왕위에 오르자, 잉글랜드 왕실은 자신들이 샤를 4세의 후계자라고 주장하고 나섰다. 에드워드 2세의 왕비인 이사벨라가 필리프 4세의 딸이었기에, 그의 아들인 에드워드

3세가 프랑스 왕위 계승권을 갖는다는 것이다.

필리프 6세는 잉글랜드의 주장이 터무니없다고 일축했다. 그 뿐만 아니라 이참에 노르만 정복부터 잉글랜드가 소유권을 주장하는 프랑스 내의 모든 영토를 없애버리려고 작정했다. 1337년, 그는 프랑스 내 잉글랜드의 봉토였던 아키텐령을 무력으로 점령해서 그 지방에 대한 잉글랜드의 소유권을 박탈해버렸다. 잉글랜드 왕이 지역 영주들과 결탁해서 프랑스 왕에 대한 봉기와 불복종을 확산시키고 있다는 명분이었다. 이렇게 해서 두 왕조가 5대에 걸쳐 116년을 싸우면서 중세 유럽의 정치, 사회, 경제적 지형도에 결정적인 변화를 이끈, 이른바 100년 전쟁이 발발했다.

'치고 빠지기' 전술로
압승을 거둔 잉글랜드

에드워드 3세는 필리프 6세의 도발을 받아들일 수 없었다. 아키텐령은 가스코뉴가 포함되어 있었기 때문이다. 가스코뉴는 당시 유럽 최대의 포도주 생산 지역으로서 잉글랜드의 재정 수입에서 막대한 부분을 차지하고 있었다. 필리프 6세 역시 프랑스의 최대 포도주 생산 지역이자 내륙 도시들의 곡물 수출입 교차로였던 보르도시가 포함된 가스코뉴 지역이 계속해서 잉글랜드의 영향권에 있는 것을 보고만 있을 수 없었다. 사실 전쟁은 겉

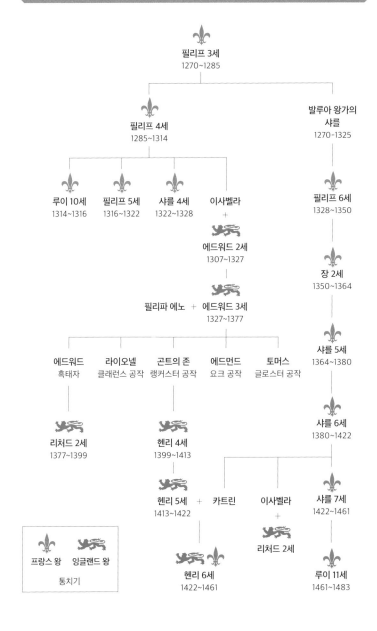

100년 전쟁 중 잉글랜드와 프랑스 왕실 가계도

필리프 3세
1270~1285

필리프 4세
1285~1314

발루아 왕가의
샤를
1270~1325

루이 10세
1314~1316

필리프 5세
1316~1322

샤를 4세
1322~1328

이사벨라
+
에드워드 2세
1307~1327

필리프 6세
1328~1350

장 2세
1350~1364

필리파 에노 + 에드워드 3세
1327~1377

샤를 5세
1364~1380

에드워드
흑태자

라이오넬
클래런스 공작

곤트의 존
랭커스터 공작

에드먼드
요크 공작

토머스
글로스터 공작

샤를 6세
1380~1422

리처드 2세
1377~1399

헨리 4세
1399~1413

헨리 5세
1413~1422

+ 카트린

이사벨라
+
리처드 2세

샤를 7세
1422~1461

프랑스 왕   잉글랜드 왕
통치기

헨리 6세
1422~1461

루이 11세
1461~1483

으로는 왕위 계승에 따른 명분의 싸움이었지만, 실질적으로는 가스코뉴 영토를 차지하려는 두 왕국의 이권 다툼 때문에 시작되었다.

에드워드 3세는 전쟁을 준비하며 플랑드르를 잉글랜드 편으로 끌어들였다. 지금의 프랑스 북부와 네덜란드 남부에 해당하는 플랑드르는 프랑스 왕의 종주권 아래에 있었지만 경제적으로는 잉글랜드의 영향권에 있었다. 플랑드르는 유럽 최대의 모직물 공업 지대로 번창한 지역인데, 원료인 양모의 대부분을 잉글랜드로부터 조달받고 있었던 것이다. 에드워드 3세는 플랑드르 지역들과 동맹을 맺어 그 지역을 통해 프랑스 항구 지역에 대한 해군 공격을 개시해서 거점을 확보한 후 프랑스 내륙을 정복하려는 작전을 펼쳤다.

군사적으로 프랑스는 잉글랜드의 적수가 되지 못했다. 1337년부터 1360년까지 에드워드 3세는 당시 중세의 전투 방식과는 다른 독특한 전략을 사용했다. 프랑스에 비해 수적으로 열세인 데다 프랑스 내에서 싸워야 했기에, 에드워드 3세는 중무장한 기사 중심의 기마 부대가 정면으로 대결해서 승패를 결정짓는 방식이 아니라, 공격하고 후퇴하는, 이른바 '치고 빠지는' 방식을 거듭함으로써 프랑스군을 혼란에 빠뜨렸다.

게다가 장궁longbow으로 무장한 잉글랜드 보병은 프랑스 군대에 치명적인 타격을 주었다. 긴 활로 먼 거리를 쏠 수 있는 장궁 부대는 전통적인 중세 방식으로 중무장한 프랑스 기사들이

〈크레시 전투〉, 장 프루아사르. 1346년 8월 26일, 에드워드 3세가 이끄는 잉글랜드군이 노르망디에 상륙하면서 벌어진 크레시 전투. 장궁 부대의 치명적인 전법과 농촌 지역을 조직적으로 습격, 약탈, 방화하는 슈보시 작전으로 잉글랜드가 압승을 거뒀다.

근거리에 접근하기도 전에 그들의 갑옷을 꿰뚫으며 혼란에 빠뜨렸다. 자영 농민 위주의 잉글랜드 군대는 이런 새로운 전법과 무기로 중세 유럽 최고의 프랑스 기사들을 제압한 것이다. 1356년에 푸아티에 전투에서 에드워드 3세의 아들 '흑태자'와 필리프 6세의 아들 장 2세가 맞닥뜨렸는데, 이 전투에서도 장궁으로 무장한 잉글랜드가 압승을 거뒀다. 장 2세는 포로로 잡혀 잉글랜드에 연금되는 수모까지 당했다.

프랑스를 구한 '현명왕'
샤를 5세의 지략과 반격

보병 중심의 잉글랜드 군대는 프랑스의 기사들뿐만 아니라 민간인들에도 악몽이었다. 전투에서 승리를 거둔 보병은 다음 전투지로 이동하면서 경작지와 마을에 대한 파괴와 약탈, 그리고 살육을 자행하며 이동 경로에 있는 농토를 초토화시켰다. 이러한 군대의 행진과 이에 따른 약탈과 초토화 작전을 슈보시 Chevauchee라고 한다. 잉글랜드는 100년 전쟁 내내 이 작전을 광범위한 지역에서 빈번하게 전개했다.

잉글랜드의 자영 농민들은 경제적 혹은 사회적 이득을 위해 전쟁에 참여했지만, 앵글랜드 왕실은 이들에게 제대로 보상을 해주지 않았다. 그래서 참전한 농민들은 이러한 약탈을 통해서 스스로 보상을 챙겼고, 부족한 보급품을 해결했다. 병사들은 약탈과 만행에 거리낌이 없었고, 이를 자연스러운 전쟁 행위로 받아들였다. 한마디로, 잉글랜드 왕실은 프랑스 내의 영토에 눈독을 들여서 전쟁을 일으켰고, 귀족들은 영토 확장으로 얻을 수 있는 이권을 염두에 두고 전쟁에 참여했지만, 실제로 전쟁에 동원된 농민들은 제대로 보상을 받지 못해 약탈을 일삼게 된 것이다.

양국의 전쟁 소용돌이 속에서 영주들 간에도 전쟁이 발생하기 일쑤였다. 프랑스 영주들은 현실적인 이유로 잉글랜드 편에 서기도 했다. 프랑스는 영국에 비해 영토가 넓고 인구도 많았지만, 전형적인 중세 봉건 체제여서 거의 모든 영토가 영주들에게 분할되어 있었다. 영주들은 각자 군대를 유지하고 있었는데, 왕은 영주들이 보낸 이 소규모 군대를 취합해서 대규모 군대를 편성해 잉글랜드에 대항해야 했다. 상황이 이렇다 보니 전쟁에 필요한 재원을 마련하기 위해 왕이 과도한 세금을 부과하면 영주들의 반발을 살 수밖에 없었다. 잉글랜드가 더 나은 조건을 제시하며 회유할 경우 영주들은 프랑스 왕실에 등을 돌렸다. 전쟁에 동원된 영주의 기사들이나, 신분 상승과 경제적 혜택을 보고 참전한 외국 용병들도 조건이 맞지 않으면 왕실의 명령을 잘 따르지 않았다. 프랑스 군대 내에는 이러한 기강 해이가 만연했다. 때문에 프랑스 왕실은 군사적으로나 정신적으로 통합된 군대를 유지하기가 힘들었다.

이러한 상황에서 장 2세가 잉글랜드에 억류되자 프랑스 왕권의 권위는 더욱 추락했다. 하지만 장 2세의 아들 샤를 5세의 등장으로 프랑스의 왕권이 차츰 강해지기 시작했다. 영국에 포로로 잡힌 부왕인 장 2세의 몸값으로 엄청난 금액을 치르는 굴욕적인 조약에 서명할 수밖에 없었지만, 샤를 5세는 현명하게 상황을 수습하고 나섰다. 자신을 "현명왕"으로 불렀을 정도로 자신감을 갖고 흐트러진 프랑스를 재정비해 나갔다.

현명왕은 파리의 반란 등 여러 난을 진압했으며, 정기적인 임시 징세를 실시해 상비군과 관료층을 확보했다. 1364년 코쉬레르 전투에서 잉글랜드의 지원을 받은 샤를 드 나바르 군도 격파

1350년경 그려진 장2세의 초상화(왼쪽)와 1837년경 그려진 샤를 5세의 초상화(오른쪽).

했다. 또한 프랑스 함대를 재건해서 지속적으로 잉글랜드의 해안 지역을 습격했고, 카스티야 왕국과 동맹을 맺어 1372년 라 로세르 해전에서 승리하는 등 잉글랜드를 괴롭혔다. 샤를 5세는 병약했지만, 탁월한 지략과 외교력으로 플랑드르, 스페인, 포르투갈과의 동맹을 이끌어내서 그동안 잉글랜드가 차지했던 프랑스 내 영토를 조금씩 회복했다.

10세에 즉위한
프랑스 왕의 비극적인 삶

샤를 5세 재임 기간 동안 잉글랜드는 프랑스에 반격할 수 없는 상황이었다. 에드워드 3세의 아들 '흑태자'는 오랜 전쟁으로 쇠약해졌고 지병이 악화되어 1376년 사망하고 말았다. 흑태자가 죽은 뒤 얼마 되지 않아 에드워드 3세 역시 세상을 떠났다. 1377년 불과 10세의 나이에 왕위에 오른 흑태자의 아들 리처드 2세는 숙부인 곤트의 존John of Gaunt의 꼭두각시일 뿐이었다.

섭정으로 국사를 좌지우지하던 존은 과도한 조세정책으로 민중들의 불만을 샀다. 흑사병 이후 노동력의 부재로 경제적 어려움을 겪고 있던 시기였기에 민중들은 새로운 세금에 반대하며 곳곳에서 반란을 일으켰다. 귀족들도 왕실의 조세 정책에 불만이었고, 리처드 2세를 견제하는 세력들이 늘어났다. 성인이 된 이후 1389년부터 직접 통치를 시작한 리처드 2세는 자기 세력을 키우고 왕권을 강화하는 과정에서 반대파 귀족들에 대한 숙청을 감행했지만, 귀족들을 완전히 장악하지 못했다.

무엇보다도 리처드 2세는 첫 번째 왕비가 사망하자, 프랑스 샤를 6세의 딸인 이사벨라와 결혼했는데, 이에 대한 국민들의 반감이 컸다. 이사벨라와의 결혼을 통해 프랑스 내에서 영지를 많이 소유하고 있는 귀족들을 견제하려고 했으나, 프랑스와의 전쟁에서 패배한 실망감이 아직 가시지 않은 상태에서 프랑스와의 화해를 시도한 리처드 2세에 대한 국민들의 시선이 좋을 리 없었다. 결국 리처드 2세는 반란군에 의해 투옥된 후에 1400년 2월, 여생을 마감하고 말았다.

잉글랜드 상황이 혼란 속에 빠져 있었지만, 프랑스 역시 잉글랜드에 대한 대대적인 공격을 감행할 상황이 아니었다. 1380년에 샤를 5세의 뒤를 이은 샤를 6세는 정신병으로 미치광이가 되어 왕권은 쇠퇴하고 귀족들은 이전투구로 혼란스러웠다. 프랑스는 향후 30년간 귀족 파벌 간의 끔찍한 내전의 늪에 빠져들었다.

전쟁의 흐름을 완전히 바꿔놓은
여전사, 잔 다르크

잉글랜드와 프랑스의 국내 정세로 말미암아 100년 전쟁은 50년 전쟁으로 마무리되는가 싶었다. 하지만 전쟁의 불씨는 1413년에, 헨리 5세가 잉글랜드의 왕에 즉위하면서 되살아났다. 25세의 나이에 왕위에 오른 헨리 5세는 왕권 강화보다는 프랑스 내 영토를 되찾는 데 총력을 기울였다. 증조부 에드워드 3세의 기개를 이어받은 헨리 5세는 탁월한 전략과 용기로 프랑스 원정을 시작했는데, 오를레앙 파와 부르고뉴 파로 분열되어 있던 프랑스는 그를 막을 수 있는 상황이 아니었다. 헨리 5세는 분열된 프랑스 귀족들과의 동맹을 맺으며 프랑스의 대항 의지를 더욱 약화시켰다.

1415년 아쟁쿠르 전투에서 압승을 거둔 헨리 5세는 루앙을 비롯한 노르망디 지역을 손쉽게 점령한 후 파리까지 점령해버렸다. 1420년, 헨리 5세는 정신병 상태에 있던 샤를 6세와 트루아 조약을 맺어 프랑스의 왕위 계승권까지 확보했다. 하지만 2년 뒤, 헨리 5세는 발진티푸스에 걸려 35세의 나이로 급작스럽게 사망하고 말았다. 이후 잉글랜드와 프랑스는 어느 쪽도 뚜렷한 승기를 잡지 못한 채 오를레앙의 성벽을 두고 대치하는 지루한 상황만을 이어갔다. 하지만 헨리 5세의 사망에도 불구하고 잉글랜드 군대가 더 유리한 상황에 있었다. 군사력의 우세가 아니라, 프랑스 군대가 오랜 내분과 내전으로 전의를 상실한 채 체념 상태였기 때문이다.

이때 전쟁의 흐름을 바꿔놓은 전설적인 인물, 잔 다르크가 등장했다. 잔 다르크는 프랑스 북동부 지역의 동레미라는 작은 마을에서 한 소작농의 딸로 태어났다. 16세 즈음에 천사의 계시를 들은 그녀는 발루아 왕가의 샤를 황태자를 도와 잉글랜드군을 돕는 부르고뉴를 몰아내고 프랑스를 구하라는 '음성'을 들었다고 주장했다.

하느님의 음성을 들었다는 잔 다르크의 소식은 1429년 2월, 루아르 강변의 시농성에 대피 중이던 샤를 황태자에게까지 전해졌다. 잔 다르크는 황태자를 알현할 기회를 갖게 되었다. 황태자는 아직 그녀에 대한 확신이 없었기에 낡은 옷을 입고 신하들 속

〈잔다르크의 오를레앙 입성〉, 장 자크 셰러.
오를레앙 방어전에서 승리하고 개선하는 잔 다르크.

에서 모습을 감추며 과연 하느님의 음성을 들었다는 그 어린 소녀가 그를 알아보는지 시험했다. 잔 다르크는 황태자를 알아보고 그 앞에 무릎을 꿇었다. 그녀는 잉글랜드 군대와 그를 돕는 프랑스 세력을 축출하고 황태자가 왕위 대관식을 할 수 있도록 돕겠다고 약속했다. 지푸라기라도 잡아야 할 상황이었던 샤를 6세는 그녀에게 기회를 주었다.

기적이 일어났다. 1429년, 잔 다르크는 황태자로부터 받은 군대를 이끌고 영국군의 포위를 뚫고 오를레앙을 탈환했다. 흰 갑주에 흰 옷을 입고 선두에 서서 군대를 지휘하며 영국군을 무찔러서 오를레앙을 해방시킨 잔 다르크의 명성은 순식간에 프랑스 전역에 퍼져나갔다. 프랑스 군대는 하느님이 잔 다르크를 보내 프랑스를 구원할 것이라고 믿었고 사기가 하늘을 찔렀다. 잉글랜드군은 잔 다르크가 이끄는 군대가 쳐들어온다는 말만 들어도 겁을 먹고 도망가기에 바빴다.

잔 다르크의 도움으로 샤를 황태자는 7월 랭스 대성당에서 황제 대관식을 올릴 수 있었다. 100년 전쟁을 끝낸 샤를 7세가 이렇게 공식적으로 프랑스 왕위에 올랐다.

잔 다르크는 어쩌다 마녀로
낙인찍혀 화형당했을까?

하지만 1430년 5월 파리를 되찾기 위해 싸우다 잔 다르크는 샤를 7세와 대적하고 있던 브루고뉴파 군대에게 사로잡혀 잉글랜드군에게 넘겨졌다. 잉글랜드는 잔 다르크를 풀어주는 조건으로 샤를 7세에게 엄청난 몸값을 요구했다. 하지만 샤를 7세는 프랑스의 영웅으로 추앙받는 그녀를 돌려받기 위해 그 많은 몸값을 지불할 생각이 없었다. 잔 다르크의 도움으로 왕위에 올랐지만, 샤를 7세에게 잔 다르크는 부담스러운 존재였다. 잔 다르크가 국민들로부터 자신보다 더 추앙을 받고 있었기 때문이다. 결국, 온갖 고문을 받으면서 재판을 받은 잔 다르크는 마녀로 낙인찍혀, 이단 선고를 받고 1431년 루앙에서 화형을 당했다.

잔 다르크는 죽었지만 전쟁의 흐름은 완전히 프랑스 쪽으로 기울었다. 잔 다르크의 등장으로 말미암아 프랑스는 잉글랜드에게 빼앗긴 땅을 하나씩 회복하게 되었다. 1453년 7월 17일 가스코뉴의 패권을 놓고 벌인 카스티용 전투에서 프랑스가 대승을 거두었다. 가스코뉴에서 시작된 100년 전쟁이 그곳에서 사실상 끝난 것이다. 프랑스는 샤를 7세를 중심으로 국력이 강화되었고, 잉글랜드는 귀족들 간의 장미전쟁에 휘말리며 더 이상 프랑스에서 전쟁을 계속할 처지가 아니었다.

더 많은 땅을 차지해서 더 많은 권력을 행사하기 위해 두 왕실이 시작한 전쟁은 그토록 오랜 세월 동안 그 시대를 살았던 수많은 사람들의 목숨을 앗아갔고, 씻을 수 없는 상처와 고통을 안겼다. 하지만 100년 전쟁은 유럽의 봉건제도를 뒤흔들어 놓았다.

프랑스에서는 전쟁 수행이라는 명분으로 세금을 거두어들일 수 있었고 상비군 체제를 갖추게 되면서 왕권이 강화되었다. 새로운 무기의 등장과 전쟁에 참가한 새로운 계층이 늘어나면서 말 탄 기사들의 위상이 흔들렸다. 영국에서는 평민들이 흘린 피의 대가와 권리를 요구하고 나섰고, 의회의 권한이 커지면서 왕권이 약화되었다. 근대 시민 의식이 싹트기 시작했다. 두 왕국에서 평민들은 영주의 소유물이 아닌 국가 공동체의 일원이라는 새로운 국민 의식이 돋아나기 시작했다.

국가와 국민에 대한 개념이 아직 생소한 시대였지만, 오랜 전쟁을 겪으면서 자기와 타자의 경계가 뚜렷해졌고, 경계는 서로에 대한 불신으로 이어졌다. 종교와 신분이 전부였던 세상이 돈과 능력의 세상으로 바뀌기 시작했다. 100년 전쟁으로 근대가 가까워졌다.

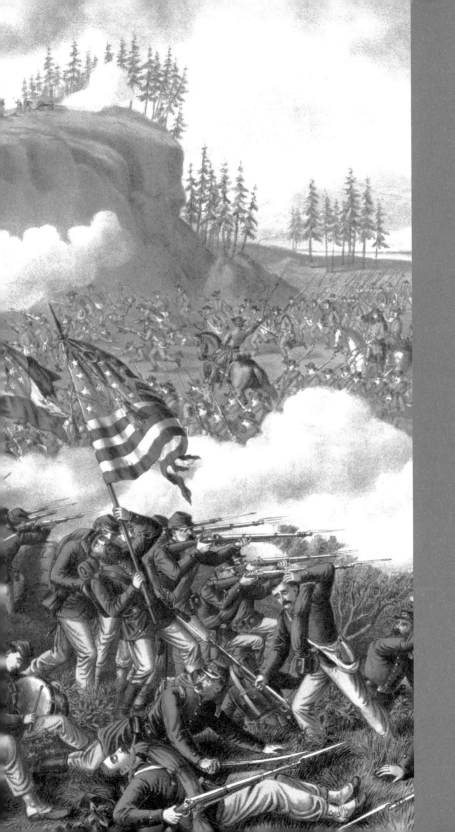

PART 02

인간의 추악함이
극에 달했던 내전

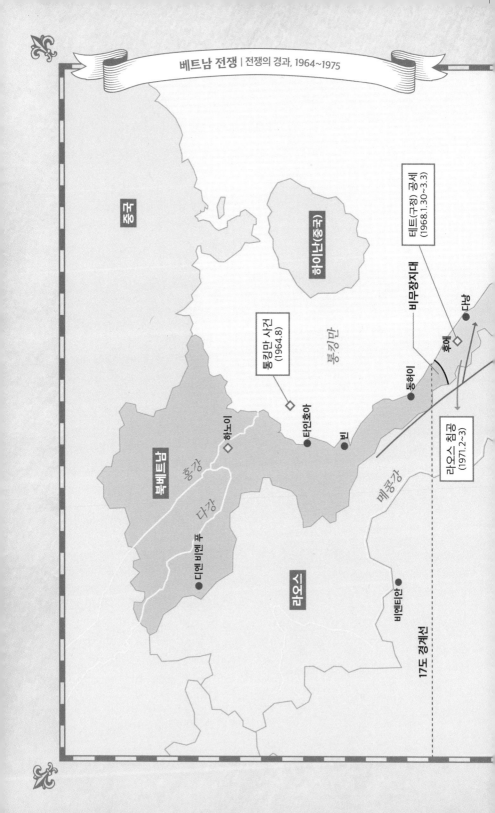

베트남 전쟁 | 전쟁의 경과, 1964~1975

중국

하이난(중국)

통킹만

테트(구정) 공세
(1968.1.30~3.3)

비무장지대

다낭

후에

통킹만 사건
(1964.8)

동하이

하노이

타인호아

빈

북베트남

홍강

다강

메콩강

디엔비엔푸

라오스 침공
(1971.2~3)

라오스

비엔티안

17도 경계선

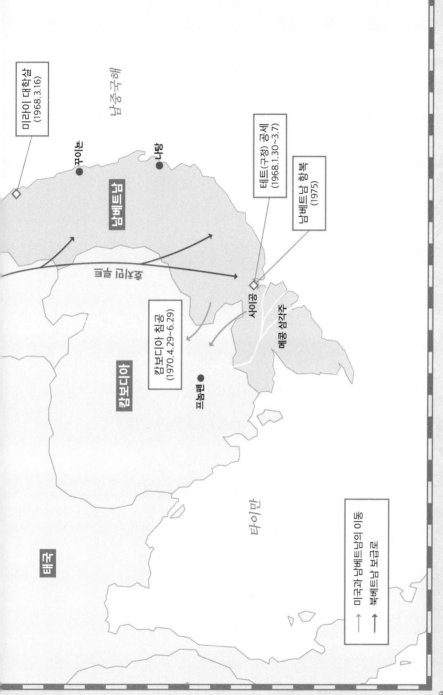

미라이 대학살
(1968.3.16)

남중국해

후이안

나탕

남베트남

테트(구정) 공세
(1968.1.30~3.7)

남베트남 항복
(1975)

호찌민 루트

사이공

메콩 삼각주

캄보디아 침공
(1970.4.29~6.29)

캄보디아

프놈펜

태국

타이만

미국과 남베트남의 이동

북베트남 보급로

베트남 전쟁 연표

1887년~1954년	프랑스 식민 통치
1940년~1945년	일본의 점령
1941년	호치민, 인도차이나 공산당 결성
1945년 9월 2일	베트남 인민 공화국 독립
1946년	프랑스-베트민 전쟁 발발
1954년	제네바 협약
1955년 10월	남베트남 단독 국민투표, 응오딘지엠 초대 대통령 선출
1956년 4월 말	프랑스군 베트남에서 완전 철수
1960년 12월	남베트남 민족 해방 전선NLF, 일명 베트콩 결성
1964년 8월 2일	통킹만 사건 발생, 미 의회 통킹만 결의안 채택
1968년 1월	테트(구정 연휴) 북베트남군 총공세 시작
1969년	리처드 닉슨 대통령 취임, 단계적 철군 발표
1973년 1월	파리 휴전 협정 체결
1975년 4월 30일	사이공 함락

초강대국 미국을 대혼란에
빠트린 베트콩의 전술

베트남 전쟁
1955~1975

19세기 말, 제국주의 광풍이 전 세계에 몰아쳤고, 아시아 역시 예외는 아니었다. 영국을 중심으로 유럽 열강의 아시아 침탈의 가장 중요한 목표는 중국이었다. 다들 한시라도 빨리 중국을 그들의 영향권에 넣고자 안달이 났다. 중국으로 가기 위해서는 인도차이나 지역을 거칠 수밖에 없었는데, 베트남을 포함한 인도차이나를 식민지로 삼은 나라는 프랑스였다. 영국이 이미 인도를 거쳐 버마(지금의 미얀마), 싱가포르를 포함한 말레이반도, 그리고 홍콩을 지배하고 있었기 때문에, 영국의 손이 닿지 않은 인도차이나에 프랑스는 제국주의 야욕의 손길을 뻗은 것이다.

프랑스의 식민 통치는 현재의 베트남, 캄보디아, 라오스를 포함한 인도차이나 전역의 정치, 경제, 사회, 문화 전반에 지대한 영향을 끼쳤다. 다른 제국주의 국가들이 그렇듯이 근대화란 명분으로 농업을 비롯한 산업 전반에 대대적인 개혁을 시도했다. 하지만 그 개혁은 식민 지배를 받는 사람들의 전통과 일상을 흔들어놓았다. 특히, 프랑스식 교육과 가톨릭 종교를 주입해서 식민지 엘리트를 양성하고, 그들로 하여금 대리 통치를 하게 함으로써 식민지인들 간의 갈등과 분열을 조장했다. 이것은 식민지배 기간뿐만 아니라 그 이후로도 이어진 아픔과 혼란의 불씨가 되었다.

1940년 독일에 항복한 프랑스가 더 이상 인도차이나 식민지를 유지할 수 없게 되자, 일본이 베트남을 침탈하기 시작했다. 일본의 지배는 프랑스보다 더욱 참혹했다. 일본은 아시아 민족이 서양 세력으로부터 해방되려면 일본을 중심으로 단일한 체제를 결성해야 한다는 이른바 대동아공영권의 기치 아래 중국을 포함한 아시아 전역에 대한 침략 전쟁을 벌였다. 그런 일본에게 베트남은 전쟁 물자와 식량 보급을 위한 주요한 거점이 되었다. 특히 쌀 수탈은 가혹했는데, 이 시기 베트남 인구의 10%에 해당하는 200만 명이 굶어 죽었다.

일본의 가혹한 식민 통치로 베트남인들은 분노했고, 이는 베트남 독립운동의 중요한 자양분이 되었다. 베트남 독립운동을 주도한 조직은 '베트남 독립연맹', 즉 베트민Viet Minh이었다. 우리는 그것을 '월맹'으로 불렀다. 조직의 수장은 호치민이었다. 그는 1930년 프랑스 공산당의 창립 회원이자 열렬한 공산주의자로서, 1941년 베트남으로 돌아와 인도차이나 공산당을 결성하고 베트남 독립운동을 주도했다. 특히 1945년 호치민은 베트민을 중심으로 '8월 혁명'을 감행해서 일본이 세운 베트남 허수아비 정권과 일본에 대한 대대적인 무력 투쟁을 전개했다. 호치민은 베트남 전역의 농촌 마을과 주요 도시를 장악하면서 베트남 독립의 우상으로 자리매김을 했다. 제2차 세계대전이 끝나자, 호치민의 베트민은 1945년 9월 2일 베트남 인민 공화국의 독립을 선포했다.

17도선을 경계로 나뉜
공산주의 vs 자유 진영

하지만 베트남에 독립은 쉽게 주어지지 않았다. 프랑스가 식민 통치를 부활시키려고 다시 베트남으로 돌아왔기 때문이다. 호치민의 베트민 세력과 프랑스군과의 전쟁이 발발했다. 독립에 들떠 있던 베트민은 프랑스군을 베트남에서 몰아내려고 사력을 다해 투쟁했다. 처음에는 프랑스군의 화력 앞에 베트민이 수세에 몰려 중국의 공산당 거점으로 후퇴하기까지 했다. 하지만 전쟁이 계속될수록 베트민의 정신력이 강해졌다. 결국, 1954년 5월 북베트남의 디엔 비엔 푸에서 프랑스군은 베트민에게 결정적인 패배를 당했다.

　프랑스의 요청에 따라 베트남 독립을 논의하기 위한 회의가 1954년 제네바에서 개최되었다. 제네바 협약에 따라 프랑스는 인도차이나에 대한 75년간의 통치를 마감하며, 캄보디아와 라오스의 독립을 승인했다. 그런데 베트남은 위도 17도선을 경계로 분단되고 말았다. 호치민의 베트민은 이북으로, 프랑스의 자유 진영은 이남으로 이동해야 하며, 2년 안에 총선거를 통해서 통일국가를 건립하도록 했다. 베트민은 협약이 불만스러웠으나, 소련과 중국 대표단이 협약에 찬성했기에 반대할 형편이 아니었다.

　제네바 협약에 따라 실질적인 분단의 절차가 진행되었다. 협약에 의해 300일 동안에는 베트남인들이 자유로이 17도선 경계선을 넘어 이동할 수 있었기에, 약 100만 명 정도의 베트남인들이 북에서 남으로 이주했다. 이들은 대체로 지주 계급과 친프랑스계 사람들, 그리고 가톨릭교도들로서 공산주의 치하에 살기를 거부했다. 반대로 남에서 북으로 이주한 베트남 사람들은 최대 4만 5,000명 정도였고, 베트민 소속 병사 10만 명도 북으로 이주했다. 프랑스 군대는 1956년 4월 말에 베트남에서 완전히 철수했다.

　이제, 베트남의 운명은 베트남 국민들에게 맡겨졌다. 과연 베트남 국민들이 2년 안에 국민투표를 통해 통일국가를 설립할 수 있었을까? 그러기에는 17도선 경계선이 너무 뚜렷해져 갔다. 경계선을 중심으로 공산주의와 자유 진영이 대결하는 구도가 형성되었으며, 무엇보다도 한국 전쟁으로 말미암아 심화된 냉전의 양극화는 세계사의 돌이킬 수 없는 대세가 되었다. 자유 진영의 강력한 지지 국가인 미국이 다가오는 총선거에 응할 생각이 없었다. 선거가 시행되면 이는 곧 호치민의 적화통일을 합법적으로 완성시키는 것이 될 것이기 때문이었다.

북베트남은 호치민이라는 인민 영웅을 중심으로 단합되었지만, 남베트남은 혼란과 분열의 연속이었다. 미국의 지원을 받은 응오딘지엠은 갈수록 국민들의 지지를 받지 못하며 독재의 길을 걷고 있었다. 1955년 10월 남베트남 단독으로 시행된 국민투표에서 응오딘지엠은 득표율 98.2%의 지지를 얻어 베트남 공화국, 즉 남베트남의 초대 대통령에 선출되었지만, 이는 명백한 부정 선거와 투표 조작의 결과였다. 이후 지엠 대통령의 일가족이 국가 요직을 독식하면서 부패가 만연했고, 이를 비판하는 반정부 인사에 대한 대대적인 숙청 등의 공포정치를 실행함으로써 정권에 대한 국민들의 여론이 악화되고 있었다.

베트콩의 세력 결집에
불을 지핀 부패 정권

지엠 정권에 대한 남베트남 국민들의 원성이 높아가자 남베트남 내에서 암약하고 있었던 공산주의 무장 게릴라들이 남베트남 곳곳에서 준동하기 시작했다. 1960년 12월에는 남베트남 민족 해방 전선NLF이 결성되었는데, 이는 남베트남 내에서 활동하는 일명 '베트콩'으로 불리는 공산주의자 무장 게릴라들이었다. 이들은 북베트남으로부터 공급받은 무기로 남베트남 군대를 공격하며 남베트남 내에서 혼란을 조성하는 것이 목적이었는데, 지엠 정권의 부패와 무능, 그리고 독재로 인해 민심이 이탈하면서 갈수록 세력이 커지기 시작했다.

게다가 남베트남 군부의 부패로 말미암아, 미국에서 지원받은 상당수의 무기들이 베트콩에게 흘러 들어가면서 베트콩의 전력은 지엠 정권을 뒤흔들 정도로 위협적이 되고 있었다. 상황의 심각성을 간파한 미국 정부는 400명의 특수부대와 100명의 군사고문단을 파견해서 남베트남군을 지원했다. 하지만 남베트남군 내부의 부패와 병사들의 사기 저하로 별다른 효과를 보지 못했다.

당시 베트남 인구의 90%가 불교도였는데, 가톨릭 신자였던 지엠 대통령과 그의 측근들은 반정부 성향이 강한 불교도들에 대한 대대적인 탄압을 일삼았다. 1963년 6월에 지엠 정권의 폭정이 전 세계에 알려지는 사건이 발생했다. 틱꽝득이라는 스님이 지엠의 폭정과 불교 탄압에 저항하는 의미로 사이공 한복판에서 휘발유를 뒤집어쓰고 분신자살을 한 것이다. 충격적인 광경이 TV와 각종 언론을 통해서 전 세계에 보도되었다.

결국, 1963년 11월 초 지엠 대통령은 군사 쿠데타로 살해당했

1963년 6월 사이공, 지엠 정부의 폭정과 불교 탄압에 저항하며 소신공양한 틱광득 스님.

다. 남베트남 국민들은 지엠이 없어지면 상황이 좋아질 것이라고 기대했지만, 쿠데타 이후 정국은 더욱 혼란으로 빠져들었다. 한동안 거의 매년 쿠데타가 일어나며 남베트남의 정국은 제어 불능 상태가 되고 말았다.

미국의 베트남 참전
명분이 된 통킹만 사건

남베트남의 상황을 지켜보던 미국 정부는 고심에 빠졌다. 군사고문단과 같은 임시방편적인 군사적 지원으로는 남베트남을 베트콩과 그들을 지원하는 북베트남으로부터 지켜내기가 힘들다고 판단하기 시작했다. 만약 남베트남이 공산화되면 '도미노 현상'에 의해서 인도차이나의 다른 지역까지 공산화되고 말 것이라는 우려가 증폭되었다. 하지만 미국 정부 입장에서는 공개적으로 베트남 내전에 개입하기도 어려웠다. 미국 국민 대다수가 베트남이라는 지역을 알지 못했고 개입 명분도 약했기에 의회가 이를 승인할 리가 없었다.

미국은 아이젠하워 대통령 시절부터 베트남 정책에 대해 어정쩡한 정책을 펴고 있었다. 케네디 대통령 역시 마찬가지였다. 군부와 국무부는 더 늦기 전에 본격적인 개입을 해야 한다고 주장했지만, 대통령은 국민들의 관심 밖에 있는 베트남에 섣불리 개입하기를 꺼렸다. 지엠이 살해된 후 20일 만에 케네디도 암살당하며, 린든 존슨 부통령이 대통령이 되었다. 존슨 역시 베트남에 군사적으로 개입하기를 꺼렸다. 그가 공력을 들이고 있는 국내 개혁이 자칫 베트남 문제로 차질을 빚을까 봐 우려한 것이다. 미국 정부 내 강경파들의 주장대로 더 늦기 전에 미국의 군사적 개입이 필요하다고 하더라도 어떤 결정적인 명분이 필요했다.

그 명분이 1964년 8월 2일 찾아왔다. 존슨 대통령은 통킹만이라는 북베트남 동쪽 해역에서 순찰 중이던 미군 함정 매독스 호가 아무런 사전 포고도 없이 북베트남 함정으로부터 어뢰 공격을 받았고, 이틀 후에 또 다시 공격을 받았다는 보고를 받았다.

보고를 받은 존슨은 사실 여부에 대한 정확한 조사도 하지 않은 채, 미군 함정이 공해상에서 북베트남군의 공격을 받았으니 북베트남에 대한 폭격을 승인해줄 것을 의회에 요청했다. 의회는 '통킹만 결의안'을 거의 만장일치로 승인했다. 이로써 미국이 공식적으로 베트남 내전에 개입하게 되었다. 우리가 보통 베트남 전쟁이라고 부르는 것은 통킹만 사건 이후 미국의 개입이 본격화되는 시점부터이다.

그렇다면 막강한 화력을 자랑하는 미군의 참전으로 이후 베트남 전쟁의 양상은 남베트남과 미군에 유리하게 전개되었을까? 처음에는 가공할 만한 미군의 폭격으로 베트콩의 준동이 주춤하는 듯했다. 미국 정부는 미군이 참전한 이상 쉽게 베트콩을 물리칠 수 있을 것으로 판단했고, 남베트남 역시 전쟁의 승기를 잡았다고 홍보전을 펼쳤다. 게다가 미군의 요청에 따라 태국, 대한민국, 필리핀, 호주, 뉴질랜드가 남베트남에 전투병을 파병함으로써 남베트남의 상황은 호전되는 듯했다.

하지만 북베트남 역시 중국과 소련을 위시한 동유럽 국가들과 북한 등의 공산권 국가들로부터 무기 및 병참에 필요한 지원을 받았고, 이것이 캄보디아와 라오스 국경으로 연결되는 호치민 루트를 통해 베트콩에게 전달되면서 베트콩의 전력도 만만치 않게 되었다. 베트콩은 이전에 프랑스에 대항해 구축해놓은 땅굴 터널(구찌 터널)을 이용해서 작전을 펼쳤다. 미군의 폭격이 증가하자, 베트콩은 더 깊고, 더 긴 터널을 파서 노출을 피하면서

구찌 터널 내외부 모습. 프랑스 식민통치에 반대하던 베트남군이 게릴라 활동을 위해 처음 만들었다. 베트남 전쟁이 터지자 베트콩들은 미군과의 효과적인 전투를 위해 이 터널을 이용했다. 200km 이상 되는 터널 안에는 병원과 부엌, 식당, 침실, 회의실 등이 설치되었다.

물자 수송과 기습 공격을 늘려갔다. 미군과 연합군은 베트남의 깊은 늪에서 허우적댔고, 언제 출몰할지 모르는 보이지 않는 적들과의 괴이한 전쟁에서 몸과 마음이 피폐해져 갔다.

베트남 전쟁이
'텔레비전 전쟁'으로 불리는 이유

그런데 정작 미군들의 사기를 떨어뜨린 것은 베트남의 늪보다는 미국 본토에서 벌어지고 있었다. 대다수의 미국인들은 미군들이 베트남에서 공산주의자들의 침략을 격퇴하고 있다고 믿었다. 하지만 그곳에서 들려오는 소식은 기대와는 달리 실망스러운 것들이었다. 금방 끝날 것 같았던 전쟁은 몇 년째 계속되었고, 1967년까지 약 50만 명의 병사가 투입되었다. 갈수록 미군 희생자 수만 늘어나고 희망적인 소식은 들려오지 않았다. 미국인들에게 베트남은 점차 불편한 용어가 되었다. 대학생들을 중심으로 베트남 참전에 반대하는 데모가 일어나기 시작했으며, 징집을 거부하는 사태가 발생하기도 했다.

1968년 1월에는 미국 내의 이러한 베트남 전쟁에 대한 부정적인 여론이 격화되는 사건이 발생했다. 북베트남군과 베트콩이 구정 연휴 기간에 남베트남 주요 대도시에 동시 다발적인 총공세를 시작한 것이다. 베트남의 구정을 영어로는 테트라고 하는데, 이 테트 공세로 말미암아 남베트남은 쑥대밭이 되었다. 미군과 남베트남군은 초반에는 밀렸으나, 이내 역공을 가했고, 더 이상 밀리지 않았다. 테트 공세 그 자체로만 보면 북베트남과 베트콩은 수많은 사망자를 낳으며 패배한 작전이었다. 하지만 테트 공세는 결과적으로 미국이 베트남을 포기하게 만드는 결정적인 계기가 되고 말았다. 테트 공세 중에 사이공의 미국 대사관이 베트콩들에게 공격당하는 상황이 TV를 통해서 미국 안방에 생생하게 전달된 것이다.

미국인들은 놀랄 수밖에 없었다. 미군이 승승장구하면서 곧 전쟁을 끝낼 것으로 믿었는데 남베트남의 미국 대사관이 적의 공격을 받고, 미군의 보호 아래 안전한 것으로 알았던 남베트남

1968년 북베트남군과 베트콩의 총공세(테트 공세)로 파괴된 사이공 시내 모습. 민간인이 폐허를 뒤지고 있다.

의 수도 사이공 곳곳이 베트콩들과의 치열한 시가전으로 화염에 휩싸인 모습이 텔레비전 화면으로 전달되자 충격을 받았다.

베트남 전쟁은 텔레비전 전쟁이라고 할 만큼 텔레비전의 역할이 막대했다. TV 화면에 보이는 전쟁의 상황이 국민들의 여론을 형성하는 가장 큰 매개체가 되었다. 방송국과 신문사들은 경쟁적으로 전쟁 특종기사를 찾아내는 데 혈안이 되었다. 미군들이 민간인들에게 자행한 사건들이 보도되기 시작했으며, 남베트남군의 만행 역시 속속 알려지고, 정글과 지하 터널 같은 익숙하지 않은 지형에서 헤어나지 못하고 있는 미군들의 딜레마가 그대로 전달되었다. 대학가를 중심으로 반전 데모가 확산되었고, 미국 사회는 베트남 전쟁의 수렁에 깊이 빠지게 되었다. 결국 1968년 3월 말, 존슨 대통령은 다가오는 대통령 선거에 출마하지 않겠다고 발표했다. 테트 공세 후 두 달 만에 존슨 대통령이 베트남 전쟁의 실패를 인정하고 재선 출마를 포기하는 초유의 사태가 발생한 것이다.

아픈 기억으로 남은 사이공의 마지막 장면

1968년 당선된 리처드 닉슨 대통령은 취임 직후 남베트남에서의 단계적인 철군을 발표했다. 이로써 베트남 전쟁의 미국화가 끝나고, 남베트남이 미국의 지원을 받아 전쟁을 수행하는 베트남화가 시작되었다. 결과적으로 이는 곧 베트남 공산화의 서막을 여는 것이나 마찬가지였다.

미국 내의 반전운동 등 부정적인 여론으로 인해 미국이 베트남 전쟁에서 손을 떼자, 남베트남은 불안에 떨기 시작했다. 정국은 다시 혼란에 빠졌고, 남베트남군의 사기는 떨어졌다. 미국의 군사적, 경제적 지원은 계속되었지만, 전쟁을 승리로 이끌겠다는 남베트남 국민들의 강한 정신력이 수반되지 않는다면 적화통일이 눈앞이라며 공세를 더해가는 북베트남과 베트콩을 막을 수가 없었다.

결국 1973년 1월 북베트남, 남베트남, 미국 등의 전쟁 당사국

사이공 함락 직전 헬리콥터를 이용해 탈출하는 남베트남인들.

들은 파리에서 휴전협정을 체결했다. 미군을 포함한 외국 군대의 완전한 철군과 외세의 간섭 없이 베트남 국민 스스로가 협상을 통해 그들의 미래를 결정한다는 협정이었다. 말은 휴전협정이었지만, 이는 북베트남과 베트콩이 남베트남을 마음대로 유린할 수 있도록 해준 국제적 승인이나 마찬가지였다. 1975년 북베트남은 총공세를 감행했고, 남베트남은 제대로 저항도 못 해보고 궤멸하고 말았다. 4월 30일 수도 사이공이 함락되면서 베트남의 공산화가 마무리되었다. 기나긴 전쟁이 종지부를 찍었다.

사이공의 마지막 장면은 미국과 세계인들에게 가슴 아픈 기억으로 깊이 남게 되었다. 미국 대사관 옥상에서 마지막으로 떠나는 헬리콥터를 타기 위해 아우성치는 베트남 사람들, 사이공 인근 항구를 떠나는 마지막 미군 함정에 승선하기 위해 몸부림치는 베트남 사람들, 이미 떠나고 있는 배를 따라잡기 위해 바다로 뛰어든 수많은 사람들이 하나둘씩 바닷속으로 가라앉는 모습들, 돛단배에 몸을 싣고 어디로든지 떠나는 위태로운 난민들, 이런 안타까운 모습들이 텔레비전 화면을 통해 전 세계에 생생하게 전송되었다.

무엇보다도 베트남 전쟁으로 너무 많은 베트남 사람들이 희생을 당했다. 1955년부터 1975년까지 약 100만 명에서 300만 명의 베트남인들이 사망한 것으로 추정된다. 오랜 전쟁의 결과는 1954년 제네바 협정의 결과와 크게 다르지 않았다. 2년 안에 국민투표를 통해서 베트남인들 스스로가 베트남의 미래를 결정하도록 했는데, 그것이 무려 20년이나 걸린 것이다. 남베트남의 패망으로 수도 사이공은 호치민 시티로 그 이름이 바뀌었고, 다낭과 후에이 같은 격전지들이 유명 관광지로 각광받고 있지만, 전쟁을 체험한 세대들은 아픈 현대사를 여전히 그들의 일부로 기억하고 있다.

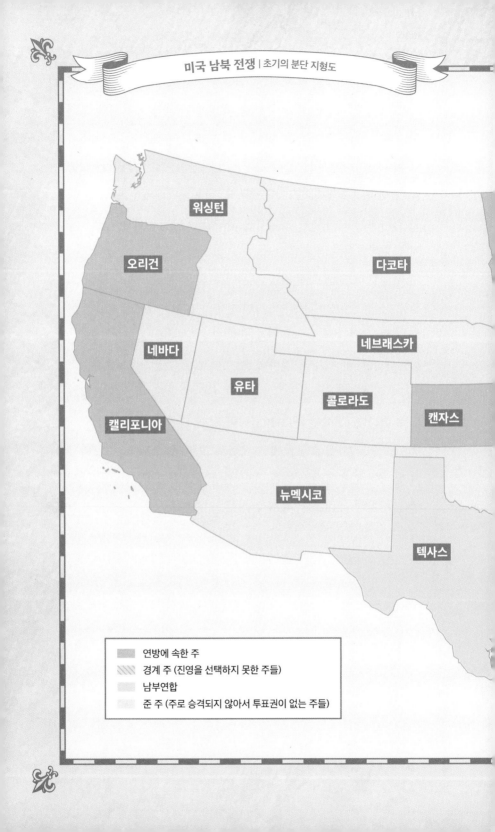

미국 남북 전쟁 | 초기의 분단 지형도

워싱턴

오리건

다코타

네바다

네브래스카

유타

콜로라도

캔자스

캘리포니아

뉴멕시코

텍사스

연방에 속한 주
경계 주 (진영을 선택하지 못한 주들)
남부연합
준 주 (주로 승격되지 않아서 투표권이 없는 주들)

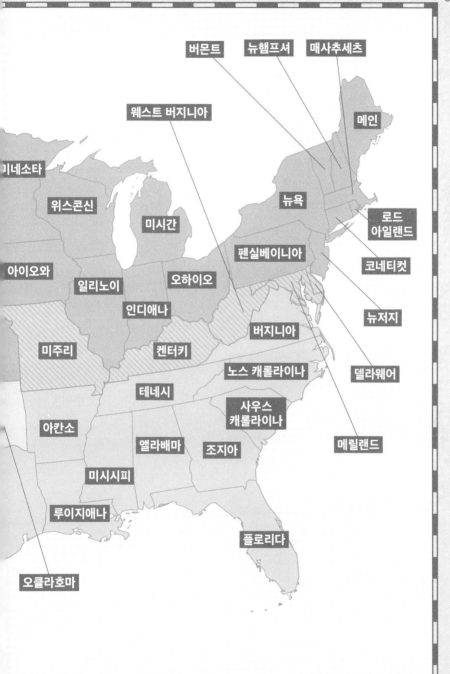

♟ 미국 남북 전쟁 연표 ♟

1860년	링컨 대통령 당선, 남부의 분노 폭발
1861년 2월	남부 연합 결성
1861년 4월 12일	찰스턴의 총성, 남부 연합군의 포격으로 시작된 남북 전쟁
1861년 7월	불런 전투
1863년 1월 1일	링컨 대통령 노예 해방령 선포
1863년 7월 1일~3일	게티즈버그 전투
1863년 11월 23일-25일	차타누가 전투
1864년 7월 22-9월 2일	애틀랜타 전투
1864년 9월 2일	남부 연합군, 애틀랜타 포기
1865년 4월 9일	남부 연합군 항복
1865년 4월 14일	링컨 대통령 암살

노예제를 사이에 두고
둘로 갈라진 미국

미국 남북 전쟁
1861~1865

사람은 감정의 동물이다. 사는 터전에 대한 애착은 지역감정의 온상이 된다. 13개 식민지가 연합해서 미합중국이라는 연방을 만들었지만, 누구도 자기들의 터전을 연방 아래 두기를 꺼렸다. 오히려 중앙정부라는 새로운 괴물이 자신들의 삶을 흐트러뜨리지는 않을까 노심초사했다. 시간이 가면서 같은 지역 사람들끼리 더 강한 공감대가 생성되었다. 미국의 남부가 그랬다.

1800년, 제3대 대통령 선거에서 남부는 똘똘 뭉쳤다. 북부 주도의 연방을 남부 주도로 바꿔야 한다고 마음먹었기 때문이다. 그래서 남부의 대부★☆ 토머스 제퍼슨을 대통령에 당선시켰다.

이것을 '평화로운 정권 교체'라고도 하고 '무혈 혁명'이라고도 부른다. 그다음 대통령도 남부 출신이 되었고, 그다음도 마찬가지였다. 남부 삶의 중심이었던 노예제도는 흔들리지 않았다.

북부는 일찍 산업화의 길에 들어섰고, 노예제도를 없앴다. 노예제도가 미국의 발목을 잡고 있다고 생각하고, 노예해방을 주장하는 사람들이 늘어났다. 남부는 방어적일 수밖에 없었다. 북부의 압박이 클수록 그들의 삶과 터전에 대한 애착은 더 강해졌다. 애착이 클수록 북부에 대한 증오도 커져 갔다.

1860년 남부 사람들의 분노가 폭발했다. 제16대 대통령 선거에 출마한 어느 후보가 "당선되면 노예를 해방시키겠다"는 공약을 걸고 나왔기 때문이다. 지금까지 그 누구도 건들지 않았던 남부 제도와 문화의 근간을 무너뜨리고자 한 것이다. 그가 에이브러햄 링컨이다. 링컨은 미국이라는 하나의 집이 노예제도를 놓고 이렇게 오랫동안 갈라진 상태로 계속해서 공존할 수 없다고 말했다. 남부는 당황했지만, 항상 그랬듯이 결집했다. 만약 링컨이 대통령에 당선되면 남부 주들은 연방에서 탈퇴하겠다고 으름장을 놓았다. 이것은 단순히 선거를 앞두고 남부 사람들을 결집하기 위한 정치적 쇼가 아니었다. 그들은 진짜 갈라설 준비를 하고 있었다.

링컨이 당선되자, 사우스캐롤라이나를 시작으로, 남부 주들은 연방에서 탈퇴하기 시작했다. 다음 해 2월, 탈퇴한 남부 주들은 새로운 헌법을 제정하고 남부 연합을 결성했다. 71년을 버텨

온 미합중국이 이렇게 쪼개져 버렸다. 1861년 4월 12일, 사우스 캐롤라이나의 중심 도시 찰스턴에 위치한 작은 요새에서 남북 전쟁을 여는 총성이 울렸다. 남부 연합군이 연방 소유의 섬터 요새에 포격을 가하면서, 남북 전쟁이 시작되었다.

전쟁 물자, 병력··· 절대적 열세에도 남부가 전쟁을 시작한 까닭

본격적으로 전쟁에 대비하던 남과 북은 7월 21일 워싱턴 D.C. 남서부 근교에 위치한 불런Bull Run에서 사실상의 첫 번째 전투에 돌입했다. 각각 3만 명 규모의 병사들이 투입되었다. 워싱턴 인근에서 벌어진 전쟁이라 수많은 민간인들이 구경을 나왔다. 잘 차려입은 신사 숙녀들이 소풍 가방을 들고 언덕 위에서 구경했다. 오랫동안 전쟁을 경험하지 못한 미국인들은 전투가 어떤 식으로 전개될지 궁금했던 것이다.

막상 전투가 벌어지자 모두 혼비백산이 되고 말았다. 전투는 상상했던 전쟁 놀이가 아니라, 비참한 살상극이었다. 수많은 병사들이 총에 맞아 쓰러졌다. 북군 460명, 남군 387명이 목숨을 잃었다. 1,000명 이상이 부상을 당하거나 실종되었다. 불런 전투는 빙산의 일각이었다. 새로운 무기들이 등장하면서 전쟁의 양상은 더 끔찍해졌다. 머스킷 소총의 성능은 갈수록 정교해졌고, 유효 사정거리는 800m까지 이르렀다. '미니에 볼'이란 총알이 사용되면서 살상율은 더욱 높아졌다. 대포의 위력은 더욱 강력해졌는데, 포탄은 더 무거워졌는데도 2km까지 날아갈 수 있었다.

전력은 경제력과 불가분의 관계가 있다. 가파른 산업화와 해외에서 끊임없이 유입되는 인구 등으로 전쟁 물자를 생산하는 것에서부터 병력을 충원하는 것 등 거의 모든 영역에서 북부는 남부에 비해 절대적인 우위에 있었다.

북부 연방의 인구는 1,850만 명이었지만 남부 연합은 고작 550만 명 정도뿐이었다. 남북 전쟁 기간 동원된 북군의 숫자는 250만 명이 넘었지만 남군은 100만 명 정도였다. 북부에 소재한 공장은 10만 개 이상이었지만 남부는 2만 개 정도였다. 북부에 소재한 철도의 길이는 2만 마일이었지만 남부는 8,000마일 정도였다. 북부는 철갑 해군 선박을 소유하고 있었지만, 남부는 이렇다 할 해군조차 없었다.

모든 수치로 본다면 남부는 승산 없는 전쟁을 시작한 것이다. 그렇다면 남부는 무얼 믿고 전쟁을 감행했을까? 남부 사람들은 북부 사람에 비해 감성적이었다. 그들은 정신적으로 훨씬 무장이 잘 되었다고 생각했다. 또한 그들은 그들의 가족과 고향을 지키기만 하면 승산이 있을 것으로 판단했다. 방어적 전략으로 전쟁을 끌기만 하면 북부는 어느 순간 포기할 것으로 예상했다.

남부의 전략은 주효한 듯했다. 남군의 사기는 높았지만, 북군은 그렇지 못했다. 북부에서는 전쟁터 안팎에서 불만이 터져 나

남북 전쟁에서 가장 참혹했던 게티즈버그 전투에서 사망한 북군의 모습.

왔다. 총사령관도 수시로 교체되었다. 외교적으로도 북군이 불리했다. 영국과 프랑스도 남부 연합에 우호적이었으며, 남부와의 동맹 가능성을 타진하고 나섰다.

지리멸렬한 공방전을 지속하던 남부는 반격을 노렸다. 방어적 태세에서 벗어나 북쪽으로 진군해서 북군에 결정타를 날리고, 북군으로 하여금 전쟁에서 승리하는 것이 불가능하다는 것을 알게 해서 그들을 협상 테이블로 끌어들이려는 속셈이었다. 그것이 남북 전쟁의 기로가 된 게티즈버그 전투였다.

1863년 7월 1일부터 3일까지 펜실베이니아의 자그마한 시골 마을 게티즈버그에서 남북 전쟁의 향방을 가르는 전투가 벌어졌다. 5만여 명의 병사들이 사력을 다해 총력전을 벌였다. 북군은 3,100여 명이 남군은 3,500명이 전사했다. 훨씬 많은 수의 남군이 포로가 되거나 실종되고 부상당했다. 결국 남군의 패배로 전투는 끝이 났다. 로버트 리 사령관이 이끈 남군은 이후 북진의 꿈을 접고 원래의 방어적 전략으로 돌아갈 수밖에 없었다. 사실 이후 전쟁은 절대적인 수세에 몰린 남부 연합군이 언제 항복하느냐 하는 시간과의 싸움이 되었다.

남부 패배의 상징이 된
불타는 애틀랜타

남부 연합으로서는 외국과의 동맹도 기대할 수 없게 되었다. 이미 1863년 초에 링컨 대통령은 노예 해방령을 선포해서 영국과 프랑스가 남부와 동맹을 맺을 가능성을 원천 봉쇄하고 말았기 때문이다. 영국이나 프랑스 지도자들은 자국 국민들의 여론을 우려해서 노예제도를 고수하려는 남부 연합의 편에 설 수가 없었다. 이제 전쟁은 공식적으로 노예해방을 명분으로 삼는 북부 연방과 노예제도를 지키려는 남부 연합과의 전쟁이 되었다. 링컨은 때를 기다려 그가 약속했던 노예 해방령을 선언했고, 그것은 전략적으로도 주효했다. 외국의 지원을 받지 않고서는 남부로서는 승산이 없는 전쟁이었기 때문이다.

전쟁은 이후로도 2년간 더 계속되었고, 200여 차례의 전투가 벌어졌지만, 남부는 계속 수세에 몰렸다. 게티즈버그 전투가 끝난 바로 다음 날 연방군은 미시시피주의 미시시피 강변에 위치한 빅스버그에서 남부 연합군에 또 다른 결정타를 가했다. 빅스버그 승리로 연방군은 미시시피강을 장악했다. 남군은 동부 육지와 서부 미시시피강으로부터 압박해온 북군의 진격을 정신력 하나로 막아내야 했다.

미시시피강을 장악한 연방군은 서부에서 남쪽으로 맹렬히 진격했다. 연방군의 서부전선을 책임졌던 윌리엄 셔먼 장군은 서부와 남부로 이어지는 철도 요충지를 하나씩 점령하면서 남군의 수송 루트를 차단하며 압박했다. 그는 1863년 11월 25일, 남부의 철도 요충지였던 테네시주의 차타누가 전투에서 승리한 후 남부의 마지막 철도 요충지였던 조지아주의 애틀랜타를 공격하기 시작했다.

1864년 7월 22일부터 시작된 애틀랜타 전투는 남북 전쟁 후반의 전세를 결정짓는 중대한 전투였다. 만약 애틀랜타가 무너지면 남군은 동부 내륙 지대에서 남하하고 있는 총사령관 율리시스 그랜트가 지휘하는 북군의 주력 부대와 애틀랜타에서부터 북진하는 셔먼 장군의 부대 사이에 포위되는 형국이 되기 때문에 남부 연합은 더 이상 버틸 수 없게 될 것이었다.

애틀랜타를 포기할 수 없었던 남군은 사력을 다해 도시를 지

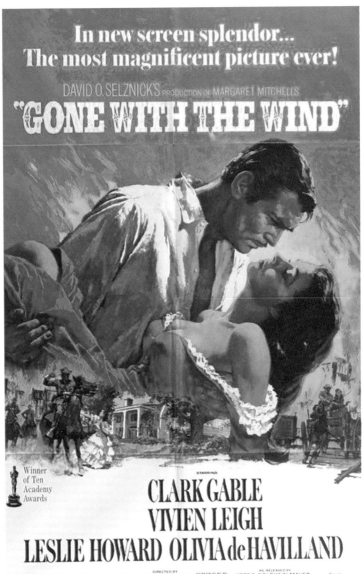

불타는 애틀랜타를 배경으로 그린 영화 〈바람과 함께 사라지다〉(1939) 포스터

켜내고자 했다. 하지만 병력이나 물자 등에서 북군의 상대가 되지 않았던 남군은 9월 2일 애틀랜타를 포기하고 말았다. 남군은 애틀랜타를 떠나면서 기차 등에 남아 있는 군수품과 탄약 상자들을 불태워버렸다. 철로를 장악당한 상태에서 그것을 운반할 수 없게 되자 적군의 손에 들어가지 못하게 없애버리기 위함이었다. 불타는 애틀랜타에 도착한 셔먼 장군은 한술 더 떠서 애틀랜타 전체를 불태워버렸다. 그렇게 해서라도 남부 사람들의 의지를 완전히 꺾어버려야 남부가 항복할 것이라고 판단했기 때문이다.

훗날 애틀랜타 출신인 마가렛 미첼의 소설 《바람과 함께 사라지다》와 그것을 기반으로 제작된 영화 속에서 '불타는 애틀랜타'가 생생하게 재연되었다. 불타버린 애틀랜타는 남부 패배의 상징적 이미지가 되었다. 하지만 남부의 정신과 자부심은 더욱 타올랐다.

62만 명이 목숨을 잃은
처절한 내전이 종결되다

1865년 4월 9일, 버지니아주의 애퍼매톡스에서 로버트 리 장군은 율리시스 그랜트 북군 총사령관에게 항복했다. 항복 조인식에서 그랜트 장군은 최대한 예우를 갖춰 패배한 리 장군을 맞았다. 항복 문서에 서명한 후 리 장군은 관례에 따라 차고 있던 칼을 그랜트에게 넘겨주고자 했으나, 그랜트 장군은 이를 거부했다. 남군의 절대적인 존경을 받는 리 장군의 명예를 지키기 위함이었다. 리 장군과 그 부하들이 회담장을 떠나자 그랜트의 부하들이 환호성을 올렸다. 오랜 전쟁이 공식적으로 끝나는 역사적인 순간이 아닌가. 그랜트 장군은 그런 부하들에게 조용히 할 것을 지시했다. 이제 그들도 연방의 일원이기 때문에 그들을 자극하지 말라는 것이었다.

이렇게 해서 근대사에서 가장 처절한 내전이 종결되었다. 무려 62만 명이 목숨을 잃었다. 전투에 참가한 병사 네 명 중 한 명 꼴로 사상자가 나왔으니 전쟁이 얼마나 치열했는가를 알 수 있다. 형제가 남북으로 나뉘어 서로에게 총칼을 겨눴고, 육군사관학교 동기생들이 서로에게 총구를 겨눴으며, 아메리카 원주민과의 전투와 멕시코 전쟁에서 함께 싸웠던 동지들이 서로에게 총구를 겨눈 근대사에서 그 유례를 볼 수 없었던 동족상잔의 비극이 이렇게 막을 내린 것이다.

애퍼매톡스에서 항복 조인식이 있은 지 5일 뒤, 링컨 대통령이 암살자의 총탄에 목숨을 잃고 말았다. 워싱턴 D.C.의 포드 극장에서 〈우리 미국인 사촌Our American Cousin〉이란 연극을 관람하던 대통령이 남부연합의 지지자였던 존 윌크스 부스에게 일격을 당한 것이다. 포드 극장에서 오랫동안 연극을 했던 배우였고 극장의 내부 구조를 세세히 알고 있었기에 부스는 쉽게 대통령에 접

1865년 4월 14일 워싱턴 D.C.의 포드 극장, 존 윌크스 부스가 〈우리 미국인 사촌〉 연극을 관람 중인 에이브러햄 링컨 대통령을 저격하는 모습.

근할 수 있었다. 연극의 내용을 꿰뚫고 있던 부스는 관객들의 웃음이 가장 클 때를 노려 대통령의 뒷머리에 권총을 발사했다. 그리고 대통령석 난간에서 무대 아래로 뛰어내린 그는 마치 연극의 일부인 양 무대를 가로질러 가면서 다음과 같이 외쳤다.

"시크 셈페르 타라니스!Sic semper tyrannis."

이 말은 "영원한 폭군이여!"라는 라틴어로 "남부는 복수했다"라는 뜻이다. 버지니아주의 모토이기도 했다.

부스 일당은 링컨 대통령뿐만 아니라 부통령 앤드류 존슨, 국무장관 윌리엄 슈어드, 총사령관 율리시스 그랜트 등 연방의 요인들을 동시에 암살할 계획을 세웠다. 남부가 패배했지만 이러한 암살을 통해서 연방을 혼란에 빠뜨릴 계획이었다. 슈어드의 자택을 습격해서 그에게 부상을 입히는 것 외에는 다른 모든 계획에서 실패했지만 링컨을 암살한 것만으로도 그들은 목적을 달성한 것이나 다름없었다. "남부는 복수했다"라고 외친 부스의 울부짖음이 남부 사람들의 정서를 대변했다.

존슨이 미국 역사상 최악의 대통령이 된 이유

전쟁 후반부에 링컨 대통령은 전후 남부를 어떻게 처리할 것인가를 두고 골머리를 앓았다. 링컨을 대통령으로 만들었던 급진 공화당 지도자들은 패배한 남부가 전쟁에 대한 책임을 인정하고 진정으로 반성할 때까지 남부를 연방에 받아들여서는 안 된다고 주장했다. 하지만 링컨은 남부의 정서를 잘 알고 있었다. 그들은 진정으로 패배를 인정하거나 반성하지 않을 것이기에, 남부에 대한 철저한 역사 청산을 강요한다면, 연방에 대한 남부의 증오심은 더욱 커질 것이라고 예견했다.

링컨은 남부가 노예해방을 인정하고, 연방헌법을 존중하는 등 최소한의 노력을 보인다면 가능한 빠른 시일 내에 남부를 포용해 연방을 재건하고자 했다. 하지만 이것은 쉬운 일이 아니었고, 패배한 남부를 어떻게 처리하는가에 대한 문제는 전쟁에서

미국의 수도 워싱턴 D.C.에 있는 링컨 기념관. 많은 사람들이 찾는 명소로 인권과 인종 문제의 상징으로 여겨진다.

승리하는 것보다 힘든 일이 되었다.

그래서 링컨을 사랑하는 사람들은 마치 링컨의 명성을 지켜 내려는 '신'이 존재해서 전쟁이 끝나자마자 그의 목숨을 거둬갔다고 생각한다. 만약 링컨이 그의 생각대로 남부에 대한 관용과 화해의 정신으로 재건Reconstruction 정책을 펼쳤다면 링컨은 심각한 정치적 위기를 맞았을 것이다. 전쟁을 승리로 이끈 영웅이었지만, 재건 문제를 풀지 못하고 실패한 지도자로 남게 될 소지가 다분했다. '링컨의 신'은 그가 그 딜레마에 빠지기 직전에 그의 목숨을 가져가버린 것이다. 그래서 링컨은 미국의 영웅으로

길이길이 남게 되었다.

　이는 억지 가설이 아니다. 링컨의 뒤를 이은 앤드류 존슨 대통령은 재건 문제에 발목이 잡혀 역사상 최초로 탄핵을 당할 뻔했다. 탄핵안은 하원에서 통과되었지만, 상원에서 단 한 표 차이로 기각되어서 가까스로 대통령직을 유지했다. 존슨이 탄핵대에 서게 된 이유는 근본적으로 그가 링컨의 유훈을 받아들여 패배한 남부를 포용해 연방을 재건하고자 했기 때문이다. 탄핵은 가까스로 면했지만 존슨은 남은 임기 동안 식물 대통령이나 다름없었다. 존슨 대통령은 미국 역사상 최악의 대통령 중의 한 명이란 불명예를 안고 말았다. 그만큼 재건은 어려운 과제였다.

　사실 패배한 남부는 오랫동안 그들이 패배했다고 생각하지 않았다. 그들은 수단과 방법을 가리지 않고 해방된 노예들이 자유를 누리지 못하도록 훼방했다. 큐 클럭스 클랜KKK과 같은 급진 인종차별주의자들이 남부 전역에서 준동했다. 이들의 지지를 받지 않고서는 남부에서 정치인으로 성공할 수 없었다. 흑인들은 자유를 얻었지만 실질적으로 그것을 누리기까지 너무 오랜 시간을 기다려야 했다. 새벽의 미명은 보았지만 아침을 맞이하기까지는 100년이란 세월이 더 필요했다.

　미국은 아직도 완전히 남북 전쟁의 영향에서 벗어났다고 할 수 없다. 대통령 선거만 보더라도 지금까지도 남과 북의 지역 구도는 크게 변함이 없다. 남과 북이 지역감정은 극복했을지 몰라도 지역 정서는 여전하다. 물론 지역 정서는 나쁠 것이 없다. 민주주의에서 다양한 생각과 문화를 갖는 것은 바람직하며, 그것이 지역에 대한 자부심에 근거한다면 지역 정서는 다문화주의를 성숙시키는 주요한 자양분임에 틀림없다. 하지만 자부심과 자만심은 그 근원은 같을지 몰라도 그 결과는 전혀 다르게 나타난다.

남북 전쟁이 남부 사람들의 자부심의 결과인지, 아니면 자만심의 결과인지는 사람에 따라 다르게 볼 것이다. 자부심은 자기 지역과 그 지역의 문화를 자랑스러워하는 것이라면, 자만심은 '우리'만이 미국을 미국답게 할 수 있다고 믿는 것이다. 미국 역사는 시작부터 지금까지 자부심과 자만심의 위태로운 이중주라고 할 수 있다. 그 이중주의 클라이맥스가 남북 전쟁이었고, 그 영향이 지금까지 계속되고 있으니, 남북 전쟁은 미국 문명의 본질을 들여다보는 가장 중요한 창이다.

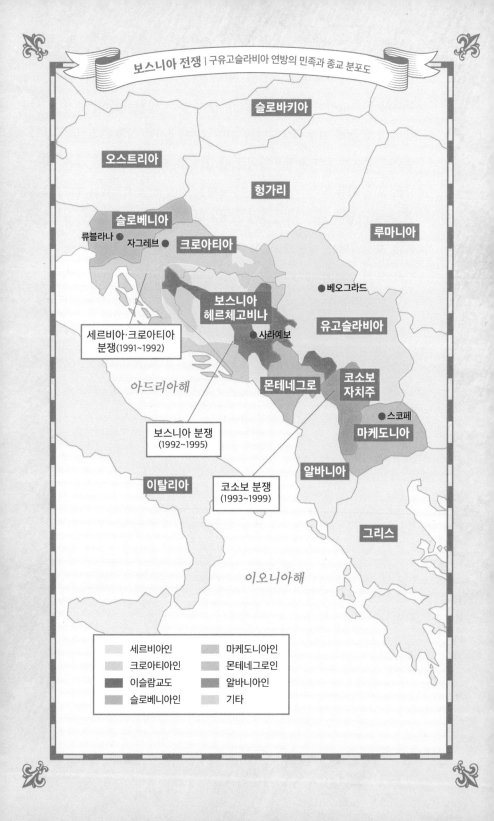

보스니아 전쟁 | 구유고슬라비아 연방의 민족과 종교 분포도

슬로바키아

오스트리아

헝가리

슬로베니아

루마니아

류블라나 ● 자그레브 ● 크로아티아

● 베오그라드

보스니아
헤르체고비나

유고슬라비아

● 사라예보

세르비아·크로아티아
분쟁(1991~1992)

아드리아해

몬테네그로

코소보
자치주

● 스코페

마케도니아

보스니아 분쟁
(1992~1995)

이탈리아

코소보 분쟁
(1993~1999)

알바니아

그리스

이오니아해

세르비아인   마케도니아인
크로아티아인   몬테네그로인
이슬람교도   알바니아인
슬로베니아인   기타

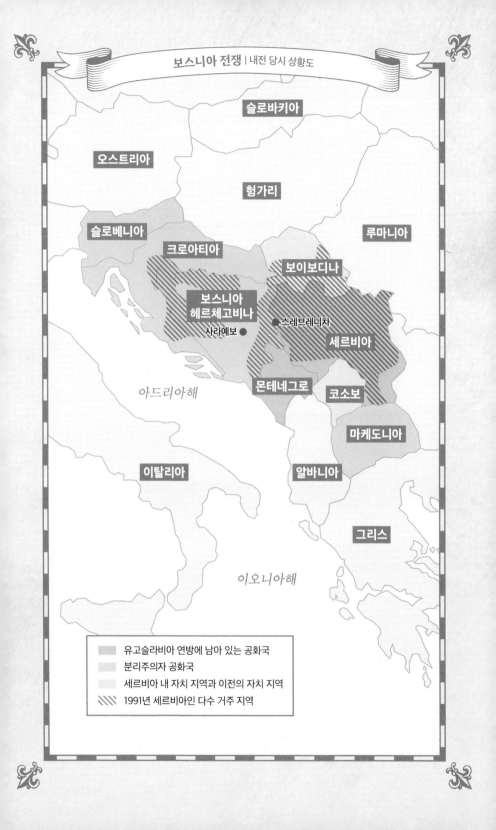

보스니아 전쟁 | 내전 당시 상황도

슬로바키아

오스트리아

헝가리

루마니아

슬로베니아

크로아티아

보이보디나

보스니아
헤르체고비나
● 스레브레니차
사라예보 ●

세르비아

아드리아해

몬테네그로

코소보

마케도니아

이탈리아

알바니아

그리스

이오니아해

유고슬라비아 연방에 남아 있는 공화국
분리주의자 공화국
세르비아 내 자치 지역과 이전의 자치 지역
1991년 세르비아인 다수 거주 지역

🤺 보스니아 전쟁 연표 🤺

1945년	요시프 티토, 유고연방 결성
1989년	밀로세비치, 세르비아 대통령 당선
1991년	크로아티아, 슬로베니아, 마케도니아 독립 선언
1992년 2월	보스니아-헤르체고비나 국민투표로 독립
1992년 1월	스릅스카 공화국 결성
1992년 4월	신유고연방 결성
1992년 5월~9월	도보이 '인종 청소' 사태 발생
1995년 7월	스레브레니차Srebrenica 대학살
1995년	코소보 분리 독립 추진
1995년 12월	미국 오하이오주 데이턴 평화협정으로 내전 종식
1998년 3월	코소보와 세르비아 간 전쟁 발발
1999년 7월	세르비아군 코소보에서 철수
2006년	밀로세비치 사망
2008년	코소보 국민투표로 완전 독립

20세기에 일어난
인류 역사상 가장 추악한 전쟁

보스니아 전쟁

1992~1995

1990년 5월 13일, 유고슬라비아의 수도 자그레브에 있는 막시미르 스타디움에서는 유고슬라비아 프로 축구 최고의 라이벌인 자그레브와 즈베즈다의 경기가 열릴 예정이었다. 그런데 경기가 채 시작되기도 전에 양측 응원단들 간에 거친 몸싸움이 벌어지더니, 이내 경기장 안으로 폭력 사태가 옮겨졌다. 유고슬라비아 경찰이 최루탄을 쏘며 진압 작전을 한 후에야 사태는 간신히 진정되었다. 무려 60명의 사상자가 발생한 초유의 사태는 단순히 열성 축구 팬들에 의해 벌어진 즉흥적인 불상사가 아니었다. 유고슬라비아 연방의 해체와 맞물린 세르비아인과 크로아티아인들 간의 해묵은 민족 갈등이 폭발한 것이었다. 하지만 누구도 그 사태가 이후에 벌어질 참혹한 발칸반도의 비극의 서막이라는 것을 알아채지 못했다.

발칸반도는 고대부터 서유럽과 동유럽, 그리고 아시아의 접경 지역으로 서방 교회와 동방 교회의 두 기독교 문화와 오스만 제국의 이슬람 문화가 뒤섞이면서 복잡한 민족과 종교적 색채를 발산하는 지역으로 자리를 잡았다. 이러한 발칸반도의 민족과 종교적 혼재는 19세기 말 유럽의 민족주의에 휩쓸리며 서로 간의 증오와 갈등을 격화시키더니, 결국 '유럽의 화약고'로서 제1차 세계대전을 촉발시키고 말았다.

제2차 세계대전 이후 발칸반도의 민족주의는 공산주의의 기세 아래 눌렸다. 요시프 티토의 지도력 아래 기존의 민족에 기반한 6개의 공화국, 슬로베니아, 크로아티아, 세르비아, 몬테네그로, 마케도니아, 보스니아-헤르체고비나가 유고슬라비아 사회주의 연방공화국(유고연방)을 결성했다. 유고슬라비아는 '남쪽 슬라브인들의 땅'이란 의미이지만, 그곳은 슬라브인뿐만 아니라 다양한 민족과 종교적 정체성을 유지한 다문화 연방이었기에 하나의 연방 체제로 통합된다는 것은 쉽지 않은 일이었다. 하지만 공산주의 사상을 통해 전후 사회, 경제적 혼란을 극복하고자 하는 공감대가 컸으며, 무엇보다도 티토의 강력한 지도력이 연방 결성의 성공에 큰 역할을 했다.

하지만 그러한 공감대에 금이 가거나 티토와 같은 지도력이 사라지게 되면 유고연방은 언제고 잠복되어 있는 민족과 종교적 갈등이 수면 위로 고개를 들 수 있는 위험을 갖고 있었다. 1980년 티토의 사망과 함께 그 위험이 현실이 되었다. 발칸의 화약고가 다시 터지기 시작한 곳은 코소보였다. 코소보는 세르비아 공화국 내의 자치주로서 인구의 80% 이상이 이슬람교도의 알바니아인이었다. 세르비아의 지배로부터 독립을 주장하며 코소보인들은 무장 투쟁을 전개했고, 세르비아는 강력한 진압 작전을 벌였다. 만약 코소보의 독립을 허락할 경우, 제2, 제3의 코소보 독립투쟁이 발칸반도 전체로 번질 것이기 때문이었다.

하지만 유고연방의 주축이었던 세르비아는 다시 고개를 내밀고 있는 발칸반도의 민족주의의 기세를 과소평가했다. 곳곳에서 반세르비아 민족 감정이 들끓기 시작했다. 그 즈음에, 앞서 언급한 자그레브의 축구장 유혈 사태가 발생한 것이다. 이는 단순히 광적인 축구 팬들 간의 즉흥적인 도발이 아니라, 갈수록 수위가 높아가던 크로아티아와 세르비아 간의 민족적 감정이 폭발한 것이다.

7개 국가로 갈라진
유고슬라비아

누구도 예측하지 못한 세계사적 기류도 자그레브 폭동에 불을 지폈다. 폭동이 있기 6개월 전인 1989년 11월 10일 독일의 베를린 장벽이 붕괴되었다. 40여 년을 지탱하던 자유주의 대 공산주의의 상징이 무너져 내린 것이다. 베를린뿐만 아니라 동부 유럽 곳곳에서 공산주의 체제에 균열이 생기더니, 균열은 순식간에 붕괴로 이어졌다. 공산주의가 무너진 곳에서는 자유주의에 기반한 자본주의가 자리를 잡기 시작했다. 유고연방에서는 공산주의가 무너지자 발칸의 화약통을 자극하는 민족주의가 다시 고개를 들기 시작했다.

민족주의는 곳곳에서 독립운동을 촉발시켰다. 코소보와 같은 세르비아 자치주뿐만 아니라 유고연방 내의 공화국이 연방으로부터 완전한 독립을 추진하기 시작했다. 그 포문을 연 곳이 슬로베니아와 크로아티아였다. 1991년 말에 크로아티아와 슬로베니아, 그리고 마케도니아가 독립을 선언했다. 세르비아가 주축이었던 유고연방은 이들의 독립을 받아들이지 않았다. 주로 기독교도인 세르비아인들은 유고연방이 완전히 해체되는 것을 받아들일 수 없었다. 그들은 발칸반도의 유고연방 국가들이 다시 하나로 뭉쳐서 강한 제2의 유고연방으로 부활해야 한다고 믿었다.

세르비아 민족주의의 중심에 슬로보단 밀로셰비치가 있었다. 그는 급진적 민족주의자로서 1989년 세르비아 대통령에 당선된 이후 유고연방 해체에 따른 혼란기에 세르비아를 중심으로 강력한 유고연방이 부활되어야 한다고 주장했다. 정치적 야망이 컸던 밀로셰비치에게 연방 내에서 일고 있었던 독립운동과 이에 따른 혼란은 기회가 되었다. 그는 연방 내의 민족적 갈등을 조장하며 권력을 잡았기에, 이러한 혼란이 그의 정치적 입지를 강화시켜줄 기회라고 보았던 것이다.

슬로베니아와 크로아티아 독립운동과 함께 유고연방 내 또 하나의 큰 집단이 독립을 요구하고 나섰다. 세르비아와 함께 연방 내에서 가장 큰 공화국이었던 보스니아-헤르체고비나였다. 공화국의 북쪽에 위치하며 영토의 80%를 차지한 보스니아는 인구의 절반이 보슈냐크로 불리는 이슬람교도들이었다. 공화국의 남쪽에 위치한 헤르체고비나는 영토의 4분의 1 정도를 차지하며 주로 가톨릭교도의 크로아티아인들이 거주했다. 보스니아-헤르체고비나 전체로 볼 때 보슈냐크계가 절반 정도였고, 나머지 3분의 1은 기독교 정교도 세르비아인들이었고, 크로아티아인들은 13% 정도였다.

1992년 2월에 보스니아-헤르체고비나 독립에 대한 국민투표가 실시되었는데, 국민들 63%가 투표에 참가했고 그중 99%가 독립에 찬성표를 던졌다. 투표에 참가한 대부분은 보슈냐크계 사람들이었다. 세르비아계는 투표를 거부했다. 만약 보스니아-헤르체고비나가 독립 국가가 되면 그들은 소수 민족으로 살아갈 수밖에 없었고, 그러면 세르비아 민족주의자들이 추구하는 유고연방의 부활이 사실상 물거품이 되기 때문이었다. 보스니아-헤르체고비나가 새로운 독립국으로 탄생하기 직전에 그 안에 거주하던 세르비아인들은 스릅스카 공화국이라는 그들만의 정부를

스릅스카 공화국의 수도 바냐루카의 현재 모습. 1992년 보스니아-헤르체고비나가 유고 연방으로부터 독립을 선언하자, 이에 반대하는 세르비아인들이 유고연방 잔류를 선언하며 스릅스카 공화국을 결성했다. 이들이 유고연방의 지원을 받아 보스니아인들을 공격하면서 보스니아 전쟁이 발발했다.

결성했다. 국제사회는 스릅스카 공화국을 승인하지 않았지만, 세르비아의 밀로셰비치는 즉각 스릅스카 공화국을 승인했다. 뿐만 아니라 새로운 공화국에 군사적 지원을 하기 시작했다.

보스니아-헤르체고비나 국민투표가 실시된 두 달 후, 세르비아는 몬테네그로와 연합해 신유고연방을 결성했다. 구유고연방의 해체가 가속화되자, 밀로셰비치의 지도 아래 세르비아는 강력한 유고연방을 부활시키고자 의지를 다진 것이다. 발칸반도 내의 분리 독립운동이 가속화되자, 이를 저지하며 유고연방을 부활하려는 세르비아의 야망이 점화되면서, 발칸반도의 화약고가 터지고 말았다. 이른바 '보스니아 전쟁'의 비극이 시작된 것이다.

세르비아 군대의 민간인 학살, 도보이의 인종 청소

보스니아-헤르체고비나는 독립은 했지만 세르비아인들이 군대를 장악하고 있었다. 밀로셰비치의 지원을 받은 보스니아 내의 세르비아 군대는 탱크와 대포, 그리고 저격수들을 수도 사라예보의 언덕에 배치하면서 보스니아로 들어가는 길과 수송로를 차단했다. 그들의 목표는 수도를 장악하고 빠른 시일에 전쟁을 끝내는 것이었다. 그들은 무차별 사격과 포격을 가했고, 그 과정에서 수천 명의 민간인 사망자가 발생했다. 세르비아 군대는 보슈냐크계의 주택을 폭파하거나 불태웠고, 남자들을 끌어내서 강제수용소로 보내거나 처형했다. 수용소로 보내진 여자들은 세르비아 군인들에 의해 집단으로 강간을 당했다.

보슈냐크계에 대한 민족적 자존감을 뭉개버리려는 목적으로 자행된 세르비아 군대의 대표적인 만행이 1992년 5월부터 9월 사이에 보스니아-헤르체고비나의 북쪽 도시 도보이에서 발생했다. 세르비아 민병대가 보스니아인과 크로아티아인을 공격해 2,400명의 목숨을 앗아갔다. 그중에 최소 400여 명이 민간인이었다. 이때 등장했던 말이 '인종 청소'였다. 제2차 세계대전 중에 나치 독일이 처음 사용한 말로, 유대인을 비롯해서 독일 순혈주의에 걸림돌이 되는 인종과 민족들을 청소해야 한다는 그 끔찍한 개념이 반세기도 지나지 않아 보스니아에서 다시 등장한 것이다.

소련을 비롯한 공산주의의 붕괴라는 세기사적 변화 앞에서 유럽 국가들은 발칸반도의 사태에 별다른 관심을 보이지 않았다. 물론 언론을 통해서 보스니아 내전이 알려지면서 유엔이 일련의 조치를 취하긴 했다. 유엔은 세르비아에 대한 경제 제재를 실시하며 무기가 세르비아로 유입되는 것을 막았고, 유엔 평화유지군을 결성해서 보스니아에 파견했다. 하지만 유엔군은 평화유지 원칙에만 충실했지 내전에 대해서는 개입을 꺼렸다. 1993년에는 보스니아 내에 안전 지역을 설정해서 보스니아 피난민들이 안전하게 피난하도록 조치를 취하기도 했지만, 내전에 적극적으로 개입하지 않았다. 유엔은 형식적인 조치만을 했을 뿐, 유럽과 국제사회는 전반적으로 보스니아 사태에 큰 관심을 보이지 않았다.

국제사회의 무관심 속에서 보스니아 내전에서 세르비아의 득세가 계속되자, 그동안 보스니아에 우호적이었던 크로아티아도 보스니아에 등을 돌렸다. 심지어 보스니아와 크로아티아 간에 무력 충돌도 발생했다. 보스니아 군대는 한편으로는 세르비아와 싸우면서 다른 한편으로는 크로아티아와 싸우는 사면초가에 놓이게 되었다. 1993년 5월에는 크로아티아 군대가 헤르체고비나에서 가장 큰 도시인 모스타Mostar를 공격해서 도시의 상당 지역을 장악했다. 그 과정에서 보슈냐크의 모스크들이 파괴되었으며 수많은 보슈냐크 민간인들이 살해되었다.

이때 그동안 관망만 하고 있던 미국이 보스니아 전쟁에 관심을 보이기 시작했다. 그 계기는 미국의 CNN과 같은 언론 매체가 보스니아 사태를 집중적으로 보도하기 시작하면서였다. 결국 미국의 중재로 1994년 3월 보스니아-헤르체고비나와 크로아티아가 동맹을 맺어 세르비아에 대항해서 연대 투쟁하기로 협정을 맺었다.

이로 인해 1994년에 보스니아 전쟁에 변화가 일기 시작했다. 밀로셰비치는 보스니아 내 세르비아 군대에 대한 무기와 경제적 지원을 중단했다. 유엔 경제 제재가 계속되면서 경제적 압박을 받고 있던 그는 보스니아에서 벌어진 만행이 자기와는 상관없는 그곳 세르비아인들의 행동이란 것을 보여주면서 유엔이 경제 제제를 해제해주길 바랐던 것이다.

제2차 세계대전 이후
가장 참혹한 제노사이드

미국의 압박과 그에 따른 밀로셰비치의 태도에 변화가 있었지만, 보스니아 내 세르비아 군대의 공세와 만행은 멈추지 않았다. 보스니아 영토의 70%를 장악한 스릅스카 공화국 군대는 조금만 더 공세를 가하면 유엔군을 밀어내고 보스니아 전체를 장악할 것으로 보고 총공세를 펼쳤다. 또한 국제사회의 개입으로 종전 압박이 커질 것을 대비해서 적어도 접경지대를 장악하는 데 총력을 기울였다.

총공세와 더불어 보슈냐크계 민간인에 대한 반인륜적인 만행도 증가했다. 그 대표적인 것이 1995년 7월에 발생한 스레브레니차Srebrenica 대학살이었다. 스레브레니차는 보스니아-헤르체고비나 공화국과 스릅스카의 접경 도시인데, 유엔군이 관리하는 안전지대로서 약 1만 명 정도의 보슈냐크인들이 피난한 곳이었다. 1995년 7월 11일, 2,000명의 스릅스카 민병대가 그곳에 진입했다. 370명의 네덜란드 군대가 관할하는 유엔평화유지군은 세르비아 군대에 쉽게 제압당했다.

세르비아 군대는 보슈냐크 민간인들에게 더 안전한 곳으로 이동시킨다며 버스와 트럭을 동원해서 여자와 어린아이들을 격리시킨 후, 남아 있는 남자들을 모두 학살했다. 뿐만 아니라 보슈냐크의 피를 정화시킨다는 명분으로 수많은 여성들을 집단적으

1996년 스레브레니차에서 발견된 집단 학살 희생자들의 매장지.

로 강간하는 등 최악의 반인륜적인 만행을 자행했다. 지금까지 스레브레니차 학살로 사망한 숫자는 공식적으로 8,372명이지만, 아직까지 시신 발굴 작업이 계속되고 있다. 훨씬 많은 사람들이 목숨을 잃었을 것으로 추정된다. 제2차 세계대전 이후 유럽에서 자행된 가장 끔직한 집단 학살(제노사이드)이 벌어진 것이다.

　스레브레니차 만행이 국제사회에 알려지면서 다시 미국이 나서기 시작했다. 빌 클린턴 대통령은 1995년 말, 유명무실한 유엔군을 철수하고 미군과 나토군을 보스니아에 투입하기로 결정했다. 또한 보스니아에 무기를 제공해서 세르비아를 압박하는 동시에 세르비아가 평화협정 회담에 나설 것을 촉구했다. 미국의 입장은 어떤 식으로든지 보스니아의 비극은 끝내야 한다는 것이었다.

결국 세르비아는 협상 테이블에 나올 수밖에 없었다. 국제사회의 따가운 시선도 컸지만, 미국의 적극적인 개입으로 보슈냐크와 크로아티아의 반격이 거세졌기 때문이다. 미국의 군사 지원을 받은 보슈냐크와 크로아티아는 그동안 세르비아에 뺏겼던 상당 부분의 땅을 되찾았다. 1995년 12월, 미국 오하이오주 데이턴에서 평화협정이 체결되었다. 내전은 종식되었고, 보스니아-헤르체고비나는 두 공화국으로 분할되었다. 한쪽은 대부분이 보슈냐크계와 크로아티아인들로 구성된 보스니아-헤르체고비나 연방이며, 다른 한쪽은 세르비아인들로 구성된 스릅스카 공화국이다. 스릅스카 공화국은 단독 정치제도와 사법부를 갖춘 독립적인 체제였지만, 공식적으로는 보스니아-헤르체고비나에 속해 있는 자치국이 된 것이다.

전범으로 처벌된
'발칸의 도살자들'

보스니아 내전은 종식되었지만, 전쟁의 상처는 쉽게 아물 수 없었다. 전쟁으로 10만 명이 목숨을 잃었고, 수백만 명이 그들의 고향을 버리고 피난을 떠났다. 그들 대부분은 보슈냐크계 무

프리예도르●
비하치● 바냐루카● 도보이● 브르치코● ●비엘리나
투즐라●
트라브니크● ●제니차
부고이노●
●사라예보

아드리아해

모스타르●

트레비네●

⬛ 보스니아 헤르체고비나 연방
⬛ 스릅스카 공화국
⬛ 브르치코 행정구

보스니아-헤르체고비나 연방의 현재 모습. 스릅스카 공화국은 단독 정치 제도와 사법부를 갖춘 독립 체제이지만, 공식적으로는 보스니아-헤르체고비나에 속한 자치국이 되었다.

슬림들이었다. 전쟁의 직접적인 피해자들인 그들이 받은 고통과 상처뿐만 아니라 전쟁의 실상을 접한 세계인들은 인간의 존엄성을 짓밟은 반인륜적인 만행에 치를 떨었다.

무엇보다도 보스니아의 상처가 채 아물기도 전에 코소보에서 보스니아 내전과 유사한 전쟁이 발발했고, 그 전쟁으로 또 많은 민간인이 학살당했다. 코소보는 신유고연방의 자치주로서 알바니아계가 전체 인구의 80%를 차지했다. 보스니아-헤르체고비나 독립운동에 고무받은 코소보는 세르비아로부터 완전한 분리 독립을 추진했다. 하지만 세르비아의 밀로셰비치는 코소보가 역사적으로 세르비아의 성지라는 명분으로 코소보의 자치권을 박탈해버렸다. 이에 1995년 코소보는 독립을 선포하며 세르비아에 항거했다.

1998년 3월 코소보 해방군이 코소보 지역을 순찰 중이던 세르비아 경찰을 사살한 사건을 계기로 코소보와 세르비아 간의 전쟁이 발발했다. 세르비아 군인들은 코소보 해방군을 비롯하여 비무장 알바니아인들을 대량 학살했고, 수많은 난민들이 코소보를 빠져나갔다. 코소보에서 보스니아 전쟁의 악몽이 재현되자 나토군이 세르비아를 공습하며 밀로셰비치를 압박했다. 결국 밀로셰비치는 다음 해 7월에 세르비아군을 코소보에서 철수시켰다.

이후 나토 평화유지군이 코소보에 주둔해서 코소보의 평화를 지켜나갔다. 2008년 코소보는 국민투표를 통해 완전한 독립국이 되었고, 유엔은 즉각 이를 승인했다. 하지만 1년 4개월의 코소보 내전 기간에 나토 집계로 4,000여 명이 학살되었는데, 실제로는 적어도 1만 명이 목숨을 잃은 것으로 추산되며, 약 100만 명의 난민이 발생했다. 희생자와 난민의 대부분은 알바니아계 이슬람교도들이었다.

보스니아와 코소보를 비롯한 발칸반도에서 인종 청소와 같은 천인공노할 만행을 저지른 자들은 결국 유엔의 전범 재판에 송부되었다. 밀로셰비치는 종신형을 받았지만 2006년 헤이그 감옥에서 지병으로 사망했다. 스릅스카 공화국의 대통령을 지내면서 무슬림 보슈냐크인과 가톨릭 크로아티아인들에 대한 대학살을 주도했던 라도반 카라지치는 종신형을 받았다. 스릅스카 공화국의 참모총장으로서 사라예보 포위 공격과 스레브레니차 대

스릅스카 공화국의 군인 믈라디치(오른쪽)는 대통령인 카라지치(왼쪽)의 명령에 따라 스레브레니차에서 8,372명의 무슬림 보스니아인을 잔혹하게 학살했다.

학살을 주도한 라트코 믈라디치 역시 종신형을 받았다.

전범을 처벌하는 것으로 과연 보스니아와 코소보 비극에 대한 과거사 청산이 이루어졌을까? 비극이 중단된 것은 근본적으로 국제사회의 개입에 따른 것이지, 세르비아 내부의 반발에 의한 것이나 반성에 의한 것이 아니었기에 발칸반도의 화약고는 완전히 사라졌다고 할 수 없다. 지금도 세르비아 지도자들은 종종 보스니아 전쟁의 학살 등은 그 지역의 소수 세르비아인들에 의해서 저질러졌거나, 내전 중에 발생할 수 있는 불상사가 과장해서 알려졌다는 등 진실을 덮거나 왜곡하는 발언을 하곤 한다. 종교와 민족적 감정에 기댄 증오의 그루터기에 또 다른 비극의 싹이 움트지는 않을지 예의주시할 필요가 있겠다.

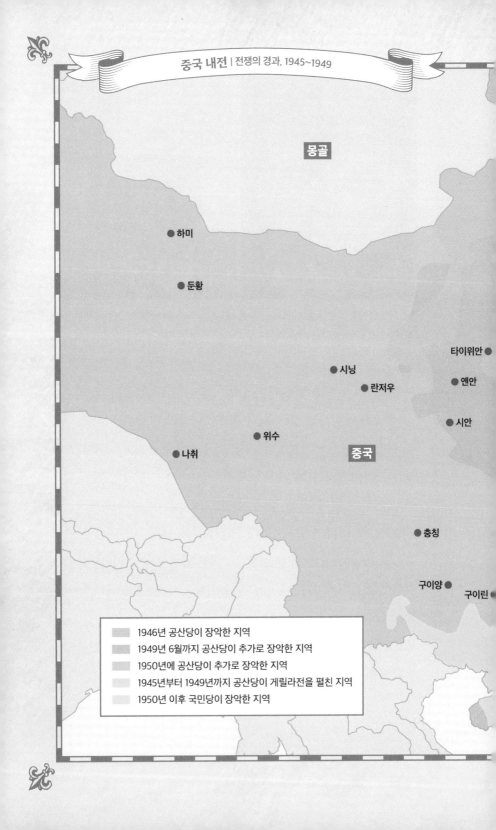

중국 내전 | 전쟁의 경과, 1945~1949

몽골

● 하미

● 둔황

타이위안 ●

● 시닝
　　● 란저우
● 엔안

● 시안

● 위수

중국

● 나취

● 충칭

구이양 ●
　　구이린

1946년 공산당이 장악한 지역
1949년 6월까지 공산당이 추가로 장악한 지역
1950년에 공산당이 추가로 장악한 지역
1945년부터 1949년까지 공산당이 게릴라전을 펼친 지역
1950년 이후 국민당이 장악한 지역

1927년 4월	장제스, 상하이 쿠데타, 국민당 정부 수립 제1차 국공합작 붕괴
1927년 9월	마오쩌둥, 추수 봉기
1928년 1월	마오쩌둥, 홍사군 조직
1928년 7월	공산당 사령부, 장시성으로 근거지 이동
1934년 10월	공산당 사령부, 산시성으로 근거지 이동
1935년 1월	쭌이 회의, 28인의 볼셰비키 그룹 붕괴, 마오쩌둥, 중국공산당 지휘권 장악
1937년 7월	중일전쟁 발발, 제2차 국공합작 시작
1941년 12월	일본의 진주만 공습, 태평양 전쟁 발발
1946년	장제스, 허베이 지역의 해방구 공격 감행
1948년	장제스, 만주로부터 퇴각 명령
1949년 1월	톈진과 베이징 공산당에 함락
1949년 10월 1일	마오쩌둥, 중화인민공화국 수립 선포

장제스가 마오쩌둥에게
질 수밖에 없었던 결정적 이유

중국 내전

1927~1949

　중국은 수천 년 동안 왕조 사회를 유지하며 세상의 중심이라는 중화사상에 취해 있었다. 적어도 아시아의 맹주로서 중국의 위상은 오랫동안 변함이 없었다. 특별한 변수가 없는 한 그 위상에 변화가 생길 것 같지는 않았다.

　그런데 그 특별한 변수가 19세기에 발생했다. 세계는 더 많은 식민지를 구축하려는 야망에 찬 국가들과 그 야망에 희생당하는 국가들로 양분되는 약육강식의 시대에 접어들었다. 산업화와 민족주의의 자양분으로 제국주의 광풍이 세계를 휩쓸었다. 아시아의 맹주였던 중국도 그 광풍에서 벗어날 수 없었다. 영국을 중심으로 서구 열강이 중국이라는 대형 먹잇감에 입질하기 시작하자, 200년을 지탱해온 청나라는 서구 열강에게 뜯기고 흐트러지기 시작했다.

19세기 후반에는 일본까지 제국주의 침탈에 동참했다. 오랜 봉건제도의 허물을 벗겨내며 일본은 근대화에 박차를 가했고, 제국주의 옷을 걸치기 시작했다. 일본 제국주의의 첫 번째 먹잇감은 조선이었다. '고요한 아침의 나라' 조선은 개화의 여명을 받아들이지 않았고, 그 대가를 치러야 했다. 서구 열강에는 무너지고 있었지만, 아시아의 맹주를 자처하는 중국은 조선에 대한 지배권을 놓고 일본과 전쟁에 돌입했다. 결과는 중국의 완패였다.

청일전쟁은 동아시아 패권뿐만 아니라 중국의 변화에 결정적인 전환점이 되었다. 전쟁에 패하면서 일본에게 아시아 강국의 지위를 빼앗긴 중국인들의 좌절감은 컸다. 이러한 좌절감은 격렬한 반외세 운동으로 이어졌고, 그 대표적인 것이 복서의 반란이라는 '의화단' 운동이었다. 복서들은 격렬한 반기독교, 반외세 운동을 전개했지만, 이미 기울어진 청나라를 다시 세울 수 없었다. 저항할수록 제국주의 세력의 침탈은 더욱 거세질 뿐이었다. 결국 청일전쟁은 구제도의 전통을 폐기하고 근대화의 혁명을 이루어내야 한다는 개혁파 등장의 계기가 되었다. 1908년 청나라의 마지막 황제로 두 살짜리 푸이가 황제의 자리에 올랐지만 1912년 신해혁명으로 청나라는 멸망했다. 수천 년을 이어오던 중국의 왕조가 역사 속으로 사라졌다.

국민당 내의 작은 분파,
공산당의 등장

신해혁명을 성공으로 이끈 쑨원을 중심으로 중화민국이 설립되었고, 쑨원이 임시 총통을 맡았다. 쑨원은 혁명을 주도했던 중국 동맹회를 중국국민당으로 개편하고, 중국의 고질적인 부패를 척결하고 무능력을 극복하기 위해서 삼민주의(민족주의, 민주주의, 민생)라는 세 가지 원칙을 내세워 근대화를 추진했다. 하지만 중국은 광대한 나라였고, 오랜 왕조 전통의 틀을 해체하기란 쉬운 일이 아니었다. 무엇보다도, 중국 전체에 산재해 있던 막강한 지방 군벌들은 근대화에 크나큰 장애물이었다. 군벌들은 그들만의 세금, 법률, 심지어 화폐를 갖고 해당 지역을 실질적으로 지배하고 있을 뿐만 아니라 서로 간에 끊임없이 군사적 대결을 일삼고 있었다. 중국국민당이 이들을 제압하지 않고서는 통합된 중국을 건설하기 힘들었다.

쑨원은 군벌 장악을 위해 위안스카이 장군에게 총통 직을 이임했지만, 1916년에 위안스카이가 세상을 떠나자, 다시 군벌들이 각 지역에서 할거하기 시작했다. 이러한 상황에서 쑨원의 신임을 얻으며 국민당 내에서 급부상한 인물이 장제스였다. 1918년부터 쑨원은 장제스에 군사 업무를 총괄하게 했고, 군벌 타도를 전담시켰다.

이때 중화민국의 운명에 새로운 변수인 공산당이 등장했다.

1917년 러시아 볼셰비키 혁명은 외세의 침략과 국내의 사회, 경제적인 문제로 곤경에 처해 있던 중국에 빠른 속도로 소개되었다. 공산주의에 빠져든 중국 지식인들은 대대적으로 러시아 혁명을 소개하며, 마르크스주의가 세계의 새로운 조류이며 중국의 미래라고 설파했다. 1921년 7월 상하이에서 50여 명의 당원을 중심으로 중국공산당 제1차 전국 대회가 개최되었다.

하지만 중국공산당은 아직 국민당 내에서 작은 분파일 뿐이었고, 당원들은 쑨원의 개혁 운동을 지지했다. 1924년 광저우에서 열린 제1차 국민당 전국 대표회의에서 국민당은 쑨원의 삼민주의를 포함한 정치 이념을 당의 강령으로 채택했다. 또한 광저우에 제국주의와 군벌 타도를 위해 황푸군관학교를 설립해서 그 학교의 초대 교장에 장제스를 임명했다. 쑨원의 신임 속에서 군부 실세로 등장한 장제스가 황푸군관학교를 책임지게 되면서 국민당 내에서의 입지가 더욱 커졌다. 또한 국민당 전국 대표회의에서는 공산당의 입김을 배려해서 '소련과의 연합, 공산당원 수용, 농업과 공업 중시'라는 3대 정책을 채택했다. 이렇게 국민당과 공산당의 공조인 제1차 국공합작이 시작되었다.

이때 향후 중국공산당에서 가장 중요한 한 인물이 등장했다. 그가 바로 마오쩌둥이다. 당시에 마오쩌둥의 존재감은 거의 없었다. 국민당 전국 대표회의에서 선출된 총 24명의 중앙집행위원 중에서 3명만이 공산당원이었는데, 마오쩌둥은 그중에 포함되지 않았고, 단지 후보 위원 명단에만 들어 있었다.

역사상 전무후무한
10,000km 퇴각 대장정

1925년 쑨원이 지병으로 사망하면서 국민당과 공산당의 협력에 금이 가기 시작했다. 장제스는 북벌주의자로서 쑨원의 유지를 받들어 북방의 군벌을 제압하는 것이 국민당의 최우선 과제라고 주장했다. 하지만 공산당은 국민당이 아직 북방의 군벌과 대적할 힘이 없다며 북벌 정책에 반대했다. 장제스와 공산당의 갈등이 커져갔다. 결국, 장제스는 1927년 4월 상하이에서 쿠데타를 일으켜 본격적으로 공산당을 탄압하기 시작했고, 상하이와 그 밖의 지역에서 수천 명의 공산주의자들을 대량 처형하는 '백색테러'를 감행했다. 그리고 난징에 독자적인 국민당 정부를 세웠다. 이로써 1차 국공합작은 완전히 붕괴되었고, 이후 10여 년 동안 국민당과 공산당의 내전이 시작되었다.

상하이 사태 이후 9월에 마오쩌둥은 후난에서 추수봉기를 일으켰으나 장제스 군대에 진압되었다. 10월에 그는 살아남은 농민 운동가를 이끌고 장시성과 후난성 접경지대에 있는 징강산으로 퇴각했다. 마오쩌둥은 이 과정에서 도시를 중심으로 노동자 혁명을 추구하는 것보다는 농민들을 중심으로 게릴라 전술을 통해 국민당에 대항하는 것이 최선의 방법이라는 것을 깨달았다. 마오쩌둥은 다음 해 1928년 1월에 징강산에서 합류한 다른 공산당 지도자들과 함께 홍사군을 조직하고, 같은 해 7월에 사령부를 장시성 루이진으로 옮겼다.

　이때까지만 해도 공산당 내에서 마오쩌둥의 입지는 절대적이 아니었다. 장제스의 대대적인 공산당 토벌전으로 홍사군은 위기에 처해 있었다. 게다가 소련에서 정통 마르크스-레닌주의를 공부하고 돌아온 '28인의 볼셰비키'들(1920년대 말에서 1935년까지 모스크바에서 유학한 중국 유학생 집단)이 코민테른(공산당의 통일적인 국제조직)의 지지를 받아 공산당 당권을 장악하고, 마오쩌둥이 주장하는 게릴라 전략을 버리고 정규전을 감행했다. 마오쩌둥의 입지는 급속히 약화될 수밖에 없었다. 하지만 정규전을 고집하던 '28인의 볼셰비키' 지도부가 장제스의 국민당에 연전연패를 당하자, 1934년 10월에 공산당은 장시성을 포기하고 산시성으로 근거지를 옮기기로 결정했다. 이로 인해 10,000km를 걸어서 산시성으로 이주하는 대장정이 시작되었다.

　이 대장정은 중국공산당의 역사에서 매우 중요한 사건이다. 마오쩌둥을 비롯한 중국공산당 지도부는 10,000km를 걸어 다음 해 10월에 산시성에 도착했다. 출발 당시 9만 명이었던 대원 중에 목적지에 도착한 사람은 불과 3,000명뿐이었다. 11개의 성과 24개의 강, 1,000개 이상의 산을 넘고, 15번의 주요 전투와 수많은 교전을 벌이며 강행했던 역사상 전무후무한 퇴각 대장정이었다. 이 장정은 마오쩌둥에게도 큰 의미를 담고 있다. 장정 도중 1935년 1월에 열린 쭌이 회의에서 '28인의 볼셰비키' 그룹이 붕괴되자, 마오쩌둥에게 공산당의 전권이 넘어왔다. 마오쩌둥은 대

장시성에서 산시성으로 퇴각하는 중국공산당. 1년여 간 10,000km를 이동했고, 9만 명의 대원 중 3,000명만이 살아남았다. 말 탄 사람이 마오쩌둥.

장정을 통해 누구도 넘볼 수 없는 중국공산당의 절대적인 지도자가 된 것이다.

공산당 토벌과 항일 투쟁 사이,
불신으로 얼룩진 제2차 국공합작

마오쩌둥이 대장정을 통해 공산당을 장악했지만, 공산당의 입지는 여전히 불안했다. 장제스가 공산당 토벌 작전을 포기하지 않았기 때문이었다. 1931년에 일본이 만주사변을 일으키며 본격적으로 중국에 대한 야욕을 드러냈지만, 장제스는 동북 지역에서 공산당 토벌을 최우선 목표로 삼았다. 그는 중국의 통일을 가로막는 가장 큰 잠재적 불안 요소가 공산당 세력이라고 보았다.

하지만 다른 국민당 지도자들은 일본의 침략이 노골화되는 시점에서 국민당이 총력을 기울여야 할 것은 항일 투쟁이라고 생각했다. 장제스에 대항하는 일종의 쿠데타도 발생했다. 국민당의 동북군 지휘관 장쉐량이 1936년 12월에 격려차 방문한 장제스를 감금하는 사태가 벌어진 것이다. 장쉐량은 장제스에게 멸공 우선 정책을 내려놓고, 공산당과 협력해서 항일 투쟁을 하자고 호소했다. 결국 장제스가 이를 수용해서 이듬해 7월 일본이 중일전쟁을 일으키자, 제2차 국공합작이 시작되었다.

하지만 국공합작은 실질적으로 큰 힘을 발휘하지 못했다. 장제스의 국민당은 여전히 공산당을 경계했고, 마오쩌둥의 공산당역시 국민당을 신뢰하지 않았다. 국민당은 일본과의 전쟁에 총력을 기울이기보다는 전후 재개될 공산당과의 결전에 대비해 군사력을 비축하려고 했다. 특히, 1941년 12월 일본의 진주만 공습으로 태평양 전쟁이 발발하자, 장제스는 항일 투쟁을 미국에 의존하며 공산당 타도를 위한 힘을 비축하는 데 몰두했다. 이 과정에서 군부 내의 비리와 부패, 인민들에 대한 징병이나 수탈 등으로 장제스와 국민당에 대한 국민들의 불만과 원성이 높아갔다.

공산당 역시 크게 다르지 않았다. 공산당은 국민당에 충성을 맹세하며 항일 연합 전선을 구축하는 듯했으나, 일본군의 지배력이 약한 후방 지역에서 유격전으로 대응하며 대일 항쟁의 명분만 세우고 있었다. 그러면서 실질적으로는 전후 재개될 국민당과의 내전을 염두에 두고, 농촌 지역을 중심으로 토지 및 세제 개혁 등을 통해 가난한 농민들의 환심을 사면서 공산당 세력을 확대하는 데 당력을 기울였다.

게릴라전에 능한 공산당, 중국을 통일하다

이런 상황에서, 제2차 세계대전이 끝나고 일본군이 중국에서 물러나자 전후 중국의 지배권을 놓고 국민당과 공산당 간에 내전이 재발할 것은 뻔한 일이었다. 1943년 카이로 회담에 초대받은 장제스가 국제사회에서 중국을 대표하기는 했지만, 중국 내부의 상황은 국민당에게 유리하게 전개되지 않고 있었다. 특히 만주를 포함한 화북 5성에서 약진한 공산당의 세력은 국민당에게 큰 부담이 되었다. 국공 내전이 발발할 가능성을 우려한 미국은 전쟁 막바지에 국공 평화를 위한 중재를 시도했으나 별다른 실효를 거두지 못했다. 중국 대사 패트릭 헐리는 장제스와 마오쩌둥을 오가며 타개책을 제시했고, 1946년 3월에는 국무장관 조지 마셜까지 중국을 방문해서 정전협정을 주선했지만, 양측은 타협할 의지가 없었다.

1945년 일본 패망 후, 미국의 중재로 회담에서 만난 장제스(왼쪽)와 마오쩌둥(오른쪽).

　　장제스는 공산당의 세력이 더 커지기 전에 무력으로 제압할 필요를 깨닫고 1946년 허베이 지역의 해방구에 대한 공격을 감행했다. 이렇게 재개된 국공 내전에서 양측은 총력전을 펼쳤다. 중일 전쟁 중에 미국의 지원을 받았던 국민당 군대가 중화기 등에서는 유리했기에 처음에는 전세가 국민당에 유리하게 전개되었다. 미국은 중립을 주장했지만, 실질적으로는 장제스 군대에게 함정과 항공기 등을 지원하고 있었다. 국민당의 공세로 공산당은 산악지대로 퇴각을 했지만 이내 전력을 가다듬고 역공을 시작했다. 특히 소련으로부터 만주에 주둔했던 일본군의 군량미와 무기를 넘겨받으면서 공산당의 전력이 강화되었다. 이후 만주와 북쪽 지역에서 뺏고 뺏기는 치열한 공방전이 전개되었다. 시간이 가면서 국민당 군대의 자원과 인력은 서서히 고갈되어 갔고, 게릴라전에 능한 공산당이 승기를 잡기 시작했다. 장제스는 1948년 만주로부터 퇴각할 것을 명령했다.

만주를 포기한 국민당 군대는 이후 중국 전 지역에서 수세에 몰리게 되었다. 1949년 1월에 톈진과 베이징이 공산당에 함락되었고, 4월에 난징이 정복당했고, 상하이까지 내주었다. 쑨원이 처음으로 군사 정부를 수립했던 광저우까지 점령당했다. 1949년 10월 1일, 마오쩌둥은 수도 베이징에서 중화인민공화국 수립을 선포했다. 위기에 처한 장제스는 타이완 섬의 타이베이로 후퇴했다. 이로써 중국 대륙을 통일한 마오쩌둥의 중국과 타이완에서 수립된 장제스의 중화민국의 새로운 역사가 시작되었다.

공산당 세력을 똘똘 뭉치게 만든 힘

20여 년간의 국공 내전에서 국민당은 왜 패배했을까? 패자는 말이 없고, 패배를 지켜본 당대의 사람들이나 후대의 사람들은 수많은 패배의 이유를 제시했다. 그중 가장 두드러진 것이 국민당 내의 부패와 파벌 싸움, 장제스의 독단적인 리더십, 그로 인한 민심 이탈, 그리고 국민당에 대한 미국의 적극적인 지원의 결여와 상대적으로 공산당에 대한 소련의 적극적인 지원 등이다. 승자에겐 승리의 이유가 명쾌하다. 공산당에게는 마오쩌둥의 리더십과 해방을 위해 단결된 인민들의 힘이 있었다. 오랫동안 착취와 설움만 당했던 가난한 농민들에게 공산주의의 사상을 주입하고, 그 세력을 결집하며 국민당의 강세 지역인 도시를 벗어나 농촌 및 외곽 지대에서 게릴라 작전으로 일관한 마오쩌둥의 전략은 주효했다.

역사는 승자의 편이기에 승자가 내세우는 승리의 이유를 존중할 필요는 있다. 하지만 국민당의 패배 이유에 대해서는 냉정하게 되짚어볼 필요가 있다. 중국의 역사에서 왕조의 몰락을 얘기할 때 거의 공식화된 서술이 있다. 중앙정부의 무능과 부패, 민심의 이탈, 이민족과 같은 외부 세력의 위협 등이다. 국민당의 몰락 역시 이러한 공식에 대입해 설명할 수 있다.

중국은 수천 년 지속된 왕조가 무너지고 신해혁명과 함께 근대화의 길에 들어섰다. 쑨원이라는 탁월한 지도자가 등장하긴 했지만, 최대의 변환기에 광대한 중국을 이끌고 갈 지도자들과 그들을 따를 단합된 국민들, 그리고 일사불란한 개혁을 기대하는 것은 무리이다. 국민당이 개혁의 선봉에 선 가장 강력한 조직이기는 했지만, 역사적 변환기의 혼란을 쉽게 극복할 수는 없었다. 중국은 여전히 곳곳에 지역 토호 세력이 건재하고 있었고, 이들을 제압하기에는 한계가 있었다. 무엇보다도 중국은 너무 큰 나라였다. 근대의 여명에 들어선 중국에서 지도자들이나 국민들이 하나의 단합된 힘으로 순조롭게 개혁을 추진하기란 불가능한 일이었다. 국민당의 무능이나 부패, 이에 따른 민심의 이탈 등으로 패배를 설명하기에는 한계가 있다는 얘기이다.

그렇다면 무엇이 국민당 패배의 결정적인 이유일까? 그것은 승자의 논리에서 찾을 수밖에 없다. 다만 그것은 마오쩌둥의 철학과 지도력, 그리고 그를 따르는 인민들의 단합이라기보다는, 인간의 본능적 욕망에 있다. 당시 중국인들의 대다수는 토지를 소유하지 않은 가난한 농부들이었다. 지주들의 땅을 빼앗아서 그들에게 나눠준다는 마오쩌둥의 공산주의 정책은 그들을 매료시켰다. 그들에겐 중국의 근대화나 공산주의의 사상적 위대함이란 그렇게 와 닿지도 않았고 중요하지도 않았다. 게다가 변혁기의 혼란 속에서 수많은 사람들이 죽어나갔다. 그들은 살아야 했다. 한 번 마오쩌둥을 따른 이상 그와 운명을 같이해야 했다. 마을에 국민당 군대가 들이닥치고 그들이 마오쩌둥의 조력자였다는 것이 밝혀지면 살아남기 힘들었다. 그들은 누군가를 선택해야 했고, 그가 바로 마오쩌둥이었던 것이다.

PART 03

문명의 흐름을
완전히 바꿔놓은 대전

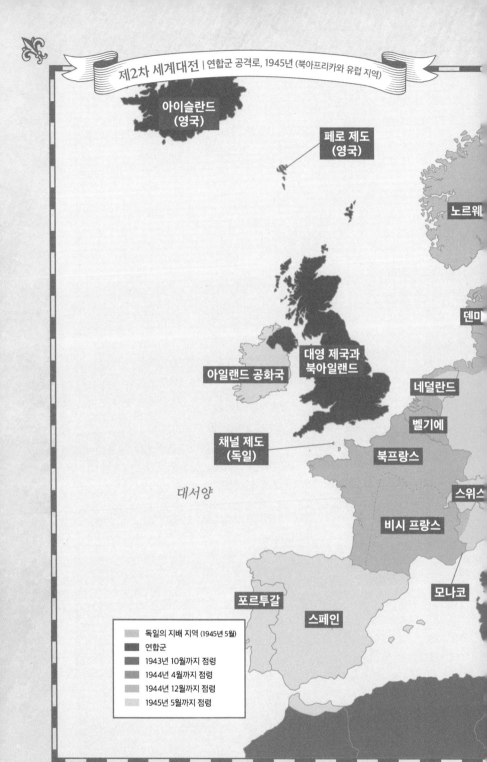

제2차 세계대전 | 연합군 공격로, 1945년 (북아프리카와 유럽 지역)

아이슬란드
(영국)

페로 제도
(영국)

노르웨

덴마

대영 제국과
북아일랜드

아일랜드 공화국

네덜란드

벨기에

채널 제도
(독일)

북프랑스

스위스

비시 프랑스

대서양

모나코

포르투갈

스페인

독일의 지배 지역 (1945년 5월)
연합군
1943년 10월까지 점령
1944년 4월까지 점령
1944년 12월까지 점령
1945년 5월까지 점령

🏃 제2차 세계대전 연표 🏃

1933년	아돌프 히틀러 집권
1939년 8월 23일	히틀러, 독소 불가침 조약 체결
1939년 9월 1일	독일군, 폴란드 침공
1941년 6월	독일군, 소련 침공
1941년 12월 7일	일본, 하와이 진주만 공격, 미국 선전포고
1942년 3월	더글러스 맥아더 장군 호주 피신
1942년 6월	미드웨이 전투
1943년 5월	연합국, 북아프리카에서 독일과 이탈리아 패퇴
1943년 9월	연합국, 이탈리아 본토 상륙, 이탈리아 항복
1944년 6월 6일	연합국, 노르망디 상륙작전 성공
1945년 3월	맥아더, 필리핀 마닐라 수복
1945년 4월 30일	히틀러 자살
1945년 5월 8일	독일 항복
1945년 8월 6일	히로시마 원자폭탄 투하
1945년 8월 15일	일본 항복

세계사에서 가장 많은
사망자를 낸 사상 최악의 전쟁

제2차 세계대전
1939~1945

1939년 9월 1일 독일이 폴란드를 침공했다. 약 160만 명의 군대와 2,500여 대의 탱크, 그리고 1,300여 대의 공군 비행기가 국경을 넘어서 진격했다. 이틀 후 영국과 프랑스가 독일에 선전포고했다. 인류 역사상 가장 많은 인명 및 재산 피해를 낳은 제2차 세계대전이 발발했다.

나치 독일의 폴란드 침공은 예고된 재앙이었다. 아돌프 히틀러는 1933년 집권한 이후 동부 유럽에서 독일인의 생활권을 보장하겠다고 했다. 1938년 3월에 히틀러는 그의 숙원이었던 오스트리아 병합을 성사시킨 후, 곧바로 독일인 다수가 거주하고 있

1938년 아돌프 히틀러의 초상 사진.

던 체코슬로바키아의 주데텐란트의 병합을 추진했다. 독일의 침
공이 가까워 오자 1938년 9월 23일, 체코슬로바키아 정부는 총
동원령을 내렸고, 체코슬로바키아를 지원하겠다고 약속한 프랑
스는 제1차 세계대전 이후 처음으로 부분적 동원령을 내렸다. 제
1차 세계대전의 악몽이 채 가시기도 전에 유럽에 전운이 감돌기
시작했다.

　네빌 체임벌린 영국 수상은 전쟁을 피하기 위한 마지막 시도
로 영국, 프랑스, 독일, 이탈리아의 4강 회의를 주선했다. 독일의
뮌헨에서 열린 회의에서 영국과 프랑스는 나치 독일의 주데텐란
트 지역의 병합을 묵인해주었다. 일단 전쟁은 막아야 했기 때문

이다. 대신 히틀러로부터 더 이상의 영토를 요구하지 않겠다는 약속을 받아냈다. 영국에 돌아온 체임벌린은 "우리 시대 평화가 왔다"라고 뮌헨회담의 성과를 자랑했다.

그러나 그 자랑은 곧 조롱거리가 되었다. 히틀러는 뮌헨회담을 비웃기라도 하듯이 1939년 3월 나머지 체코슬로바키아 영토를 점령했고, 더 나아가 폴란드 침공을 준비하기 시작했다. 폴란드 침공의 명분은 역시 독일인의 생존권 보장이었다. 폴란드 내에 거주하는 독일계 주민들이 차별을 받고 있기 때문이라는 것이다.

폴란드 내에는 유럽에서 가장 많은 330만 명의 유대인이 살고 있었다. 히틀러는 독일인의 생존권 보장과 함께 반유대주의를 내세워서 정권을 잡은 만큼 유대인에게 삶의 터전을 제공한 폴란드를 응징하려고 벼르고 있었다. 폴란드 침공 이후 단 3개월 동안 무려 6만 5,000명의 유대인과 폴란드인이 나치에 의해 학살되었다. 제2차 세계대전 동안 독일이 자행한 유대인 대학살(홀로코스트)에서 가장 많은 희생자가 나온 곳이 폴란드였다.

폴란드 침략을 앞두고 히틀러는 8월 23일 소련과 불가침 조약을 체결했다. 이 조약으로 히틀러는 동부전선에 신경 쓰지 않고, 서부전선에 총력을 기울이면 전쟁을 쉽게 승리로 이끌 것이라고 확신했다. 독일이 제1차 세계대전 때 시도했지만, 패전의 쓰라린 결과만을 가져왔던 그 전쟁 시나리오를 나치 독일은 다시 추켜들었다. 사상 최악의 대재앙이 시작되었다.

나치 독일이 유대인 학살을 위해 만든 아우슈비츠 강제 수용소.

히틀러는 어떻게
독일 의회를 장악했나?

독일은 1920년대 내내 사회민주당과 극좌파 공산당, 그리고 극우파 나치당이 치열하게 대립하는 정국이었다. 히틀러는 극우 나치 친위대ss와 돌격대sa의 광적인 폭력 조직에 의존하는 위험한 인물로 인식되었다. 하지만 1930년대 초에 이르러 나치당이 약진하면서 히틀러는 익숙한 이름이 되어갔다. 불과 몇 년 사이에 나치당은 독일 의회를 장악하고, 히틀러는 전권을 휘두르

는 지도자가 되었다. 어떻게 그러한 비극이 가능하게 되었을까?

비극의 시작은 베르사유조약이었다. 제1차 세계대전의 전후 처리를 위하여 연합국과 독일이 맺은 이 평화협정은 패전국 독일에게 가혹했다. 독일은 인구와 영토의 10~13%, 그리고 식민 지 전체를 잃었고, 무엇보다도 1,300억 마르크라는 천문학적인 배상금을 물어야 했다. 독일 국민에게 이러한 패전국의 수모를 안긴 프랑스와 영국에 대한 증오와 복수심은 다가오는 광기의 시대와 그 시대를 주도하는 광인을 탄생시켰다.

국제적 환경도 무시하지 못할 부분이다. 1917년 볼셰비키 혁명으로 시작된 소련 공산주의에 대한 두려움은 유럽 전체를 뒤덮었다. 소련에 인접한 독일이 갖는 두려움은 그 어디보다 컸다. 제1차 세계대전 이후 경제적 혼란 속에서 공산주의는 독일 노동계에 급속히 파고들며 세력을 키워가고 있었다. 이를 가장 두려워한 계층은 자본가들과 중산층이었다. 그들은 히틀러의 나치당이 공산주의의 확산을 막는 데 도움이 될 것으로 기대하기 시작했다.

공산주의에 대한 두려움은 독일 밖에서도 컸다. 영국을 비롯한 서구 유럽 국가들도 반공주의를 표방하는 히틀러의 나치당이 소련발 공산혁명을 막아내는 방파제 역할을 해줄 것으로 기대했다. 이것이 히틀러에 대한 유화정책의 배경이었다. 공산주의에 대한 두려움과 이에 따른 섣부른 계산이 치명적인 결과를 초래하고 만 것이다.

무엇보다도, 1929년 미국발 경제 대공황은 희대의 악마를 탄생하게 만든 결정적인 배경이 되었다. 그동안 독일 경제의 큰 손이었던 미국 투자자들이 돈을 회수하면서, 독일의 경제는 최악의 위기를 맞게 되었다. 세계 대공황은 경제뿐만 아니라 그동안 독일이 안고 있던 위태로운 정치와 사회 문제, 그리고 심리적 불안감을 일거에 분출시키면서, 악마의 시대를 여는 결정적인 배경을 제공했다.

중립을 지키던 미국이
참전할 수밖에 없었던 이유

1941년 12월 7일, 일본이 하와이의 진주만을 공습했다. 미국은 곧바로 일본에 선전포고했다. 일본은 이미 독일과 이탈리아와 동맹 관계였기에, 일본에 대한 선전포고는 곧 독일과 이탈리아에 대한 선전포고였다. 유럽 전쟁이 시작된 지 2년여 동안 중립을 지켜온 미국이 참전하면서, 전쟁은 태평양과 아시아를 포함한 명실공히 세계대전으로 확대되었다.

제1차 세계대전에서처럼 미국의 참전은 전쟁의 향방을 가르는 결정적인 계기가 되었다. 히틀러는 미국의 저력을 알고 있었기에, 중립국 미국을 자극하지 않으려 했다. 프랑스가 너무 빨리 독일에 항복하면서 외로이 싸우고 있던 영국은 미국의 참전을 애타게 바랐지만, 미국의 중립은 굳건했다.

베르사유조약은 독일뿐만 아니라 미국 입장에서도 충격적이긴 마찬가지였다. 미국은 "세계 민주주의를 안전하게" 만들기 위해 제1차 세계대전에 참전했고, 그것을 계기로 식민주의가 종식되기를 바랐다. 하지만 미국인들은 베르사유조약에 실망했다. 윌슨의 '민족자결주의' 원칙은 별다른 효과가 없었고, 승전국은 패전국의 식민지를 가로챘다. 미국인들은 민주주의를 지키기 위해, 식민주의를 종식시키기 위해 싸운 미군들이 결과적으로 유럽 열강의 세력과 이권 다툼에 희생되었을 뿐이라고 분노했다. 이로

1941년 12월 7일, 일본의 진주만 공습으로 불타는 미국 전함 애리조나.

인해 1920년대와 1930년대, 미국은 역사상 가장 강력한 고립주의 시대를 맞게 되었다.

그렇기에 1939년 독일군의 폴란드 침공으로 또다시 유럽에서 전쟁이 발발했지만, 미국은 개입할 생각이 전혀 없었다. 프랑스가 무너지고, 런던이 공습을 당하면서 위기에 처했지만, 미국의 고립주의는 흔들림이 없었다. 그런데 의외의 사건으로 미국이 참전하게 된 것이다. 바로 일본의 진주만 공습이었다.

사실 진주만 공습은 의외의 사건이 아니었다. 19세기 후반부터 태평양에 대한 영향력을 놓고 미국, 일본, 러시아는 힘겨루기에 들어갔다. 1898년 스페인과의 전쟁에서 승리한 미국은 필리핀과 괌을 차지하며 태평양에서 영향력을 확대해나갔고, 일본은 1904년부터 1905년까지 러시아와의 전쟁으로 동아시아에서 주도권을 장악하기 시작했다. 러시아가 경쟁에서 밀려나면서 아시아 태평양은 미국과 일본의 대결로 압축되었다. 하지만 두 나라의 대결이 군사적 충돌로 이어지지는 않았다. 일본은 한국을 합병한 이후 중국 대륙을 넘보게 되었고, 1931년 만주사변을 일으켜 만주를 중국 침략을 위한 병참기지로 만들더니, 1937년에 중일전쟁을 일으켰다. 일본이 고삐 풀린 말처럼 아시아를 유린했지만, 미국은 일본을 진정시키기 위해 외교적 노력만을 기울일 뿐이었다.

그러나 1940년 중반에 일본이 베트남을 침공하자 미국은 긴장하기 시작했다. 베트남은 미국의 태평양 전진 기지라 할 수 있는 필리핀과 너무 가깝기 때문이었다. 미국은 일본에 대한 강력한 경제 제재를 가하며 일본을 압박했다. 이미 정권을 완전히 장악한 일본의 군부는 초라한 섬나라로 돌아가기보다는 계속 팽창해서 '대동아공영권'을 주도하는 대국이 되어야 한다고 결심했다. 그러기 위해서는 미국이라는 장애물을 제거해야 한다고 판단했다. 유럽이 곧 독일 천하가 될 거라고 판단한 일본의 군국주의자들은 아시아 태평양은 일본 천하가 되어야 한다는 야망으로 불탔다. 진주만 공습이 그 야망의 결과였지만, 그것은 결국 패망의 시초가 되었다.

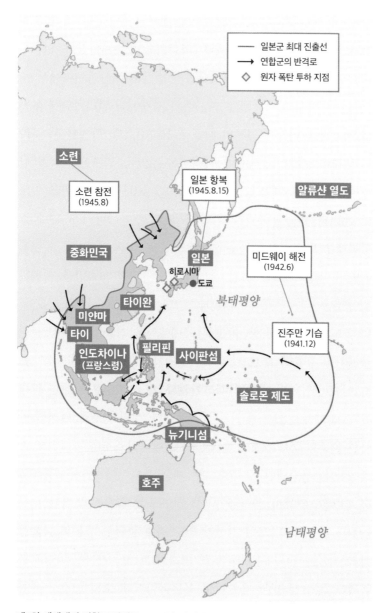

범례	
───	일본군 최대 진출선
→	연합군의 반격로
◇	원자 폭탄 투하 지점

소련

소련 참전
(1945.8)

일본 항복
(1945.8.15)

알류샨 열도

중화민국

일본

히로시마

●도쿄

미드웨이 해전
(1942.6)

북태평양

타이완

미얀마

타이

인도차이나
(프랑스령)

필리핀

사이판섬

진주만 기습
(1941.12)

솔로몬 제도

뉴기니섬

호주

남태평양

제2차 세계대전 연합국 반격로, 1945년 (아시아-태평양 지역)

희대의 학살자 히틀러의
자살과 독일의 항복

전쟁 초반에 독일군은 승승장구했지만 시간이 갈수록 전쟁은 히틀러의 계획대로 전개되지 않았다. 1940년 5월, 독일은 손쉽게 프랑스를 굴복시켰고, 9월부터 8개월 동안 런던을 비롯한 영국의 주요 산업 지역에 대한 대대적인 공습을 시작했다. 하지만 공습은 별다른 효과를 내지 못했다. 영국의 레이더 방어 체제와 공군력은 탄탄했으며, 영국인들의 단결력과 군대의 사기는 공습이 계속될수록 더욱 강해졌다.

1941년 6월, 히틀러는 동부로 눈을 돌려서, 독소불가침조약을 깨고 소련을 침공했다. 독소불가침조약은 히틀러에게 어차피 한시적인 방편이었다. 애초에 서부 유럽을 장악한 후, 소련을 침공할 계획이었다. 그는 유대인 못지않게 슬라브족을 경멸했으며, 동부 유럽에서 독일인들의 생존권을 보장하기 위해서는 소련의 영향력을 제거해야 한다고 믿었다.

영국이 쉽게 무너지지 않을 것 같자, 히틀러는 예상보다 빨리 동부전선으로 돌려, 무려 380만 명을 투입해 사상 최대 규모의 지상군 작전을 전개했다. 6개월 만에 무려 500만 명의 소련군이 사망하고 3만 대의 탱크를 괴멸시킬 정도로 독일군은 우크라이나를 포함한 소련의 서쪽 지역을 초토화시켰다. 하지만 12월 말 소련이 모스크바 공방전에서 극적인 승리를 거두면서 독일군은

1944년 6월 6일 아침, 북프랑스의 노르망디 오마하 해변으로 몰려가는 미국 육군. 역사상 가장 규모가 컸던 상륙작전인 노르망디 상륙은 서부전선에서 연합군의 승리에 크게 기여했다.

동부전선에서 교착상태에 빠졌다. 영국에 이어 소련을 제압하는 것도 쉽지 않게 되자 히틀러는 장기전을 대비해야 했다. 이때 일본의 진주만 공습으로 미국이 개입하게 되었으니, 히틀러는 큰 암초에 부딪히게 된 것이다.

미국은 일단 유럽의 외곽 지역에서부터 독일과 이탈리아를 압박하기 시작했다. 1942년 11월에 북아프리카에서 독일의 전차군단을 밀어냈고, 다음 해 5월 그곳에서 독일과 이탈리아를 완전히 패퇴시켰다. 미국 주도의 연합군은 계속해서 시칠리아 상륙작전을 성공적으로 수행하고, 9월 초에 이탈리아 본토 상륙에 성공해서 이탈리아의 항복을 받아냈다.

1944년 초에 연합군은 다시 서부전선에 집중했고, 6월 6일에 역사적인 노르망디 상륙작전을 성공시킴으로써 유럽 대륙 탈환의 발판을 다졌다. 1945년 3월 연합군은 라인강을 건너는 데 성공했고, 소련군은 동쪽에서 베를린을 향해 진격했다. 4월 30일, 패전을 눈앞에 둔 히틀러는 자살했고, 5월 8일 독일은 항복했다.

순식간에 8만 명의 목숨을 앗아간 히로시마 원폭

유럽에선 전쟁이 끝났지만 태평양과 아시아에선 아직 일본의 저항이 만만치 않았다. 진주만 공습 이후 일본은 무서운 속도로 태평양을 점령해 나갔다. 1942년 3월, 태평양 총사령관 더글러스 맥아더 장군은 필리핀을 버리고 호주로 피신했다. 하지만 1942년 6월 미드웨이 전투를 계기로 전세가 역전되어 일본은 수세에 몰리기 시작했다. 맥아더 장군은 '섬 우회 작전'을 통해서 필리핀과 태평양 섬들에서 일본군을 차례로 몰아냈다. 1944년 10월 맥아더는 필리핀의 중부 레이테섬에 상륙했고, 1945년 3월 마닐라를 수복했다. 필리핀을 버리고 호주로 피신하면서 맥아더는 "내가 다시 돌아오리라"라고 약속했는데, 그 약속을 지킨 것이다.

　이후 일본의 패망은 시간문제였지만, 일본군의 전의는 쉽게 꺾이지 않았다. 군인들은 가미가제 자살 폭격으로 맞섰고, 일본 내에서는 미국의 상륙에 대비해 결사 항전을 각오하고 있었다. 프랭클린 루스벨트 대통령의 사망으로 대통령이 된 해리 트루먼은 일본이 항복하지 않을 경우, 노르망디 상륙과 유사한 대규모 상륙작전을 펼 수밖에 없고 그럴 경우에 미군뿐만 아니라 막대한 일본 민간인 피해가 따를 수밖에 없다고 판단했다.

　트루먼은 작은 희생으로 더 큰 재앙을 막아야 한다고 결심했고, 8월 6일 히로시마에 원자폭탄 투하를 명령했다. '작은 소년'이라는 별명의 원자폭탄은 순식간에 도시를 잿더미로 만들었고, 즉각적으로 약 8만 명의 목숨을 앗아갔다. 사흘 뒤에는 '뚱뚱한 남자'라는 별명의 또 다른 원자폭탄이 나가사키에 투하되었다. 결국 8월 15일 일본은 무조건 항복했다. 이로써 제2차 세계대전이 막을 내렸다.

전후 유럽 패권을 쥔
뜻밖의 나라, 소련

　인류 역사상 최대 규모의 병력이 동원되었고, 최악의 인적 및 물적 손실을 낸 전쟁이 종식되었다. 세계 어디에도 전쟁의 영향

원자폭탄 투하로 히로시마(좌)와 나가사키(우) 상공에 형성된 버섯구름.

을 받지 않는 나라와 민족을 찾기 힘든 전쟁이었기에, 전쟁이 전 세계에 가져온 영향은 막대했다. 독일, 이탈리아, 일본의 식민지 배를 받은 국가들이 해방되었고, 전후 각지에서는 민족해방운동 이 고양되어, 아프리카, 중동, 아시아 지역에서 수많은 신생 독립 국이 생겨났다. 100여 년 동안이나 자연스러운 문명의 흐름으로 여겨졌던 제국주의와 식민주의의 고리가 끊기기 시작했다.

유럽에서의 가장 큰 변화는 무려 2,700만 명의 목숨을 희생 하며 연합국의 승리를 이끌어낸 소련의 입지가 강화된 것이다. 전후에 동구권의 대부분 국가들이 소련 공산주의의 영향권에 들 어갔다. 19세기 중반부터 지중해와 극동 지역으로 진출해 서구 제국주의 대열에 합류하고자 했던 러시아는 번번이 영국과 일본 등의 장벽에 막혔고, 제1차 세계대전 중에 볼셰비키 혁명으로 전쟁에서 빠져나와 소련 연방을 세웠는데, 제2차 세계대전으로 말미암아 드디어 소련은 승전국으로서 그 위세를 떨칠 수 있게 된 것이다.

제2차 세계대전은 근본적으로 유럽 패권을 놓고 벌인 독일과 영국의 숙명적인 대결이었는데, 전쟁의 결과로 유럽에서 패권을 쥐게 된 나라는 소련이었다. 영국은 소련 공산주의에 대한 두려움 때문에 나치 독일의 팽창을 눈감아주었고, 그런 유화정책이 히틀러의 준동을 막지 못하고 전쟁의 빌미를 제공했다. 그런데 전쟁의 결과로 독일은 패망했고, 소련이 거대한 몸집으로 활개를 펴기 시작했으니 역사의 아이러니가 아닐 수 없다.

20세기 전반부에 발생한 두 번의 세계대전이 유럽을 격랑으로 몰고 갔지만, 역사의 큰 흐름에서 보면 1917년 볼셰비키 혁명으로 소련이 탄생한 것은 새로운 역사의 시작이었다. 이후 세계 역사는 크게 보면 자본주의 대 공산주의 대결이었다.

이런 시대적 흐름에서 미국의 등장은 의미심장하다. 미국은 19세기 후반, 급속한 산업혁명을 통해 세계 최고 수준의 산업국가로 발돋움했고, 두 번의 세계대전을 통해서 세계 최강의 국가가 되었다. 두 번의 세계대전에서 미국은 중립을 지키다가, 처음에는 독일의 도발로, 다음에는 일본의 도발로 참전해서 두 전쟁을 승리로 이끄는 데 결정적인 역할을 했다.

제1차 세계대전을 겪으면서, 미국은 미국의 운명이 유럽의 이해관계와 얽히게 해서는 안 된다는 '건국의 아버지들'의 가르

침을 뼈저리게 느끼곤 강력한 고립주의로 돌아갔다. 하지만 제2차 세계대전에 참전하면서 미국은 이제 더 이상 고립주의로 되돌아갈 수 없다고 판단했다. 무질서와 혼돈의 세계는 미국을 필요로 한다고 느끼며, 미국은 새로운 시대, 새로운 세계에서 미국이 역할과 책임을 다해야 한다는 사명감으로 무장했다. 이제 그 무질서와 혼돈을 유발하는 새로운 악마는 소련이었다. 미국은 소련이 주도하는 세계 공산주의 혁명에 대항해서 자유 세계와 민주주의를 지켜야 한다는 신념으로 가득 찼다. 세계는 공산주의의 대부인 소련과 자유민주주의의 대부인 미국 간의 냉전이라는 또 다른 전쟁 아닌 전쟁에 휩쓸렸다.

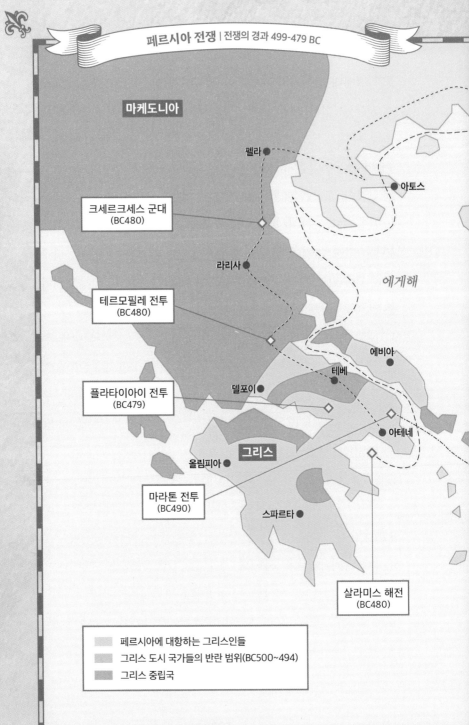

페르시아 전쟁 | 전쟁의 경과 499-479 BC

마케도니아

펠라

아토스

크세르크세스 군대
(BC480)

라리사

에게해

테르모필레 전투
(BC480)

에비아

테베

델포이

플라타이아이 전투
(BC479)

아테네

그리스

올림피아

마라톤 전투
(BC490)

스파르타

살라미스 해전
(BC480)

페르시아에 대항하는 그리스인들
그리스 도시 국가들의 반란 범위(BC500~494)
그리스 중립국

트라키아

크세르크세스 함대
(BC480)

크세르크세스 군대
(BC480)

페르시아 제국

레스보스

이오니아

에페소스

사모스

밀레투스

사르디스

낙소스

로도스

다리우스 함대
(BC490)

🏃 페르시아 전쟁 연표 🏃

기원전 513년	페르시아 다리우스 왕, 발칸반도 원정 시작
기원전 499년	이오니아 지역의 반란
기원전 494년	레이드 전투, 그리스 연합군 페르시아에 대패 다리우스 왕 그리스 원정 착수
기원전 490년	마라톤 전투, 페르시아군 대패 그리스 연합군 vs 페르시아군
기원전 486년	다리우스 왕 사망
기원전 480년	크세르크세스 왕, 그리스 원정 감행 테르모필레 전쟁 살라미스 해전
기원전 479년	플라타이아이 전투, 페르시아군 대패
기원전 449년	그리스 연합국과 페르시아 평화협상
기원전 430년	헤로도토스 《역사》 저술

페르시아 vs 그리스,
동서양 최초의 문명 충돌

페르시아 전쟁
기원전 499~449

페르시아 전쟁은 기원전 499년에 시작해서 기원전 449년까지 페르시아 제국과 그리스 도시국가 사이에 벌어진 전쟁으로, 그리스-페르시아 전쟁이라고 부르기도 한다. 용어로 보면 지중해의 이오니아해와 에게해 지역의 패권을 놓고 그리스 도시국가들과 페르시아 제국 간에 벌어진 전쟁으로 생각할 수 있다. 하지만 당시 그리스 도시국가들은 페르시아 제국의 비교 상대가 되지 못했다. 마치 다윗과 골리앗의 전쟁이라 할 수 있다. 그리스 쪽이 다윗이고 페르시아 제국이 골리앗이다.

페르시아 제국은 기원전 6세기 중반까지 오늘날의 이란을 중

페르시아의 왕 다리우스 1세의 부조, 페르세폴리스.

심으로 아프가니스탄과 아라비아반도 대부분과 동쪽으로는 인더스강 유역, 서쪽으로는 이집트와 리비아를 포함한 광활한 영토를 지배하는 대제국으로 성장했다. 기원전 513년부터 페르시아의 다리우스 왕은 발칸반도 원정을 시작하며, 트라키아와 마케도니아를 점령했다. 지금의 유럽 중남부와 에게해 지역 거의 대부분이 다리우스 왕의 지배 아래 들어갔다. 이때 그리스 남부의 아테네와 스파르타라는 작은 도시국가가 역사 속에 등장하지만, 페르시아 입장에서는 상대가 되지 않는 자그마한 도시국가였을 뿐이었다.

페르시아와 그리스인들 사이에 군사적 충돌이 벌어진 것은 기원전 5세기 말에 발생한 이오니아 지역의 반란 때문이었다. 이오니아 지역은 에게해와 면한 아나톨리아 지역으로 현재 튀르키예 서남부에 해당한다. 당시 그리스인 상당수가 거주하고 있었던 곳이다. 페르시아 제국은 그 지역 출신자에게 통치권을 일임했는데, 그들이 폭정을 일삼자 지역민들이 반란을 일으킨 것이다. 기원전 498년, 아테네와 에게해의 몇몇 도시국가들이 반란을 지원하면서 반란의 규모가 커지기 시작했다.

다리우스 왕이 가만둘 리 없었다. 기원전 494년 레이드 전투에서 페르시아 군대는 그리스 연합군을 대패시키고, 반란을 진압했다. 다리우스 왕은 더 이상의 반란을 막고 그리스 본토의 간섭을 방지하기 위해서 그리스 원정에 착수했다. 트라키아와 마케도니아에 진군해서 그 지역을 초토화시켰으며, 에게해에서는 그리스 선박들을 닥치는 대로 침몰시켰다.

하지만 기원전 492년 페르시아 원정군은 폭풍우를 만나 함대의 절반을 상실하게 되고, 마르도니우스 원정군 대장이 트라키아에서 부상을 입으면서 원정이 중단되었다. 1년 후 다리우스 왕은 다른 방법으로 그리스를 정복하고자 했다. 그리스를 직접 침공하기보다는 그리스 도시국가들을 협박해서 그들이 스스로 페르시아의 지배를 받아들이도록 하는 것이었다. 다리우스 왕은 그리스 각지에 사절단을 보내 복종의 의미로 흙과 물을 보내라고 요구했다. 대다수의 그리스 도시국가들은 이에 응했지만 아테네와 스파르타는 다리우스의 요구를 받아들이지 않았다. 그뿐만 아니라 사절단을 처형시켜 버렸다.

골리앗을 이긴
그리스군의 기적

소식을 접한 다리우스 왕은 아테네 원정을 명령했다. 원정군은 로도스섬, 낙소스섬, 사모스섬, 에비아섬 등을 파죽지세로 점령한 후 아티카 반도로 기수를 돌려, 기원전 490년 9월 1일 마라톤 지역에 상륙했다. 상황이 급박해지자 아테네는 스파르타에 구원을 요청했지만, 스파르타는 축제 중이며 내부 반란을 진압해야 한다는 이유로 구원군 파병을 거부했다. 동맹 도시 중에선 유일하게 플라타이아이가 1,000명의 보병을 마라톤에 파병했다. 마라톤 평원에 집결해서 방어진지를 구축한 9,600명의 아테네-플라타이아이 연합군은 약 2만 5,000명의 페르시아군에 대적하는 힘겨운 전투를 앞두게 되었다.

손쉬운 승리를 예상한 페르시아군은 병력의 절반 정도를 배에 태워 아테네로 진군시키고, 나머지 병력은 마케도니아와 트라키아를 통해 후방에서 아테네를 공격하는 전략을 세웠다. 마라톤에서 아테네 군사를 묶어놓고, 사실상 무방비 상태인 아테네를 손쉽게 점령하려는 전략이었다. 아테네의 입장에서는 마라톤 전투에서 승리하기도 힘들지만, 만약에 어렵게 승리한다 하더라도 아테네를 방어할 여력이 없었기 때문에 희망이 보이지 않는 상황이었다. 페르시아에 전멸당하지 않기 위해선 오직 하나의 방법밖에 없었다. 최단 시간에 마라톤에서 승리하고 곧바로 아테네로 되돌아가 북쪽에서 남하하는 페르시아 군대에 맞서는 방법이었다.

그런데 이런 실낱같은 희망이 현실이 되었다. 아테네군이 마라톤에서 페르시아군을 대패시키고, 지친 몸을 이끌고 전속력으로 행군해 아테네에 도착해서 방어진을 구축한 것이다. 병사들은 무려 30kg의 중무장 상태로 30km를 단숨에 행군했다. 이를 지켜본 페르시아군은 전의를 상실하고 퇴각하고 말았다. 이것이 선설적인 마라톤 전투이며 아테네가 페르시아 제국으로부터 자신들을 지켜낼 수 있었던 전쟁이었다.

과연 어떻게 아테네는 이러한 기적적인 승리를 거머쥘 수 있었을까? 패배한 자는 말이 없지만, 승자는 무용담이 넘쳐나기 마련이다. 정확히 얘기하면, 페르시아 측의 기록은 거의 남아 있지 않지만, 아테네 측의 기록은 역사에 선명하게 남아 있다. 그 대표적인 것이 그리스의 역사가 헤로도토스가 남긴 《역사》이다.

헤로도토스에 의하면 아테네는 전술과 무기에서 우위를 보였다. 단단한 청동 방어구를 착용하며 일사불란하고 촘촘하게 대열을 갖춘 중장 보병의 아테네 군대가, 보병, 기병, 궁병, 창병을 고루 갖추긴 했지만 근접 백병전(칼이나 창, 총검 따위와 같은 무기를 가지고 적과 직접 몸으로 맞붙어서 싸우는 전투)에 취약한 페르시아 군대를 압도한 것이다.

여기에 밀티아데스라는 아테네 지휘관의 전략이 맞아떨어졌다. 그는 페르시아 군대의 주력 무기인 활의 공격을 무력화시키는 전술을 펼쳤다. 사정거리가 200m인 페르시아 화살을 피하기 위해서 그들이 페르시아군의 사정거리에 진입하게 되면 군대를 전속력으로 적군을 향해 돌격시켰다. 당황한 페르시아 궁병은 활을 당겼지만 진격하는 아테네 군대의 뒤에 떨어지면서 별다른 파괴력을 주지 못했다. 순식간에 양측은 백병전에 돌입하게 되었고, 청동구로 중무장한 아테네 군대는 페르시아군을 제압했다. 아테네군의 완벽한 승리였다. 아테네 전사자는 단 192명인데 반해, 페르시아는 무려 6,400명이 전사했다.

스포츠 종목인
'마라톤'의 기원이 된 전투

마라톤 전투는 근대 올림픽 마라톤 경기의 기원으로 잘 알려져 있다. 마라톤의 영웅은 30kg의 중무장을 한 채 3시간에 30km를 주파해서 아테네에 도착하고, 페르시아 상륙군을 막기 위해 방어진을 구축했던 아테네 병사들이었다. 42.195km를 단숨에 뛰어와 아테네에 마라톤의 승전보를 전하고 죽었다는 전령 페이디피데스의 이야기는 사실이 아니다. 페이디피데스는 마라톤 전투 후 마라톤에서 아테네로 달려간 전령이 아니라, 마라톤 전투 직전에, 지원 병력을 요청하기 위해 스파르타까지 무려 240km를 달렸던 전령이었다. 페이디피데스 신화는 19세기 후반에 근대 올림픽 창시자인 피에르 드 쿠베르탱 남작이 올림픽 개최를 위해 뭔가 극적인 이야깃거리가 필요해서 만들어낸 얘기이다.

그리스뿐만 아니라 서양에서 마라톤 전투는 동방의 대제국 페르시아로부터 아테네를 지켜내며 서양의 시대를 도래하게 만든 계기가 된 사건으로 회자되었다. 반면 페르시아로서는 치욕적인 사건으로 기억되었다. 페르시아를 계승한 이란은 1974년, 수도 테헤란에서 열린 제7회 아시안게임에서 마라톤 종목을 제외시켰다.

영화 〈300〉의 배경이 된
테르모필레의 전투

패배를 당한 다리우스 왕은 그리스 재침공을 계획했지만 기
원전 486년에 사망함으로써, 그의 계획은 그의 아들 크세르크세
스의 몫이 되었다. 기원전 480년 크세르크세스 왕은 직접 군대
를 이끌고 그리스 원정을 떠났다. 육상과 해상을 통해 그리스 침
공을 시작한 페르시아 원정군의 규모는 역사 기록에 따라 엇갈
리지만 수십만 대군으로 추정되고 있다.

페르시아 침공 소식을 접한 그리스 본토와 에게해의 도시국
가들은 코린토스에 모여 동맹을 맺고 방어 태세에 들어갔다. 이
번에는 주축이 스파르타였다. 이들은 페르시아의 공격에 대항하
고자 테르모필레 지역에 집결했다. 마케도니아의 해안에 위치한
좁은 협곡인 테르모필레는 페르시아가 육상을 통해 그리스를 공
격하려면 필히 통과해야 했기 때문에, 페르시아의 대군과 결사
항쟁을 각오한 소수의 스파르타군과의 대결이 불가피했다.

이것이 영화 〈300〉으로 유명한 테르모필레 전투이다. 스파르
타의 레오니다스 왕이 이끌었던 7,000명 규모의 그리스 연합군
은 수십 만에 이르는 페르시아 군대를 협곡의 지리적 이점을 활
용해서 대적했다. 그리고 팔랑크스 대형으로 방어진을 구축했다.
방패와 창을 든 병사들이 어깨와 어깨를 맞대는 밀집 전투 대형
으로 페르시아 군대의 남하를 효과적으로 막아낸 것이다. 하지

〈테르모필레의 레오니다스〉, 자크루이 다비드, 1814

만 그리스 내부의 배신자가 페르시아군에게 협곡의 후방으로 우회하는 통로를 통해서 아테네로 진격할 수 있다는 정보를 제공했다. 페르시아 대군이 새로운 행로로 진격하자 레오니다스는 상당수의 전력을 후방으로 보내 아테네를 방어하도록 했고, 자신과 스파르타의 전사 300명, 그리고 다른 도시국가에서 출병한 전사 1,000명이 사생 결단의 각오로 최후의 한 명까지 테르모필레에서 싸웠다. 결국, 스파르타의 300인 전사를 포함한 레오니다스 군사 전원이 전사했다. 이들의 항전은 오늘날까지 전설로 내려오면서 이전의 마라톤 전투의 신화처럼 페르시아 전쟁의 독보적인 이미지로 각인되었다.

페르시아의 시각에서 테르모필레 전투는 그들의 진군을 잠시 지체시켰던 작은 전투에 불과했다. 그들은 분산되어 있던 그리스 연합군을 하나씩 제압하며 파죽지세로 그리스 대부분을 점령했고, 결국 아테네를 손쉽게 점령했다. 아테네를 점령한 페르시아 군대는 이미 도시를 비워두고 인근 섬으로 피신해서 텅 빈 아테네를 마음대로 유린했다. 빈집털이 꼴이 되었지만, 페르시아의 대승이었다. 적어도 페르시아의 입장에서는 그렇게 판단했다.

세계 3대 해전, 살라미스 해전

페르시아가 육상전 승리에 취해 있을 때 그리스 연합군은 해상에서 반격을 준비했다. 이 해상전은 아테네가 주도했고, 그 지도자는 테미스토클레스 장군이었다. 그는 페르시아를 물리치기 위해서는 강력한 해군이 필요함을 강조하며 오랫동안 해군 전력을 강화시켰다. 그리스군이 육상에서 패배를 거듭하자 테미스토클레스는 해상에서 페르시아 함대를 섬멸하는 것이 마지막 남은 희망임을 확인하며 총력을 기울여 해전을 준비했다. 그는 페르시아 함대를 살라미스섬과 아티카 사이의 해협으로 유인했

아테네의 정치가이자 군인인 테미스토클레스의 흉상. 마라톤 전투, 살라미스 해전 등에 참전했으며, 아테네 해군력을 그리스 제일로 성장시켜 페르시아 전쟁의 승리를 이끌었다.

다. 그곳 해협은 폭이 2~3km로 좁기 때문에 페르시아의 밀집함대를 그곳으로 유인해서 싸운다면, 함대의 수에서는 열세이지만 승산이 있는 전투가 될 것이라고 믿었다.

테미스토클레스는 위장 간첩을 페르시아 군대에 보내 그리스군은 공포에 떨고 있고 달아날 생각만 하고 있기에, 공격만 한다면 그리스 해군을 섬멸시킬 수 있다고 정보를 흘렸다. 크세르크세스는 테미스토클레스의 함정에 걸려들었다. 이미 육지를 거의 점령한 상태였기에 크세르크세스는 확실하게 대승을 거두기 위해 살라미스 공격을 시작했다.

해안이 페르시아 함대로 꽉 메워질 때까지 기다리던 테미스토클레스는 공격 명령을 내렸다. 페르시아 함선들은 좁은 해협에서 대형을 유지하기가 힘들었고, 노가 3단으로 배치된 그리스의 함선들이 그들의 노를 부러뜨리고 좌우 측면을 단단한 충각(뱃머리에 단 뾰족한 쇠붙이)으로 들이받으며 근접전을 벌이자 페르시아 함대는 아비규환이 되었다. 수많은 함선들이 속수무책으로 격침당했다. 약 7시간의 격전 동안 페르시아는 200척의 함선이 격침당했고, 같은 수의 함선이 그리스군에 포획당했다. 그리스 함대의 손실은 불과 40척뿐이었다. 이렇게 해서 세계 3대 해전으로 불리는 살라미스 해전이 아테네의 대승으로 끝이 났다.

오랜 원정에 지친 크세르크세스는 퇴각할 수밖에 없었다. 살라미스 해전 다음 해인 기원전 479년 8월에 페르시아의 잔존 군대는 아테네의 북서쪽에 위치한 플라타이아이에서 그리스 연합국에 대패함으로써 페르시아 전쟁은 사실상 끝이 났다. 그리스는 두 번 다시 페르시아의 침공을 받지 않았으며, 막강한 해군력을 가진 아테네는 오랫동안 지중해의 강자로 군림할 수 있었다.

헤로도토스의 《역사》로
남게 된 승자의 기록

페르시아 전쟁의 결과로 페르시아는 더 이상 그리스 원정을 시도하지 않았고, 유럽에 주둔했던 모든 군대를 철수시켰다. 하지만 이것을 페르시아 제국의 멸망의 서곡이라고 할 수는 없다.

그리스 아테네의 아크로폴리스 언덕에 있는 파르테논 신전. 기원전 479년 페르시아의 침공으로 옛 신전이 파괴된 후, 그 자리에 아테네인이 이 신전을 지어 아테네의 수호 여신 아테나에게 바쳤다.

전쟁 이후에도 150년 동안 페르시아 제국은 중앙정부 체계와 관료제, 도로 및 우편 제도, 다양한 민족과 문화를 존중하는 다문화주의 등으로 말미암아 흔들림이 없었다.

페르시아 전쟁으로 그리스 도시국가의 전성기가 도래한 것도 아니었다. 오히려 페르시아를 물리쳤던 두 핵심 도시국가, 아테네와 스파르타는 페르시아 전쟁이 끝나고 50년 후에 그리스 지배권을 놓고 약 30년간 치열하게 전쟁을 했다. 이 펠로폰네소스 전쟁으로 두 도시국가는 그리스 반도에서 세력이 약화되었다. 아테네는 민주 정치를, 스파르타는 과두 정치를 대표한 도시국가로 두 세력의 전쟁은 단순히 군사적 힘의 우위를 내세우는 전쟁 이전에 두 정치 체제의 자부심을 놓고 벌인 싸움이기도 했다. 전쟁은 스파르타의 승리로 끝났지만, 찬란했던 고대 그리스는 쇠망의 길을 걷게 되었다.

그렇다면 세계 민주주의의 모태로 여겨지는 아테네 민주주의가 페르시아 전쟁을 계기로 그 가치를 증명하게 되었다는 식의 역사 인식은 다분히 아테네의 시각이 담겨 있다고 볼 수 있다. 이런 역사 인식이 굳어지게 된 것은 절대 권력을 가진 페르시아 제국과 민주주의를 표방하는 그리스 간의 충돌로 페르시아 전쟁을 서술했던 그리스의 역사학자 헤로도토스 때문이었다. 기원전 430년 세계 최초의 역사서라고 할 수 있는《역사》에서 헤로도토스는 페르시아 전쟁을 야만적인 페르시아 전제 정권에 대항하는 민주적 정치 체계와 문화, 그리고 그에 대한 자부심으로 뭉친 그리스인들의 전쟁으로 묘사했다. 그리고 전쟁이 결국 그리스의 승리로 귀결된 것은 그리스의 정치 및 문화적 위대함과 그에 대한 그리스인의 자부심 때문이라고 설명했다.

역사는 결국 기록의 싸움일 수밖에 없다. 페르시아 측의 역사적 기록은 거의 존재하지 않으므로, 헤로도토스의《역사》는 페르시아 전쟁을 설명하는 가장 대표적인 역사서가 되었다. 그리고 훗날의 역사에 의해 거듭 재생되면서 페르시아 전쟁의 마라톤 전투와 살라미스 전투, 그리고 승리를 가져온 영웅들의 이야기는 사실과는 상관없이 하나의 역사적 진실로 새겨지게 되었다.

그렇다면 아테네와 함께 고대 그리스 문명의 다른 축이었던 스파르타를 어떻게 봐야 하는가? 스파르타는 아테네와는 반대로 강한 군사력을 바탕으로 다수의 민중보다는 소수의 권력자에 의해 지배된, 민주주의와는 거리가 먼 국가 체제를 유지했다. 그런데도 헤로도토스의 역사 서술로 인하여 페르시아 전쟁은 전체 그리스 문명의 우수성을 드러내는 전쟁으로 서양인들의 의식에 깊이 각인되었다.

어떻든 당시 동방의 대제국 페르시아의 침략을 물리친 그리스인들은 이후 서양 문명의 자부심의 원천으로 숭상받게 되었다. 이것이 페르시아 전쟁의 가장 큰 역사적 의의라고 할 수 있다.

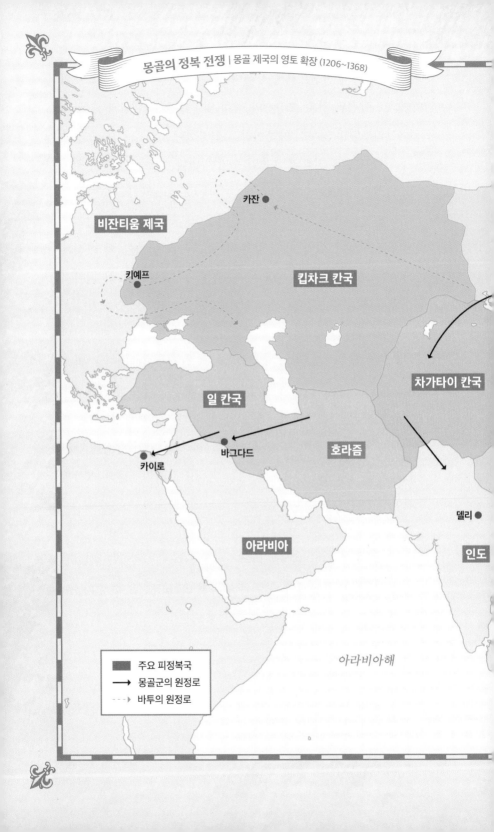

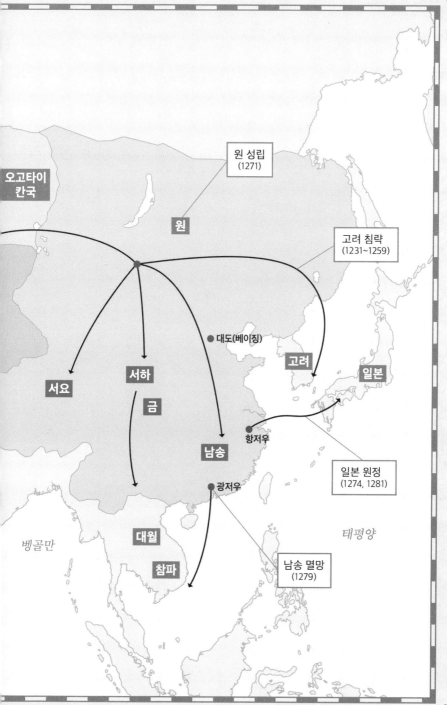

오고타이
칸국

원 성립
(1271)

원

고려 침략
(1231~1259)

● 대도(베이징)

고려

일본

서요

서하

금

남송

● 항저우

일본 원정
(1274, 1281)

광저우

대월

태평양

벵골만

참파

남송 멸망
(1279)

♟ 몽골의 정복 전쟁 연표 ♟

1206년	칭기즈 칸 즉위
1227년	칭기즈 칸 사망
1229년	오고타이 칸, 몽골 제국의 제2대 황제 재위
1230년대	몽골, 동유럽 정복
1231년	고려, 몽골의 침략으로 강화로 천도
1240년	몽골, 키이우 루스국의 수도 키이우 함락
1241년	칭기즈 칸의 손자 바투 칸의 폴란드 침공 오고타이 칸 사망
1251년	몽케 칸, 몽골 제국의 제4대 황제 재위
1258년	몽골, 바그다드 테러
1259년	몽케 칸 사망
1293년	몽골, 원나라 건립
1368년	원나라 멸망

100년 이상 지속된
잔혹함의 대명사, 몽골 제국

몽골의 정복 전쟁
1206~1368

13세기와 14세기에 몽골은 역사상 가장 넓은 제국을 건립했다. 척박한 몽골 초원에서 시작된 몽골의 정복 전쟁은 인류 역사에서 그 유례를 찾기 힘들 만큼 놀라운 속도로 전개되었다. "용감한"이란 뜻의 "몽골"의 기세는 하늘을 찔렀고, 거칠 것이 없었다. 그들의 말발굽은 순식간에 동아시아와 중앙아시아, 중동, 동유럽을 짓밟았다. 유라시아 국가 중에서 몽골 제국의 지배를 받지 않는 곳은 인도 중남부와 동남아시아 일부, 서유럽 등의 몇몇 국가 정도뿐이었다.

정복한 영토의 규모뿐만 아니라, 정복에 따른 영향력을 생각

몽골 제국의 건국자인 징기즈 칸의 초상화.

할 때, 몽골 제국이 남긴 역사적 유산은 막대하다. 다음 장에서 살펴볼 알렉산드로스 대왕의 정복 전쟁과는 달리 몽골 지배의 영향은 단기간에 끝나지 않았다. 그 영향은 100년 이상을 갔고, 정치와 경제는 물론이요, 사회와 문화 전반에 막대한 영향을 주었다. 우선 하나의 예만 들어보면, 몽골 원정으로 인해 유라시아 전역에 퍼진 것으로 추정되는 흑사병은 적어도 7,500만 명에서 2억 명의 인명을 앗아갔다.

　몽골 제국은 우리나라를 포함해서 동아시아에도 심대한 영향을 끼쳤다. 몽골은 14세기까지 중국을 통치했는데 그것이 원 왕조다. 당시 우리의 고려 왕조 역시 몽골의 영향에서 벗어나지 못했다. 페르시아에서는 몽골 통치가 15세기까지 지속되었다. 티무르 왕조를 세운 티무르는 자신이 칭기즈 칸의 후손임을 자처했다. 인도에서는 후기 무굴 제국이 19세기까지 존속했다. '무굴'이라는 말도 인도와 페르시아 발음으로 몽골이라는 의미이기에, 스스로 몽골계 국가임을 자처하는 것이다.

최근의 우크라이나 전쟁도 근원적으로 몽골 제국의 영향에서 자유로울 수 없다. 1240년, 몽골 군대는 지금의 우크라이나와 러시아 남서부를 포함한 키이우 루스국을 정복했다. 그 지역에서 가장 큰 도시였으며 수도였던 키이우를 점령해서 수많은 시민들을 살육하고 약탈하며 도시를 완전히 파괴했다. 이는 키이우 루스국의 분열에 결정적인 영향을 끼쳤는데, 몽골 제국에 순응했던 모스크바가 그 지역에서 주도권을 갖게 되었다. 지금의 우크라이나에서 러시아로 주도권이 옮겨진 것이다.

세계를 제패한 칭기즈 칸의 거침없는 전법

어떻게 몽골이 중앙아시아와 아라비아, 그리고 동유럽을 빠른 속도로 정복할 수 있었을까? 초원의 유목 민족으로서 몽골 군사들은 말을 다루는 데 능숙했고 활 솜씨가 탁월했다. 유목 생활에서 말을 잘 타는 것은 기본이었으며, 말을 잘 타는 주위 부족들과의 전투에서 승리하기 위해서는 더욱 말을 잘 타야 했고, 여기에 군 체계와 리더십, 그리고 전략을 겸비해야 했다. 칭기즈 칸의 리더십 아래 몽골의 여러 유목 민족들을 제압하면서 이미 몽골 군대의 전투력은 막강해졌다. 탁월하게 말을 다루며 활시위를 할 수 있는 몽골 궁기병의 파괴력은 상상 그 이상이었다. 기동성과 활시위의 정확성에서 중앙아시아와 아라비아, 그리고 유럽 군대는 몽골의 적수가 되지 못했다.

또 하나는 몽골의 잔인함이었다. 몽골 군대는 패배한 적군의 군인들과 민간인들을 무참히 살해했다. 1258년 바그다드 테러는 그 악명의 대명사가 되었다. 동시대의 기록에 따르면, 몽골 군인들은 오랜 이슬람 세계의 중심지 바그다드를 점령하면서, 모스크, 궁전, 병원 등을 닥치는 대로 약탈하고 파괴했고, 도서관에 보관된 책들을 모조리 파기했으며, 책의 가죽 표지들로 샌들을 만들어 신었다고 한다. 몽골 군인들은 도망치려는 시민들을 어린아이나 늙은이 할 것 없이 모조리 죽였는데, 그 수가 무려 20만 명이나 되었다.

점령지에 대한 잔인한 학살은 이슬람의 중앙아시아와 페르시아 북동부, 그리고 러시아 남부 지역에서도 계속되었다. 몽골에 저항하는 도시와 마을이 파괴되고, 사람들이 살해되자, 몽골 군대가 다가온다는 소식만 들어도 사람들은 두려움에 떨며 피신을 갔고, 군인들은 전의를 상실하고 항복했다. 이러한 상황에서 몽골 군대는 파죽지세로 동유럽까지 진격할 수 있었다.

몽골 제국의 유럽 원정은 1220년대부터 1240년대까지 계속되었다. 몽골 군대는 동유럽에서 볼가강 불가리아, 쿠마니아, 알

1241년 레그니차 전투. 바투 칸의 지휘 아래 폴란드를 침공한 몽골군은 이 전투에서 수많은 폴란드 귀족들을 몰살했다.

라니야, 키이우 루스국을 모두 정복했다. 쿠마니아는 킵차크 초원으로 불리는 현재의 카자흐스탄으로부터 동유럽까지의 평원 지대이며, 알라니야는 현재 튀르키예의 남부 지역이고, 키이우 루스국은 현재의 우크라이나와 벨라루스, 그리고 러시아 일부를 포함하는 곳이다. 1241년 몽골군은 칭기즈 칸의 손자인 바투 칸의 지휘 아래 폴란드의 공국들을 침공하기 시작했다. 그들은 레그니차 전투에서 승리하고 수많은 폴란드 귀족들을 몰살하고 폴란드를 황폐화시켰다.

폴란드가 몽골군의 침략을 막지 못하자 유럽은 절체절명의 위기에 봉착했다. 교황청과 유럽 국가들은 몽골군의 진격을 막을 유일한 방법은 하느님에게 기도하는 것 외에는 없다고 판단했다. 그런데 돌연 몽골군은 더 이상의 유럽 정벌을 포기하고 되돌아갔다. 왜 갑작스럽게 후퇴했는지는 명확하지 않지만 여러 정황을 놓고 볼 때, 칭기즈 칸의 아들로서 몽골 제국의 대칸, 즉 최고 우두머리였던 오고타이 칸이 죽자 몽골 제국 내 정권 세습 문제 때문에 바투 칸이 되돌아간 것으로 추정된다. 이외에도 헝가리와 세르비아의 반격 가능성과 동부 유럽의 혹독한 추위로 인한 병사들의 고충 등이 회군의 배경으로 거론된다.

살기 위한 이주와 개종, 몽골군의 잔혹상

몽골의 침략은 중앙아시아나 동유럽에서 이전에는 볼 수 없었던 대규모 민족 이동을 가져왔다. 몽골 군대의 잔혹상이 알려지면서 몽골 군대의 원정 진로에 놓인 민족들은 공포와 공황 상태에 빠졌고, 사람들은 앞을 다퉈 안전한 지역으로 이주하기에 급급했다. 이 과정에서 수많은 민족들이 전통적인 거주 지역을 떠나 종교와 풍습이 익숙하지 않은 지역으로 이주했다. 이는 민족들 간의 갈등을 증폭시키기도 했지만, 새로운 문화적 융합을 가져왔다. 몽골의 잔인성으로부터 살아남기 위해 사람들은 종교를 바꾸는 경우도 많았다. 기존의 이슬람교도들이 불교나 기독교, 혹은 몽골의 샤먼을 택하기도 했다. 물론 몽골인들이 이슬람이나 다른 종교를 택한 경우도 허다했다.

과연 몽골의 침략 전쟁은 문화적 융합을 가져왔는가? 잠시 후에 살펴볼 '실크로드'의 영향 때문에 문화적 융합을 가져온 몽골 전쟁의 긍정적인 면이 많이 부각되곤 한다. 하지만 몽골은 민족 분리와 견제 정책을 통해서 지배를 강화하는 경우도 많았다. 예컨대, 알라니야인들과 쿠마니아인들 간의 갈등을 이용해서 몽골 정복군은 처음에 쿠마니아인들을 용병으로 쓰면서 알라니야인들을 견제했고, 나중에는 반대로 알라니야인을 이용해서 쿠마니아인들을 견제했다. 이 과정에서 킵차크 언어를 사용하는 쿠마니아인들이 몽골의 지배계급으로 편입되기도 했는데, 이들이 타타르족으로 불리게 되었다. 크림반도의 아르메니아, 이탈리아, 그리스, 고트족이 타타르 민족에 포함되었다.

반면 분열되어서 중앙 정부를 갖지 못하며 변경으로 떠돌아다니던 상당수의 쿠마니아인들은 킵차크 지역을 떠나 헝가리로 피난을 떠났다. 헝가리로서는 다가오는 몽골의 침략에 대비해서 기병 전술에 능한 쿠마니아인들의 도움이 필요했기 때문에 그들을 받아들였고, 그들에 대한 융화 정책을 폈다. 이후 쿠마니아인들은 헝가리 사회에 융화되었다.

몽골의 민족 분리 정책은 쿠마니아인들을 동유럽과 러시아의 남부, 그리고 발칸반도로 분산시키면서 해당 지역의 민족적 갈등을 유발시켰다. 반면에 알라니야인들에겐 아나톨리아 중심으로 이슬람교도들을 통합하여 오스만 제국으로 팽창하는 계기가 되었다. 1453년 오스만 제국은 비잔틴의 수도 콘스탄티노플을 함락시킨 후, 한때 몽골이 점령했던 대부분의 유럽과 소아시아를 포함한 대제국을 형성했다. 이후 오스만 제국은 20세기 초에 이르기까지 유럽과 소아시아 문명사에 지대한 영향을 끼쳤다.

몽골 제국이 100년 만에
멸망한 까닭은?

마른 초원에서 발생한 불처럼 순식간에 세계를 휩쓸었던 몽골 제국이 왜 100년 만에 멸망하고 말았을까? 그 답을 찾기 위해선 우선 몽골 제국이 초원에서 시작된 유목민이었다는 것을 기억할 필요가 있다. 유목민들은 강력한 지도력을 바탕으로 다른 유목민 부족들을 복속시켰고, 점차 주변의 농경 중심의 정착된 국가를 정복하기 시작했다. 말을 타고 기동력과 속도전으로 정복을 이어갔던 그들의 동적인 군사 문화는 농경 정주국의 정적인 문화를 받아들이면서 그들의 전통적인 군사적 특징을 잃어버리게 되었다. 동적인 그들의 문화적 정체성이 정적인 이민족의 정체성에 융화되면서 그들만의 동력을 잃어가고 만 것이다.

게다가 광활한 몽골 제국은 세력 다툼에 휩싸이기 시작했다. 특히 1259년 몽골 제국의 4대 칸으로서 몽골 제국의 점령지와 식민지, 소국에 직접 통치권을 행사한 최후의 칸이었던 몽케 칸이 죽자 세력 다툼이 표면화되었다. 몽골의 상속 풍습은 장자상속제가 아닌 분할상속제였다. 즉 형제들 간에 평등한 상속이 원칙이었던 것이다. 하지만 대칸 자리를 두고 몽케 칸의 동생 쿠빌라이와 이릭 부케(아리크부카) 간에 내전이 벌어졌고, 결국 몽골 제국은 일 칸국, 오고타이 칸국, 차가타이 칸국, 킵차크 칸국, 그리고 원나라로 찢어지게 되었다.

물론 이렇게 몇 개의 칸으로 나뉜 것이 몽골 제국의 분열이라고만 볼 수는 없다. 몽골 제국은 기존의 제국적인 특징을 유지한 상태에서 대칸이 지역 칸들에게 정주 지역에 대한 관할권을 위임함으로써 분할을 통한 느슨한 통합체를 유지했다.

몽골은 수적 열세에 있었기에, 정주 농경문화가 정착했던 점령 지역을 효율적으로 통치하기 위해서는 융화 정책을 펼 수밖에 없었다. 하지만 몽골 제국의 몰락을 놓고 보면 융화 정책은 몽골에게 부정적인 결과를 낳았다. 융화 정책은 몽골이 그 정체성을 잃게 되는 결과를 가져왔고, 제국의 몰락으로 이어졌다. 칭기즈 칸은 "내 자손들이 비단옷을 입고 벽돌집에 사는 날 제국은 멸망할 것이다"라 했는데, 그의 우려대로 후대 지도자들이 유목 정신을 버리고 정착 생활의 안락한 환경에 안주하면서 제국이 쇠퇴하기 시작한 것이다. 이미 초원을 떠나 유목 생활의 문화에서 벗어나서 농경 정착민의 문화에 들어가는 순간, 몽골 제국의 운명은 결정된 것인지도 모른다. "말을 타고 정복을 할 수는 있지만, 말 위에서 통치는 할 수 없다"고 한 쿠빌라이 칸의 말이 초원의 기마 제국이 가진 한계였던 것이다.

인류사 최초의
경제 세계화 시대를 열다

몽골 제국이 인류 문명사에 끼친 영향에서 빠질 수 없는 것이 실크로드이다. 몽골 제국의 팽창은 실크로드의 활성화로 이어졌고, 이는 곧 세계 최초의 경제 세계화를 조성했다. 실크로드는 주로 중국, 중앙아시아, 인도, 페르시아 지역의 무역에 제한되었는데, 몽골 제국이 동부 지중해와 동부 유럽에까지 뻗치게 되자 실크로드를 통한 동양과 서양 간의 무역이 더 활발해졌다. 실크로드는 문자 그대로 비단길이다. 주로 중국산 비단이 중앙아시아 사막 지역을 거치고 인도와 서아시아를 거쳐 지중해까지 전달되었다. 비단은 상징적인 물품이었고, 그 밖의 많은 이국적이며 신비한 물품들이 동서양을 오갔다. 이 과정에서 거대한 경제 문화권 네트워크가 형성되었다. 이것이 가능했던 이유는 거대하고 강력한 몽골 제국이 존재했기 때문이었다.

몽골 군대가 지나간 지역은 처음에는 공포와 폐허의 대상이었다. 몽골 군대는 그들에게 대항하는 자들을 인정사정없이 살육하고, 방화와 파괴로 지역을 폐허로 만들곤 했기에, 지리적으

몽골 제국 시기 실크로드

로 몽골의 정복 전쟁에 위치한 실크로드 일대는 안전한 무역 길이 될 수 없었다. 하지만 몽골의 정복과 함께 각지에 몽골의 시스템이 구축되자, 실크로드는 상인들이 몽골 제국의 보호를 받으며 안전하게 교역에 종사하는 '비단길'이 되었다. 도적이나 지방 관료들의 방해와 텃세를 걱정하지 않고 교역을 할 수 있게 되자, 더 많은 상인들이 더 많은 물품을 더 멀리까지 전달할 수 있게 되었다.

몽골 제국 시기 실크로드가 확대되고 활성화되는 데에는 몽골의 역참驛站 제도가 큰 몫을 했다. 유목 민족인 몽골은 빠른 시간에 멀리 이동하기 위해서 약 40km마다 참을 설치했다. 참은 사람과 말이 쉴 수 있는 여관이라고 할 수 있다. 본래는 병참 및 후방 보급 기지 역할을 하는 일종의 중간 기지 역할을 했었지만,

몽골 제국이 팽창하면서 이곳은 실크로드를 포함한 동서 무역 루트의 중간 기점이자 문화 교류의 중심지가 되어갔다.

문물에 대한 호기심은 이내 다른 것으로 옮겨가기 마련이다. 실크로드는 경제적인 네트워크였을 뿐만 아니라 다양한 종교와 사상을 포함한 문화적 교섭으로 이어졌다. 몽골 제국은 대체로 종교에 대한 관용 정책을 폈기 때문에, 실크로드와 역참은 불교, 이슬람교, 기독교, 힌두교 등의 다양한 종교가 전해지는 통로가 되었다. 또한 유럽과 아리비아의 천문학, 지리학, 수학 등이 중국에 전파되며, 중국 송나라의 나침반, 제지술, 화약 등이 유럽까지 전달되는 통로가 되었다.

실크로드는 동서양의 문물이 교차되는 문명의 '비단길'임에는 틀림없지만, 양쪽이 똑같은 수혜를 받지는 않았다. 서양의 문물이 동양에 전달된 것보다는, 중국을 포함한 동양의 문물이 서양에 전달된 것이 더 많았고, 그에 따른 영향도 막대했다. 이른바 교역의 불균형은 이후 동서양의 문명 주도권에 중대한 영향을 끼쳤다.

특히, 세계 4대 발명품(화약, 나침반, 종이, 인쇄술) 가운데 인쇄술을 제외한 중국의 3대 발명품이 유럽으로 전해지면서 문명의 주도권이 서양으로 옮겨가게 되는 결정적인 계기가 되었다. 서양은 화약으로 무장한 신무기로 몽골의 잔존 군대와 동양의 군사력을 압도했고, 나침반을 통해 해양으로 나아가서 신비하고 돈이 되는 동양의 물품을 더 빠르고 더 많이 가져왔다. 또한 종이로 인해 새로운 정보가 빠르게 확산함에 따라 과학 혁명을 이루게 되었다. 결과적으로 몽골의 정복 전쟁을 계기로 서양이 세계사의 주도권을 쥐게 된 셈이다.

몽골 제국이 남긴 역사적 유산은 객관적으로 보면 세계사에 크고 오랫동안 영향을 끼친 로마 제국이나 다른 제국에 비해 초라하다. 그들이 남긴 유적조차 별로 남아 있지 않다. 그렇게 많은 지역을 정복했지만, 몽골어의 흔적도 크지 않다. 독자적인 문명으로 몽골이 세계사에 끼친 영향은 지극히 제한적이다.

오늘날 몽골의 국력과 목축을 중심으로 평화롭게 살고 있는 몽고인들을 볼 때 몽골이 한때 세상을 공포로 몰아갔고 그 많은 영토를 지배했다는 사실조차 하룻밤의 꿈처럼 비현실적이다.

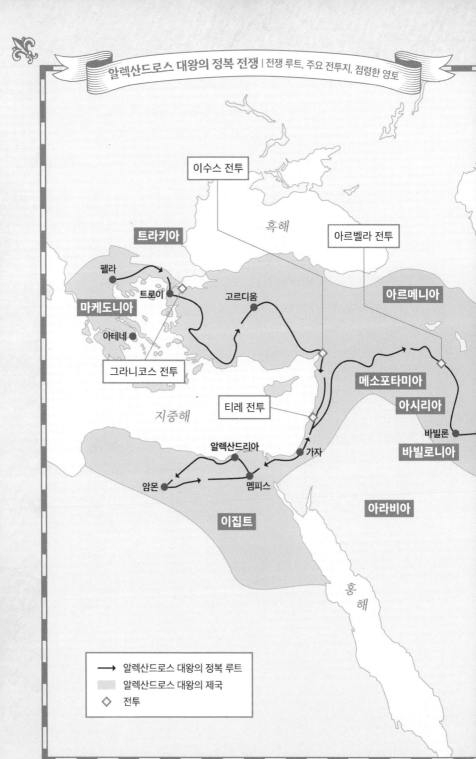

알렉산드로스 대왕의 정복 전쟁 | 전쟁 루트, 주요 전투지, 점령한 영토

이수스 전투

흑해

트라키아

아르벨라 전투

펠라

아르메니아

트로이

고르디움

마케도니아

아테네

메소포타미아

그라니코스 전투

아시리아

지중해

티레 전투

바빌론

알렉산드리아

바빌로니아

암몬

가자

멤피스

아라비아

이집트

홍해

⟶ 알렉산드로스 대왕의 정복 루트

   알렉산드로스 대왕의 제국

◇ 전투

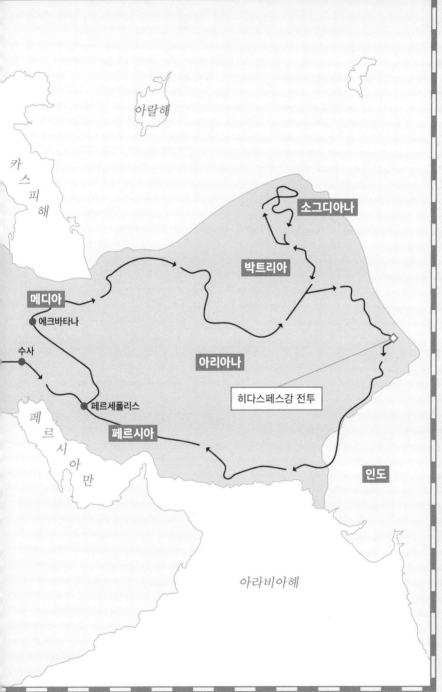

아랄해

카스피해

소그디아나

박트리아

메디아
에크바타나

수사

아리아나

페르세폴리스

히다스페스강 전투

페르시아

페르시아만

인도

아라비아해

알렉산드로스 대왕의 정복 전쟁 연표

기원전 479년	마케도니아 독립
기원전 356년	알렉산드로스 탄생
기원전 336년	필리포스 2세 사망, 알렉산드로스의 왕위 계승
기원전 334년	페르시아 원정 단행
기원전 331년	페르시아 제국 정복
기원전 327년	인도 침략 개시
기원전 323년	알렉산드로스 사망
기원전 3세기 후반	마케도니아 제국 멸망

최강 군사력으로 아시아를
집어삼킨 20세의 정복자

알렉산드로스 대왕의 정복 전쟁
기원전 334~323

"하늘은 두 개의 해를 둘 수 없듯이, 땅은 두 명의 주인을 둘 수 없다."

이는 고대 로마의 그리스인 철학자이며 저술가인 플루타르코스가 알렉산드로스 대왕을 두고 한 말이다. 기원전 336년에 20세의 나이에 아버지 필리포스 2세를 이어 마케도니아의 왕위에 오른 알렉산드로스는 역사상 가장 짧은 시간 내에 가장 많은 지역을 정복했다. 그가 정복한 영토는 오늘날의 마케도니아와 그리스, 이란, 이집트, 이라크, 아프가니스탄, 파키스탄, 인도, 중앙아시아를 포함한다. 그는 위대한 군사 지휘관으로 기억될 뿐

알렉산드로스 대왕의 대리석 초상
기원전 300년경~150년경

만 아니라, 유럽과 동방의 정치, 경제, 문화적 융합을 통해 인류의 공통적인 제도와 가치를 공유하게 만든 지도자이자, 후대까지 엄청난 영향을 끼친 영웅으로 기억된다.

영웅은 운명일까, 아니면 만들어질까에 대한 의문은 역사의 오랜 수수께끼이다. 마케도니아라는 작은 그리스 북부의 도시국가에서 20세의 어린 나이에 왕위에 오르고, 채 10년도 되기 전에 그렇게 넓은 영토를 정복할 수 있었던 것을 논리적으로 설명하기란 어려운 일이다. 앞에서 다룬 페르시아 전쟁만 해도 약 50년이나 걸리지 않았는가.

그래서인지 알렉산드로스 대왕에게는 수많은 전설과 신화가 뒤따른다. 현대의 객관적 역사 서술의 기준으로서는 쉽게 받아들일 수 없는 전설과 신화가 알렉산드로스 대왕을 치장한다. 그것이 어느 정도가 사실이며 허구인가를 분별하기도 쉽지 않다.

알렉산드로스 대왕은 탄생 이야기부터 예사롭지 않다. 플루타르코스에 따르면 알렉산드로스의 어머니 올림피아스는 그녀의 자궁이 벼락에 맞아 불꽃이 퍼져나간 꿈과 함께 알렉산드로스를 잉태했다고 했으며, 아버지 필리포스 2세는 꿈에서 사자상이 새겨진 인장으로 아내의 자궁을 보호하는 자신을 보았다고 했다. 알렉산드로스가 태어난 날 필리포스는 전쟁터에 있었는데, 그날 세계 7대 불가사의 중 하나인 에베소의 아르테미스 신전이 불에 탔다고 한다. 그런데 불이 난 이유가 아르테미스가 알렉산드로스의 탄생에 참석하느라 자리를 비웠기 때문이라는 것이다.

아리스토텔레스의 제자로
엘리트 코스를 밟다

먼저 마케도니아라는 작은 도시국가가 어떻게 알렉산드로스 대왕이란 걸출한 인물을 낳았는지를 살펴보자. 마케도니아는 전사들의 나라였다. 당시 그리스 반도는 끊임없는 전쟁에 휩싸였다. 페르시아 전쟁 이후 그리스의 두 경쟁 국가인 아테네와 스파르타는 오랜 펠로폰네소스 전쟁으로 국력이 쇠진해졌다. 그러는 동안, 반도의 북쪽에 위치한 마케도니아가 세력을 키워나갔다.

마케도니아의 필리포스 2세는 강력한 리더십과 외교술로 마케도니아 주변 국가들을 평정해 나갔다. 무엇보다도 그의 가장 큰 힘은 탁월한 군사력이었다. 군대의 숫자는 많지 않았지만, 그는 이전의 스파르타가 그랬던 것처럼 젊은이들이 강한 군사적 능력을 체득하면서 성장하도록 훈련시켰다. 용맹한 전사가 추앙받는 전사 문화가 정착했고, 잘 훈련되고 용맹한 전사는 모든 젊은 남성들의 이상이었다.

필리포스 2세는 자신의 후계자 알렉산드로스가 훌륭한 전사로 성장하도록 양육했다. 전투에 알렉산드로스를 대동해서 그가 어린 나이부터 전투 양상과 방식을 직접 체험하도록 했다. 또한 외교 사절로 아들을 보내서 그가 나라 밖의 지리와 상황을 알게 했고, 외교적 수완을 키우도록 했다. 그뿐만 아니라 필리포스 2세는 알렉산드로스가 당시 그리스 엘리트들이 거치는 사상적 교육을 충실하게 받도록 했다.

알렉산드로스는 13세에 마케도니아 귀족 자녀들이 들어갔던 일종의 기숙학교에서 철학, 종교, 도덕, 예술 등을 배웠다. 필리포스 2세가 그들의 교육을 위해 스카우트했던 철학자가 아리스토텔레스였다. 이 기숙학교의 경험은 미래의 알렉산드로스 대왕을 만든 귀중한 자산이 되었다. 알렉산드로스는 아리스토텔레스의 지도 아래 호머의 작품, 특히《일리아드》(10년간에 걸친 그리스군의 트로이 공격 중 마지막 해에 일어난 사건들을 노래한 서사시)에 대한 열정을 키웠다. 아리스토텔레스는 그에게 주석이 달린 사본을 주었고, 알렉산드로스는 훗날 정복 전쟁을 할 때에 이 사본을 가지고 다닐 정도로 《일리아드》를 좋아했다. 기숙학교는 또한 훗날 그의 충성된 신하들이 배출되는 장소였다. 동료 학생들 중에서 다수가 알렉산드로스의 친구이자 미래의 장군으로 그의 '동반자'가 되었다.

알렉산드로스가 위대한 지도자로 성장할 수 있었던 또 하나의 배경은 당시 페르시아 망명자들 상당수가 필리포스 2세의 보호를 받으며 마케도니아 왕실에 거주한 것이다. 알렉산드로스는 어린 시절 이들 페르시아 망명자들을 통해서 페르시아 제국의 실상뿐만 아니라 페르시아 군대를 무찌를 수 있는 병법을 습득했고, 이후 페르시아 원정 때에 군사적 승리뿐만 아니라 페르시아 왕국을 지배하는 합리적인 방법을 체득했다.

강한 권력욕으로 무장한
연전연승의 정복자

기원전 336년, 필리포스 2세가 그의 수행원에 의해 암살되면서 알렉산드로스는 20세의 나이에 마케도니아의 왕위를 계승했다. 필리포스 2세의 암살에는 여러 설이 전해지는데, 그중 하나가 다성애자로 알려진 필리포스 2세의 경호원이자 연인이었던 파우사니아스에게 살해당했다는 것이다. 하지만 그 배경에는 석

〈알렉산드로스와 포로스〉, 샤를 르 브룅. 마케도니아군과 인도 연합군 사이에 벌어진 히다스페스 전투를 그린 작품.

연치 않은 부분이 있다. 파우사니아스가 개인적인 감정에 의해 필리포스를 살해한 것으로 알려졌지만, 그 암살의 배후에 알렉산드로스가 존재한다는 설이 끊임없이 언급되는 것을 보면, 사실 여부와는 상관없이 알렉산드로스가 얼마나 권력욕에 사로잡혀 있었는지를 알 수 있다.

아버지가 죽자마자 알렉산드로스는 자신을 왕으로 임명하고
그의 정치적 경쟁자들을 숙청하기 시작했다. 그리고 주변 국가
들에 대한 적극적인 정복 전쟁을 단행했고, 결국 기원후 334년,
그러니까 알렉산드로스가 왕위를 계승한 지 2년 후에 페르시아
원정을 단행했다. 페르시아는 오랫동안 마케도니아에 아픔을 주

었다. 페르시아 전쟁 때 마케도니아는 페르시아에 점령당했다. 알렉산드로스는 페르시아를 정복해서 앙갚음하고, 나아가 페르시아가 지배했던 지역을 아우르는 대제국을 건설하고자 했다.

알렉산드로스 군대의 진격은 파죽지세였다. 순식간에 소아시아를 정복하고 이수스와 가우가멜라 전투를 포함한 일련의 결정적인 전투에서 페르시아 군대를 무너뜨리고, 기원전 331년 10월 초에 다리우스 3세의 페르시아 제국을 완전히 정복했다. 아드리아해와 인더스강 사이에 광대한 영토를 장악한 알렉산드로스는 이에 만족하지 않았다. 그는 "세계의 끝과 대양"에 도달하기 위해 기원전 326년 인도를 침공했다. 히다스페스 전투에서 오늘날 편자브의 인도 왕 포루스를 상대로 승리를 거두었다. 정복 전쟁을 시작한 지 10년도 안 돼 서쪽으로는 이집트, 동쪽으로는 인도의 북서부까지 펼쳐진 광대한 영토를 장악하게 된 것이다.

최강의 군사력으로
페르시아 제국을 무너뜨리다

과연 알렉산드로스의 이러한 믿기지 않는 정복의 비결은 무엇일까? 역사가들은 알렉산드로스의 군사적 리더십을 강조한다. 탁월한 전략가였던 그는 전투에 임하기 전에 적에 대한 장단점과 적지의 지형을 정확히 파악하여 그에 맞는 전략을 짜서 전투

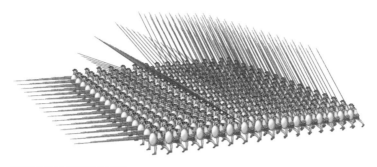

마케도니아식 팔랑크스 대열.

에 임했다. 또한 대규모의 군사를 어떻게 체계적이고 조직적으로 지휘할지를 알고 있었다. 충성심이 강한 참모들을 중심으로 전체 군대가 그의 지휘에 따라 일사불란하게 움직일 수 있도록 만들었다.

알렉산드로스는 또한 보병과 기병, 그리고 궁병이 그의 명령에 따라 효율적인 연합작전을 펼 수 있도록 군대를 훈련시켰고, 이는 그의 군대가 어떠한 상황에서도 기민하게 움직일 수 있게 만들었다. 그의 팔랑크스 대열은 천하무적이었다. 단단한 투구와 방패, 그리고 긴 창으로 무장한 사각 밀집 대형은 수적으로 우세한 적군의 공격을 효율적으로 차단했다. 공격 시에는 기민하게 움직이며 대열을 흐트러뜨리지 않고 진격하면서 적군의 중심을 파괴했다. 팔랑크스와 함께 알렉산드로스 군대는 기동력에서 뛰어났다. 적이 준비되어 있지 않을 때 선제공격을 감행하거나, 적의 후방을 기습적으로 공격함으로써 적의 대열을 혼란에 빠지게 하는 등 신속하고 정확하게 적을 타격했다. 그는 또한 정확한 정보력을 바탕으로 주위 세력들과 동맹 관계를 맺으면서 공격 대상을 포위함으로써 적을 압도했다.

무엇보다도 알렉산드로스가 빠른 시간 내에 넓은 지역을 정복할 수 있었던 것은 일종의 '눈 뭉치 효과' 때문이었다. 몇 차례의 전투에서 승리를 거두면서 병사들의 사기와 왕에 대한 충성심이 높아갔고, 반대로 적군의 입장에서는 알렉산드로스의 군대가 작전을 펴기 시작하면 이미 정신적으로 패배를 직감하고 손을 들 수밖에 없는 상황이 계속되었다. 한 번 뭉쳐지기만 하면 그 눈 뭉치는 더 빠르고 크게 만들어지게 된 것이다.

이러한 군사적 장점은 알렉산드로스가 정복 전쟁에서 승리한 이유를 이해하는 중요한 배경임에는 틀림이 없다. 하지만 이것은 어디까지나 결과적인 것이다. 오랜 시간 동안 제국을 유지했던 페르시아 왕들과 그의 군대들 역시 그런 군사적 노하우가 없었을 리가 없고, 무엇보다도 주변 지형지물 등 전투지 지역의 정보에서 마케도니아의 원정군보다 우위에 있었을 것이다.

그렇다면, 왜 그렇게 쉽게 페르시아는 패배하고 말았을까?

가장 큰 차이는 정신력에 있었다. 페르시아는 오랫동안 제국으로서 그 위상을 유지하고는 있었지만, 그들은 방대한 지역에서 모집된 군대로서 특별한 명분이 없는 한 헌신적이고 단결된 군대가 아니었다. 많은 전투에서 페르시아군은 수적으로 우세했음에도 불구하고 비교적 단일 민족으로 결성되었고 오랜 전투

훈련과 경험으로 다져진 마케도니아 군대에 속수무책으로 무너졌다. 또 다른 이유로 페르시아 지휘관들의 무사안일주의를 지적할 수 있다. 오랫동안 무적의 제국으로 군림하면서 이렇다 할 도전을 겪어보지 못한 페르시아 군대의 지휘관들은 처음에 마케도니아의 공격을 대수롭지 않게 여겼다. 그러다 막상 마케도니아 군대의 공격에 당면하게 되자 혼란에 빠졌으며, 패전을 계속하면서 정신적으로 무기력하게 된 것이다.

알렉산드로스 대왕의 정복 전쟁은 전통적인 군사적 방식으로는 쉽게 설명할 수 없는 복잡하고 미스터리한 면이 많다. 앞서 기술한 것과 같이 정신적인 측면을 부각하는 이유도 여기에 있다. 마케도니아 군대의 팔랑크스 전술이나 무기 등은 페르시아 지휘관들도 이미 이전의 전쟁에서 경험했던 것들이었다. 따라서 이런 마케도니아 군대의 전술적 부분이나 전략적인 우수성만으로 알렉산드로스 정복 전쟁의 수수께끼를 풀어가는 데는 한계가 있다.

32세의 나이에 꺾여버린
광활한 제국 형성의 야망

시리아, 이집트, 페르시아를 점령한 알렉산드로스는 기원전 326년, 인도 침략을 개시했다. 알렉산드로스에겐 불행하게도 이 침략 전쟁이 그의 마지막 전쟁이 되었다. 알렉산드로스는 왜 인도를 침략했을까? 일차적인 이유는 전쟁의 관성 때문이었다. 승리에 승리를 더하며 아랍 세계를 정복한 알렉산드로스는 정복 전쟁을 멈추기가 힘들었다. 인도는 오랫동안 그리스인들에게 금은보화가 가득한 환상의 지역으로 알려졌다. 게다가 철학과 여러 사상에 관심이 많았던 알렉산드로스는 인도의 신비한 종교와 사상 등에 대한 호기심 때문에 동방으로의 행진을 멈출 수가 없었던 것이다.

하지만 지금의 펀자브 지역인 인도의 서북부를 침략한 알렉산드로스는 만만치 않은 저항에 맞닥뜨렸다. 포루스 왕의 군대는 잘 훈련되었으며 용맹했다. 습지와 진흙에 익숙하지 않았던 알렉산드로스의 군대는 코끼리 부대의 공격과 같은 예상치 못한 적의 전술에 당황할 수밖에 없었다. 험난한 지형지물과 세찬 인도 군대를 밀치며 인더스강의 지류인 수틀레지강까지 진군할 수는 있었지만, 알렉산드로스 군대는 점점 지쳐가고 있었다. 오래 전 고향을 떠나온 군인들은 향수에 젖기 시작했고, 전쟁을 그만하고 고향으로 돌아가자고 요구했다. 일종의 '군대 파업' 상황에 직면한 알렉산드로스는 할 수 없이 철군을 결정했고, 지금의 이라크 지역인 바빌론으로 돌아왔다.

그 후 얼마 지나지 않아 알렉산드로스는 알 수 없는 병으로 시름시름 앓다가 기원전 323년 6월 10일 혹은 11일, 32세의 나이에 느부갓네살 2세의 바빌론 궁전에서 사망했다. 젊은 나이에

히다스페스 전투의 '전투 코끼리'를 묘사한 그림. 기원전 324년 인도를 침략한 알렉산드로스의 군대는 낯선 지형과 코끼리 부대 같은 예상치 못한 인도군의 공격으로 점점 지쳐갔다.

다 아프리카까지 포함한 광활한 제국 형성에 대한 야망을 갖고 있었던 터라 그의 갑작스러운 죽음은 많은 의문을 낳았다. 그렇지만 그의 병세를 놓고 볼 때, 그는 일종의 풍토병인 말라리아에 걸려 사망한 것으로 보인다.

알렉산드로스의 사망과 함께 마케도니아 제국도 급속히 쇠락했다. 알렉산드로스가 구축한 광대한 제국은 알렉산드로스의 후계자를 자처하는 장군들 간의 세력 다툼과 전쟁으로 말미암아 분할되고 약화되었다. 그러다가 기원전 3세기 후반에 결국 멸망하고 말았다.

위대한 영웅인가, 정복에 눈먼 전쟁 광인인가?

알렉산드로스가 역사에 남긴 유산은 막대하다. 그가 구축한 제국은 지금까지도 역사상 가장 광대한 제국이었다. 이후 정복욕에 사로잡힌 사람들에겐 알렉산드로스가 영웅이며 우상이었고, 알렉산드로스 대왕이 구축한 제국을 이상적인 제국의 모델로 삼았다.

알렉산드로스 대왕은 또한 헬레니즘(알렉산드로스 대왕의 제국 건설 이후, 그리스 문화와 오리엔트 문화가 서로 영향을 주고받아 질적 변화를 일으키면서 새로 나타난 문명) 시대를 연 인물로 추앙받고 있다. 그리스 문명과 페르시아 문명의 혼합으로 사실상 최초의 세계화의 초석이 된 헬레니즘이 알렉산드로스 대왕의 정복이 낳은 가장 큰 역사적 유산이라는 것이다. 알렉산드로스는 20개 이상의 도시를 세웠는데, 가장 유명한 도시가 이집트의 알렉산드리아이다. 알렉산드로스의 정복으로 말미암아 헬레니즘 문명은 이집트와 아라비아, 그리고 인도에까지 영향을 미쳤으며, 정복한 지역의 문화가 역으로 그리스로 유입되면서 지금의 용어로 얘기하면 최초의 세계화 시대를 열었다.

그렇지만 헬레니즘은 서양이 만들어낸 것이다. 문화의 교섭은 주로 그리스의 유럽 문화가 동방으로 전달되는 것에 초점이 맞춰졌지, 그 반대는 아니다. 헬레니즘은 이후 로마 제국을 거치면서 알렉산드로스 대왕의 우상화와 함께 유럽 자부심의 근간이 되었다. 15세기 중반 비잔틴 제국이 멸망할 때까지 그리스어, 즉 헬라어가 지배적인 언어가 되면서 헬레니즘은 불변한 역사적 사실로 자리를 잡을 수 있었다.

게다가 헬레니즘이라는 용어는 19세기 독일 역사가, 요한 구스타프 드로이젠에 의해서 사용되면서 오늘날까지 역사의 정설로 각인되었다. 드로이젠은 다분히 유럽 중심주의 전통의 계승자였다. 그의 역사 서술에서는 그리스와 알렉산드로스 대왕의 위대함이 중심이었고, 다른 문명은 변방일 뿐이었다. 드로이젠은 이전의 유럽인들이 그랬듯이 알렉산드로스의 정복이 낳은 야만적인 만행이나 그가 상대했던 다른 문명에 대해서는 서술이

현재 이란의 주요 관광지로 남아 있는 페르세폴리스. 페르세폴리스는 기원전 518년부터 건설된 고대 페르시아의 수도이다. 기원전 333년경 알렉산드로스 대왕의 침입으로 최후를 맞았다.

인색했으며, 오직 그가 행한 오늘날의 다문화주의적인 요소만을 축출해서 그를 헬레니즘의 시조로 영웅화시켰다.

만약 알렉산드로스가 문명의 융합과 융화에 지대한 영향을 미쳤다면, 적어도 지금의 아랍 문화권에 있는 사람들이나 인도 지역 등에서도 알렉산드로스에 대한 우호적인 시각이 존재해야 마땅하다. 하지만 현실은 그렇지 않다. 오히려 알렉산드로스 통치 기간이나 그 이후에 이집트, 페르시아 왕국, 유대, 아프가니스탄, 인도 등 거의 모든 지역에서 알렉산드로스는 영웅보다는 그

냥 정복에 눈이 먼 전쟁 광인으로 기억된다. 심지어는 악마의 화신으로 받아들여지고 있다.

알렉산드로스가 방화로 완전히 폐허로 만들어버린 페르시아의 수도이자 최대 신전이었던 페르세폴리스는 현재 이란의 주요 관광지로 남아 있지만, 그것은 이란의 아픈 역사이자 서양에 대한 증오의 상징이 되었다. 알렉산드로스가 점령했던 지역들은 인종, 민족, 종교적으로 더욱 세분화되었고, 분파적으로 갈라졌으며, 서로 간의 증오가 더욱 격화되었다.

알렉산드로스의 정복 전쟁은 인류가 과연 전쟁으로 이상적인 문명의 교섭을 이뤄낼 수 있는가에 대한 근본적인 의문을 제기한다. 그 당시는 전쟁이 아니더라도 무역과 통상 등의 교류로 서로를 알아가고, 필요에 따라 서로의 문물을 수용하고 변용하고 있었다. 물론 많은 세월을 필요로 했지만, 서서히 점진적으로 그런 방향으로 가고 있었다. 그 역사의 순방향을 알렉산드로스가 엉망으로 만들고 말았다.

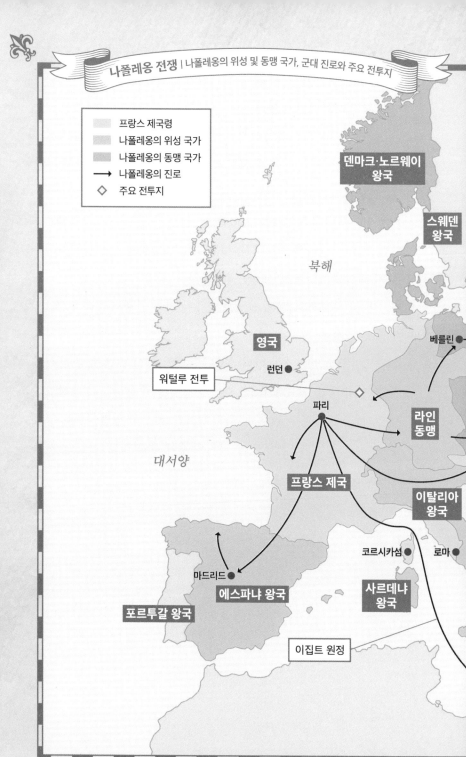

나폴레옹 전쟁 | 나폴레옹의 위성 및 동맹 국가, 군대 진로와 주요 전투지

프랑스 제국령
나폴레옹의 위성 국가
나폴레옹의 동맹 국가
→ 나폴레옹의 진로
◇ 주요 전투지

덴마크·노르웨이 왕국

스웨덴 왕국

북해

영국

베를린

런던

워털루 전투

파리

라인 동맹

대서양

프랑스 제국

이탈리아 왕국

코르시카섬   로마

마드리드

에스파냐 왕국

사르데냐 왕국

포르투갈 왕국

이집트 원정

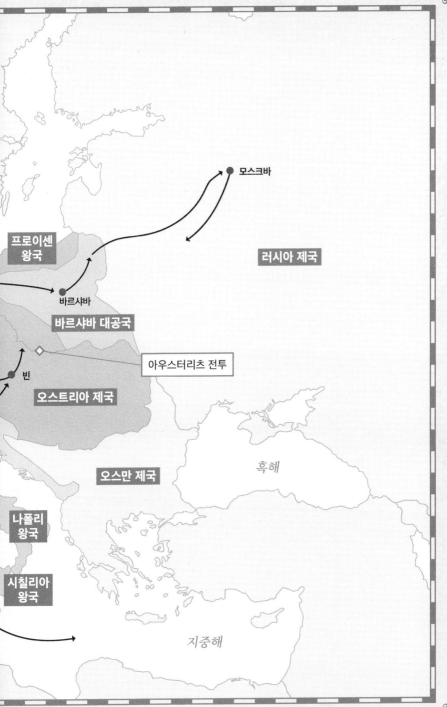

♟ 나폴레옹 전쟁 연표 ♟

1789년	프랑스 혁명 발발
1792년	유럽연합 전선 구축
1798년	나폴레옹의 이집트 원정
1799년	나폴레옹의 쿠데타 시작
1803년	유럽 정복 전쟁 개시
1804년	나폴레옹 황제 즉위
1805년	아우스터리츠 전투
1808년	조지프 보나파르트 스페인 왕 즉위
1812년	러시아 원정 시작
1814년	파리 함락, 나폴레옹 퇴위
1815년	워털루 전투, 나폴레옹의 세인트헬레나 섬 귀양

훗날 대재앙으로 이어진
민족주의 물결의 시작

나폴레옹 전쟁
1803~1815

1789년 7월 14일, 프랑스 혁명이 발발했다. 민주주의를 놓고 볼 때 세계사는 프랑스 혁명 이전과 이후로 구분할 정도로 프랑스 혁명이 역사에서 차지하는 위상은 독보적이다. 르네상스부터 시작된 서양 근대의 움직임은 거의 다 직간접적으로 프랑스 혁명의 배경이었다. 모든 것이 프랑스 혁명이라는 거대한 댐을 향한 크고 작은 물줄기라 할 수 있다.

절대왕권을 견제하며 의회 민주주의의 초석을 쌓았던 것은 프랑스 혁명이 발발하기 100년 전 영국에서 일어난 명예혁명이었다. 자유와 평등의 계몽주의 사상이 최초로 정치적 변혁에 적용된 것은 프랑스 혁명보다 10여 년 전에 일어난 미국의 독립 혁명이다. 하지만 절대왕권을 비롯한 앙시앵 레짐(프랑스 혁명 때 타도의 대상이 된 정치·경제·사회의 구체제), 즉 구제도의 모순 전반에 대한 대대적인 반발은 프랑스 혁명으로 폭발했고 혁명의 파장은 유럽 전체를 뒤흔들었다.

거대한 소용돌이는 유럽을 혼란으로 몰고 갔다. 절대왕정의 마지막 군주 루이 16세가 단두대의 이슬로 사라졌고, 말도 많았던 왕비 마리 앙투아네트 역시 왕의 운명을 뒤따라갔다. 왕과 왕비를 죽여야 하느냐 살려야 하느냐를 놓고 프랑스 국민은 갈라졌고, 혁명 세력들 간에도 분열이 생겼다. 서로가 죽고 죽이는 '공포정치'가 뒤따랐다. 적어도 1만 6,000명의 목숨이 단두대에서 잘려나갔다.

프랑스 혁명을 지켜보는 이웃 국가들은 혁명의 불똥이 그들에게 떨어질까 두려워서 연대하기 시작했다. 오스트리아, 프로이센, 스페인, 포르투갈, 영국, 그리고 이탈리아 왕국들이 연합해서 혁명기의 프랑스를 압박했다. 이런 외부의 위협 속에서 혁명이 어느 방향으로 갈지, 어떻게 끝날지 한 치 앞을 내다볼 수 없는 혼란의 시대에 프랑스 국민들은 불안에 떨었다.

혼란의 프랑스에 태어난
위대한 혁명의 영웅

이 혼란과 불안의 시기에 나폴레옹이 등장했다. 나폴레옹 보나파르트가 프랑스 출신이 아니고 지중해의 코르시카 출신인 것은 프랑스인들에게 문제가 되지 않았다. 프랑스 혁명이 발발하기 22년 전에 코르시카는 프랑스 영토가 되었고, 그 다음 해에 나폴레옹이 태어났다. 나폴레옹은 공식적으로 프랑스 시민으로 태어난 것이다. 프랑스인들에게 중요한 것은 나폴레옹의 출신이나 신분이 아니라 그가 혼란기에 전쟁의 영웅이란 점이었다. 과연 그가 실제로 어느 정도의 위대한 군인이었으며, 어떤 전투에서 어떻게 승리를 거머쥐었는가도 그렇게 중요하지 않았다. 중요한 것은 그가 이탈리아 전투와 이집트 전투 등에서 남긴 승전보였다.

혁명기의 혼란 속에서 프랑스 국민들에게 나폴레옹이란 이름은 새로운 희망과 우상으로 부상하기 시작했다. 거리에서, 주막에서, 그리고 정치권에서 그가 세운 무용담이 급속도로 전파되었으며, 그의 인기는 눈덩이처럼 커져 갔다. 대중들이 나폴레옹을 부르짖자 정치가들과 외교관 등 영향력 있는 프랑스의 인사들이 나폴레옹에게 다가왔다. 함께 혼란을 끝내고 프랑스 혁명을 완성하자고 그에게 속삭였다.

인기를 실감한 나폴레옹 역시 자신의 군사적 성과를 과대 포

〈알프스를 넘는 나폴레옹〉 자크 루이 다비드. 1800년 나폴레옹이 북부 이탈리아를 침략하기 위해 군대를 이끌고 알프스 산맥을 넘었던 사건을 기념하는 그림.

장하며 존재감을 드높였다. 1799년 이집트 원정에서 돌아온 나폴레옹은 프랑스에서 영웅으로 환영받았다. 정치 작가이자 운동가인 시에예스, 외교관 탈레랑 등 영향력 있는 프랑스 정치인들이 그에게 접근했다. 1799년 11월 9일 쿠데타가 시작되었다. 쿠데타 직전 나폴레옹의 아내 조제핀은 그에게 "쿠데타로 인해 우리는 생클루 성에서 잠을 자게 되거나 단두대에 직면할 것"이라고 말했다. 운명은 나폴레옹의 편이 되었다. 프랑스 혁명은 끝이 났고, 나폴레옹은 생클루 성에서 잠을 자게 되었다. 그의 천하가 시작되었다.

시민혁명을 이끈 영웅의 배신, 황제가 된 나폴레옹

나폴레옹의 통치 기간에 유럽은 수많은 전쟁에 휘말리게 되었고, 그 전쟁의 중심에 나폴레옹이 있었다. 그렇기에 역사는 이를 '나폴레옹의 전쟁'이라고 기록한다. 하지만 바람직한 용어는 '나폴레옹 시대의 전쟁'일 것이다. '나폴레옹의 전쟁'은 나폴레옹이 일으킨 전쟁이라는 뉘앙스가 강하고, '나폴레옹 시대의 전쟁'은 나폴레옹이 통치하던 시대와 당시 유럽의 정치적 환경이 엮여 있는 전쟁이라는 의미를 내포하고 있기 때문이다.

프랑스 혁명이 발발하면서 이미 유럽은 전쟁의 소용돌이에 빠졌다. 군주제 국가에게 공화정은 두려운 존재였다. 특히 미국의 독립은 유럽 군주제 국가들에게 충격을 주었다. 이제 미국의 독립 정신을 이어받아 유럽 절대왕권의 중심이라 할 수 있는 프랑스까지 혁명에 휩싸였으니, 군주제 국가들은 혁명의 파장이 그들에게 다가올까 봐 노심초사했다.

프랑스 혁명이 발발하고 3년이 지난 1792년, 오스트리아와 프로이센은 프랑스에 대항해서 연합 전선을 구축했다. 1793년 초에 루이 16세가 처형되자 영국, 스페인, 포르투갈, 네덜란드가 연합 전선에 합류했다. 1798년에는 영국, 오스트리아, 러시아, 포르투갈, 나폴리, 오스만 제국, 여러 게르만 군주국이 연합해서 프랑스에 대항했다. 이러한 위협 속에서 나폴레옹은 프랑스 국민들의 지지를 얻어내 쿠데타에 성공하게 된 것이다.

쿠데타로 정권을 잡은 나폴레옹은 1803년부터 유럽 정복 전쟁을 개시했다. 나폴레옹은 프랑스 혁명의 이상을 유럽에 전파하기 위한 성스러운 전쟁이라고 했지만, 그것은 전쟁의 명분일 뿐이었다. 1804년 그는 황제로 즉위했다. 이것은 프랑스 절대왕권을 무너뜨리고자 했던 프랑스 혁명 원래의 목적에서 벗어난 것이었다. 하지만 나폴레옹은 혼란한 프랑스 내외적 상황에서 권력의 입지를 다질 필요가 있다고 판단했고, 황제의 깃발을 내걸고 프랑스 혁명을 위한다는 성전을 감행했다.

신분제에서 능력제 군대로,
탁월한 전략과 리더십의 승리

    나폴레옹 군대는 연전연승 가도를 달렸다. 순식간에 유럽 대부분이 나폴레옹의 말발굽 아래 짓밟혔다. 나폴레옹은 탁월한 전략과 군대를 다루는 리더십의 소유자였다. 그는 전쟁이 프랑스 혁명의 이상을 다른 국가들에 전파하는 것임을 강조하며 군인들에게 끊임없이 성취동기를 불어넣었다. 다른 유럽 군인들과는 달리 프랑스 군대는 인민의 군대였기에 군인들은 프랑스 혁명의 이상에 고무되었으며 애국심이 하늘을 찔렀다. 게다가 다른 유럽의 군대들과는 달리, 나폴레옹은 지휘관들을 혈통에 근거하지 않고 각자의 능력에 따라 승진시키고 배치했기에, 군인들의 성취동기도 컸다.

    전쟁에서 신분제가 사라지자 지휘관과 사병들은 함께 생활하며 진격하는 동료가 되었으며, 이는 나폴레옹 군대가 자랑하는 기동성에 지대한 영향을 미쳤다. 가장 좋은 예가 1805년 12월 아우스터리츠 전투에서 나폴레옹이 오스트리아와 러시아의 동맹군을 격파한 것이다. 현재의 슬로바키아의 슬라프코프에서 벌어진 이 전투에서 나폴레옹은 일부 군대를 후퇴시켜서 적군들을 안심시켰다. 그런 다음 적군의 포위망이 느슨해진 틈을 타 동맹군의 중앙을 기습 공격해 대승을 거두었다. 이는 나폴레옹 병사들이 나폴레옹의 지휘에 따라 신속하게 이동할 수 있었기 때문

〈아우스터리츠 전투의 나폴레옹〉, 프란시스 제라드. 나폴레옹은 아우스터리츠 전투에서 오스트리아와 러시아의 동맹군을 격파했다.

에 가능했던 것이다. 이 승리로 나폴레옹은 아무런 저지를 받지 않고 오스트리아의 수도 비엔나를 점령할 수 있었다.

나폴레옹 군대는 탁월한 기동성에다 막강한 포병을 갖추었다. 나폴레옹 자신이 포병 장교 출신이기에 포병을 적극적으로 활용했다. 전통적으로 대포는 적군으로부터 아군을 보호하기 위해 방어적으로 사용되었는데, 나폴레옹은 적군의 전열을 흐트러뜨리며 빠르게 보병을 진격시키기 위해 포병을 공격적으로 활용했다. 대포를 말에 묶어서 빠른 속도로 이동시키고, 포탄을 비슷한 곡선으로 예측 가능하게 투하하기보다는 다양한 포물선으로 투하해서 적군을 혼란에 빠뜨렸다. 그런 다음 기병과 보병을 신속하게 적진에 투입해 승리를 쟁취하는 전략이 주효했다.

60만 대군은 왜
러시아 원정에 참패했나

나폴레옹의 자신감은 이내 자만심으로 변질되었고, 이는 그의 몰락으로 이어지고 말았다. 유럽 대륙의 서쪽 끝과 동쪽 끝에서 나폴레옹 제국의 균열이 시작되었다. 1808년 나폴레옹은 그의 형 조지프 보나파르트를 스페인의 왕위에 앉히고 약 12만 명의 대군을 스페인에 보내 그의 통치를 보위하려고 했다. 이는 단순히 스페인을 장악하려는 그의 야심 때문만은 아니었고, 군사적으로도 필요한 조치였다. 프랑스가 스페인을 포함한 이베리아반도를 영향권에 두지 않으면 그곳의 항구를 통해 영국이 반격을 가할 것이며, 영국의 침투를 막지 못하면 그의 제국은 불안할 수밖에 없었다.

하지만 나폴레옹은 스페인 민중들의 독립에 대한 의지를 간과했다. 스페인 민중들은 나폴레옹의 꼭두각시 정권과 프랑스 군대에 사력을 다해 저항했다. 그들은 독립을 향한 강한 정신력을 바탕으로 게릴라 전술을 쓰며 프랑스군을 쉬지 않고 압박했다. 나폴레옹은 이를 '스페인의 종양'이라고 했다. 그 종양은 끊임없이 나폴레옹을 괴롭혔고, 나폴레옹은 그것을 제거하기 위해 대규모 군대를 동원했지만 효과를 보지 못했다. 결국 '스페인의 종양'은 흔들리는 나폴레옹 제국에 빠르게 전이되고 말았다.

동쪽 끝에선 러시아가 나폴레옹의 심기를 건드렸다. 1806년 나폴레옹은 영국을 압박하기 위해 유럽 대륙과 영국의 통상을 금지하는 대륙봉쇄령을 내렸지만, 러시아의 알렉산드르 1세는 1810년 대륙봉쇄령을 거부하고 영국과의 통상을 재개하겠다고 선포했다. 1812년 나폴레옹의 러시아 원정이 시작되었다.

6월 22일 나폴레옹은 총 60만 명의 병력을 동원해 러시아 원정길에 나섰다. 프로이센과 오스트리아 등으로부터 지원병을 받았지만, 45만 명은 프랑스 정규군이었다. 이런 대군으로 나폴레옹은 러시아를 쉽게 정복하리라고 예상했다. 예상대로 약 3개월 만에 나폴레옹 군대는 모스크바에 입성했다. 그런데 그들이 목격한 것은 싸움을 준비하는 러시아 군대가 아니라 불타는 모스크바였다. 러시아가 퇴각하면서 모스크바에 불을 질러버린 것이다. 이 화재로 모스크바의 4분의 3이 잿더미로 변하고 말았다.

모스크바를 점령해서 그곳에서 식량을 획득할 것으로 기대한 나폴레옹 군대는 아무것도 건지지 못하고 배고픔에 떨었다. 게다가 더 무서운 것이 기다리고 있었다. 바로 러시아의 추위였다. 10월부터 사나운 러시아의 추위가 시작되었고, 11월 초부터 눈이 내리기 시작했다. 여름 복장으로 전쟁에 참여했던 군인들은

〈나폴레옹의 모스크바 철군〉, 아돌프 노르텐. 1812년 러시아 모스크바에서 철군하는 나폴레옹의 군대. 프랑스군은 배고픔보다 더 무서운 러시아의 추위를 견뎌야 했다.

겨울 보급품을 제대로 갖추지 못한 상태에서 혹독한 러시아의 겨울을 견뎌야만 했다. 나폴레옹은 퇴각을 결심했지만, 그의 군대는 추위와 배고픔으로 매일 수백 명이 쓰러졌다. 간헐적인 러시아군의 게릴라 공격으로 사상자가 불어났다. 프랑스에 돌아간 군인들의 숫자는 고작 10만 명뿐이었다.

이 틈에 프로이센과 오스트리아 등 프랑스의 동맹국들이 나폴레옹에게 반기를 들기 시작했고, 결국 1814년 1월, 동맹군은 파리를 함락하고 그해 4월 나폴레옹을 퇴위시켜 엘바섬으로 유배를 보냈다. 다음 해 3월 나폴레옹은 다시 파리로 돌아와 권력과 제국을 되찾으려 했지만, 워털루 전투의 패배로 그의 100일 천하는 끝이 났다. 그는 세인트헬레나섬으로 귀양을 떠나게 되었고, 나폴레옹 전쟁이 종지부를 찍었다.

야만적인 약육강식의
시대로 들어선 유럽

프랑스 혁명과 나폴레옹 전쟁은 유럽의 질서에 크나큰 변화를 가져왔다. 유럽은 다시 옛날로 돌아갈 수 없었다. 혁명은 새로운 사상을 분출시켰다. 자유와 평등, 그리고 박애의 새로운 가치관은 나폴레옹의 마차와 수레를 타고 순식간에 유럽에 옮겨지기 시작했다. 이는 또한 전쟁 기간에 형성된 유럽의 민족주의를 자극하게 되었다. 민족주의는 두 방향에서 형성되기 시작했는데, 하나는 통합이요, 다른 하나는 해체였다.

통합은 혼란 기간에 같은 언어와 문화 등을 공유하고 흩어진 왕국들이 하나로 결집하게 된 것이다. 그 대표적인 곳이 독일과 이탈리아였다. 나폴레옹이 탄생시킨 라인 연방을 중심으로 그동안 300개 이상의 소공국으로 흩어져 있던 독일이 결집하기 시작했다. 독일 통일의 첫 단추가 끼워진 것이다. 이탈리아도 마찬가지였다. 그동안 수많은 소왕국으로 나뉘어 있던 이탈리아는 나폴레옹의 통치 기간에 그들의 민족적 정체성을 확인하며 통일

운동을 전개하기 시작했다.

민족주의는 또한 기존 질서의 해체로 이어지기도 했다. 그 대표적인 것으로 노르웨이와 핀란드가 독립국으로 등장했다. 스페인 역시 나폴레옹 전쟁으로 해체의 길에 접어들었다. 아메리카 대륙에 구축했던 스페인의 식민지들이 독립운동을 전개하고 나섰다. 미국 혁명에 이어 프랑스 혁명에 따른 자유와 평등의 가치는 대서양을 건넜고, 스페인이 나폴레옹의 통치를 받으며 흔들리자, 스페인의 식민지들이 독립운동을 전개한 것이다.

오스만 제국 역시 나폴레옹 전쟁으로 속주에 대한 지배력을 잃게 되었다. 나폴레옹의 이집트 원정으로 말미암아 이집트는 사실상 준독립국이 되었고, 민족주의 열풍이 발칸반도에 불기 시작하면서 이 지역에 대한 오스만 제국의 영향력은 급속히 위축되기 시작했다. 오스만 제국이 물러나면서 이 지역은 러시아와 영국, 그리고 오스트리아의 각축장이 되었고, 민족주의 운동이 격화되면서 발칸반도는 혼란과 격랑의 중심지가 되었다. 이는 20세기에 들어서서까지 계속되었고, 세계대전의 빌미를 제공하기에 이르렀다.

나폴레옹 전쟁의 가장 큰 수혜자는 영국이었다. 나폴레옹 전쟁은 역사의 큰 흐름에서 보면 세계사의 주도권을 놓고 벌인 영국과 프랑스 간의 세력 다툼이었다. 전쟁이 장기화되면서 양국은 통상권 쟁취를 위해 필사적으로 싸웠다. 프랑스는 영국의 대륙 접근을 막으려고 대륙봉쇄령을 내렸고, 영국은 중립국 선박

나폴레옹이 귀양지인 세인트헬레나섬에서 머문 롱우드 하우스.

이 프랑스와 통상을 하지 못하도록 해상을 봉쇄했다. 단기적으로 나폴레옹 전쟁으로 영국의 경제는 막대한 피해를 입었고, 사회와 경제 전반에 혼란이 뒤따랐지만, 장기적으로는 전쟁 수행을 위해 더 많은 식민지가 필요하다고 판단하여 더욱 공격적인 식민정책을 펴게 되었다. "희망봉부터 혼곶까지"는 영국 제국주의의 새로운 모토가 되었다. 다른 유럽 국가들도 앞다퉈 영국을 모방하기 시작했고, 이내 세계는 뺏는 자와 뺏기는 자의 약육강식의 시대로 들어가고 말았다.

프랑스 혁명의 이념을 대륙에 확산시킨다는 명분을 내걸고 나폴레옹은 유럽 정복 전쟁을 시작했다. 나폴레옹이 진정으로 혁명의 이념에 경도된 혁명가인가, 권력욕과 정복욕에 사로잡힌 독재자인가에 대한 논쟁은 역사의 계속된 쟁점이다. 어떻든 자유, 평등, 박애의 가치로 새로운 문명사회를 만들고자 했던 나폴레옹의 전쟁은 결과적으로 야만의 시대를 예고하고 말았다. 세력균형은 결국 이룰 수 없는 허상이 되었고, 민족주의는 훗날 더 큰 재앙을 낳았다. 민족의 위대함을 드높이려는 민족주의는 유럽을 약육강식의 야만의 시대에 들어서게 했다. 물론 큰 역사의 흐름에서 프랑스 혁명의 이상은 시대의 대세였지만, 과연 그 많은 혼란과 인간의 목숨을 담보로, 그것도 전쟁이라는 무력의 힘을 빌려서 펼쳐야만 했는가 하는 의문을 낳는다.

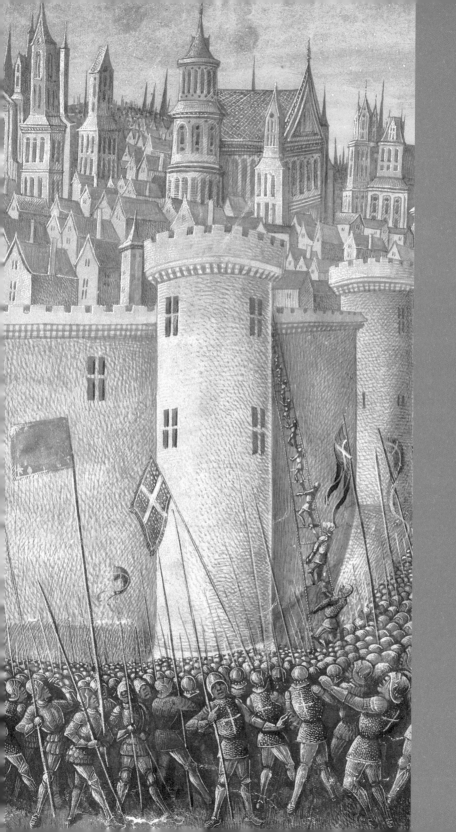

PART 04

종교의 탈을 쓴
잔혹한 권력 다툼

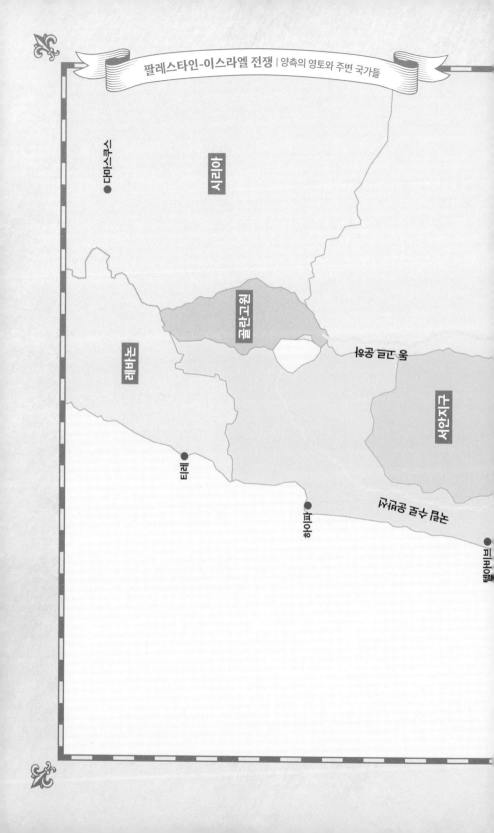

팔레스타인-이스라엘 전쟁 | 양측의 영토와 주변 국가들

시리아

● 다마스쿠스

골란고원

레바논

요르단 공화국

● 티레

● 하이파

● 텔아비브

서안지구

요단 서쪽 공화국

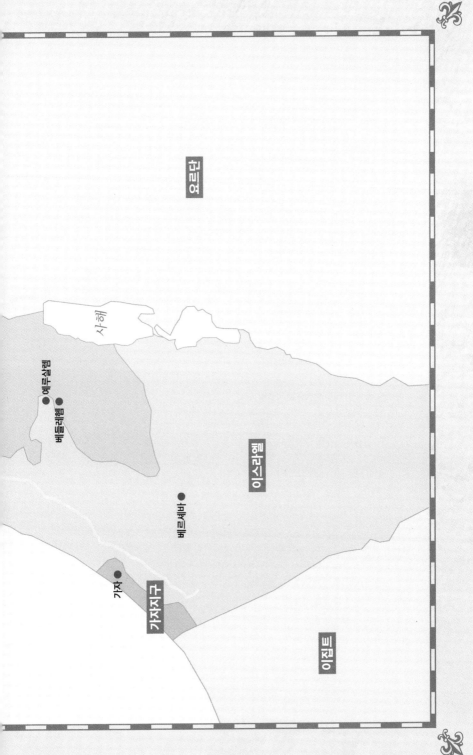

팔레스타인-이스라엘 전쟁 연표

기원전 3000년경	가나안 사람들, 팔레스타인 정착 시작
기원전 957년	솔로몬 대왕, 예루살렘에 유대인 성전 설립
135년	로마제국, 독립 전쟁을 벌인 유대인들을 예루살렘에서 쫓아냄
16세기 초	오스만 제국, 팔레스타인 지배 시작
19세기 후반	팔레스타인에 순수 유대인 국가가 필요하다는 시오니즘 확장
1917년	밸푸어 선언
1948년	유대인, 이스라엘 국가 건립 선포 제1차 중동전쟁
1964년	팔레스타인해방기구PLO 창설
1967년	이스라엘-아랍 국가, 6일 전쟁 발발, 유엔 결의안 242 통과
1987년	1차 인티파다 발발
1993년	1차 오슬로 협정
1995년	2차 오슬로 협정, 이스라엘 총리 암살
2000년	2차 인티파다 발발

유대인 vs 아랍인,
꺼지지 않은 중동의 화약고

팔레스타인-이스라엘 전쟁
1948~현재

　팔레스타인은 지중해와 요르단강 사이에 위치한 영토로서 현재 이스라엘과 팔레스타인의 땅이다. 북쪽으로는 지중해와 유럽, 남쪽으로는 아랍 세계, 동쪽으로는 소아시아, 서쪽으로는 이집트와 북아프리카를 연결하는 지점에 위치한 문명의 교차로라고 할 수 있다.

　기원전 3,000년경부터 그 교차로에 가장 먼저 정착한 사람들은 고대 셈족의 일부였던 가나안 사람들이었다. 이후 여러 민족이 그곳에 삶의 터를 잡았는데, 그중에 가장 독특한 민족이 유대인이었다. 구약성경에 의하면, 이집트에서 노예 생활을 하던 유

유대교, 기독교, 이슬람교 세 종교의 성지를 품은 예루살렘. '통곡의 벽' 뒤로 황금 돔의
모스크가 보인다.

대인들이 모세라는 지도자를 따라 이집트를 떠나 40년 동안 광
야에서 헤맨 후에 약속의 땅에 들어섰는데, 그곳이 요르단강 서
쪽 지역인 가나안이었다. 그들은 가나안을 신이 점지한 젖과 꿀
이 흐르는 땅이라고 여겼다.

　유대인들로서는 신이 약속한 축복의 땅에 도착했기에, 그 땅
에 대한 애정이 남달랐다. 그곳은 그들만의 땅이 되어야 했다. 유
대인들은 그들만이 축복받을 자격이 있음을 증명하기 위해서 토

착민들을 우상숭배를 하는 음란한 사탄으로 여기며 배척했다. 유대인들은 토착민들을 이방인이라고 불렀는데, 이들이 우리말 성서에서 블레셋 사람이라고 표기하는 팔레스타인 사람들이었다.

구약성경에 따르면 기원전 957년 솔로몬 대왕이 유대인 성전을 예루살렘의 시온산에 설립했다. 예루살렘은 이후 수차례 파괴와 재건을 거듭했고, 로마 제국에 편입된 뒤 기원후 73년 로마장군 티투스에 의해 파괴되었지만, 오늘날까지 서쪽벽인 '통곡의 벽'을 포함해서 유대교의 종교와 문화가 깃들어 있는 유대인의 성지이다.

또한 예루살렘은 기독교의 발상지이기도 하다. 로마 제국 시기, 예루살렘은 예수가 가르치고, 십자가에서 죽고, 부활 승천한 곳으로 알려진 기독교도의 성지였다. 기독교인들에겐 옛 골고다의 언덕에 세워진 성묘 교회가 가장 중요한 성지로서, 성지순례는 그들의 신앙에서 빼놓을 수 없는 종교 의례였다.

예루살렘은 무슬림의 성지이기도 하다. 이슬람 경전 코란에 따르면 예언자 무함마드가 메카에서 예루살렘으로 와 모리아 산에서 승천했다고 한다. 그래서 AD 691년 무슬림들이 무함마드가 승천했다고 믿는 곳에 황금 돔의 모스크를 세웠다. 예루살렘은 메카와 메디나에 이어 이슬람의 세 번째 성지가 되었다.

아브라함이 자신의 아들 이삭을 번제의 제물로 드리려고 했던 곳이고, 솔로몬이 성전을 설립했던 자리에 이슬람 모스크가 세워진 곳이며, 기독교도들이 숭상하는 예수의 흔적이 남아 있는 곳이 예루살렘이다. 유대교, 기독교, 무슬림 이렇게 3개 종교의 성지를 품고 있는 예루살렘이 과연 어떠한 운명을 맞게 될지를 예견하기란 어렵지 않을 것이다. 서로 다른 민족이 종교까지 다른 경우에 서로가 어떤 아픔을 주고받는지를 역사가 생생하게 증명해주기 때문이다.

팔레스타인 지역을 담보로 한
영국의 '이중 계약'

십자군 전쟁 시기를 제외하곤 예루살렘을 포함한 팔레스타인 지역은 기독교와 이슬람과의 심각한 대결장이 아니었다. 그곳에 가장 많이 거주했던 무슬림과 유대인들 사이에도 별다른 마찰이 없었다. 그러다가 135년 로마 제국이 그들에 대항하며 독립 전쟁을 벌였던 유대인들을 예루살렘에서 쫓아내는 사건이 벌어졌다. 쫓겨난 유대인들은 주로 유럽 전역에서 흩어져서 방랑 생활에 들어갔다. 유대인 디아스포라(흩어진 사람들이라는 뜻으로, 팔레스타인을 떠나 온 세계에 흩어져 살면서 유대교의 규범과 생활 관습을 유지하는 유대인)가 시작된 것이다. 유대인이 사라지면서, 팔레스타인 인구의 80% 이상이 무슬림이 되었고, 무슬림은 남아 있는 소수의 유대인들과 기독교도들을 박해하지 않았다. 모두는 평화롭게 공존했다. 16세기 초부터 팔레스타인을 지배한 오스만 제국은 대체로 팔레스타인 내의 자치를 허용하며 관용적인 통치를 했다.

19세기 후반에 들어서면서 이러한 분위기에 변화가 오기 시작했다. 유럽에 민족주의 광풍이 불기 시작했고, 그것이 가장 크게 불었던 곳이 오스트리아-합스부르크 제국이었다. 그곳에는 적어도 10개의 서로 다른 민족들이 그들 자신의 국가를 원하고 있었다. 이때 유대인들도 반유대주의의 핍박을 피하기 위해 유럽을 떠나 모국에 정착해야 한다는 소망을 품게 되었다. 유대인 언론인이었던 테오도르 헤르츨의 주도하에 팔레스타인에 순수한 유대인 국가를 건설하려는 운동, 즉 시온주의가 생성되고 확산되기 시작했다. 1881년 제정러시아에서 벌어진 유대인에 대한 조직적 학살의 영향으로 1882년 지금의 우크라이나 지역에 거주하던 3,000명 정도의 유대인들이 팔레스타인 중부로 건너와서 정착촌을 만들었다. 그 마을을 리숀레지온Rishon LeZion이라 했다. 히브리어로 '시온에 처음으로'라는 뜻이다. 글자 그대로 '시온에 처음으로' 유대인 정착촌이 들어선 것이다. 이후 꾸준히 유대인들이 팔레스타인으로 이주하기 시작했다. 특히 1905년 러시아 혁명의 실패 이후 러시아의 젊은 유대인들이 이주하기 시작하면서 팔레스타인에 유대인들이 늘어나기 시작했다.

제1차 세계대전이 발발하고 중동에서 오스만 제국의 영향력이 급속히 약화되자 시온주의자들은 전후 중동 지역에 가장 큰 영향력을 펼칠 영국에 협조하면서 그들의 이상을 실현하고자 했다. 유럽 전역에 퍼져 있던 유대인 공동체를 통해 독일에 관한 정보를 획득해야 했고, 영국 내외에서 유대인들의 재정적인 도움이 필요했던 영국 정부는 시온주의자들에게 팔레스타인에 그들의 국가가 들어설 수 있도록 도와줄 것을 약속했다. 그것이 1917년 영국 외무장관 A. J. 밸푸어가 발표한 밸푸어 선언이었다.

그런데 영국은 이에 앞선 2년 전 아랍인들에도 똑같은 약속을 했었다. 이집트 주재 영국 관료인 A. H. 맥마흔이 메카의 지배자인 샤리프 후세인에게 오스만 제국에 대항해서 반란을 일으키면 그에게 팔레스타인을 포함한 아랍 국가 통치권을 주겠다고 약속한 것이다. 팔레스타인 땅을 두고 영국이 한 일종의 '이중 계약'은 치명적인 비극을 초래하고 말았다.

제1차 세계대전의 패배로 팔레스타인에서 오스만 제국이 물러났고, 영국이 들어왔다. 영국은 유대인이나 아랍인들이 아직 독립 국가를 설립할 수 없다고 판단하고 팔레스타인을 직접 통치하겠다고 나섰다. 영국의 정책은 밸푸어나 맥마흔 선언에 따라 유대인과 아랍인을 '분할해서 통치'하는 것이었다.

하지만 영국의 분할통치는 현실적으로 불가능했다. 무엇보다도 급속도로 불어난 유대인 이주자로 인하여 팔레스타인에는 긴장이 증폭되고 있었다. 제1차 세계대전과 제2차 세계대전 사이에 팔레스타인의 유대인 인구는 32만 명으로 늘어났다. 이들은 기존에 거주하던 팔레스타인 사람들로부터 땅을 매입하고 농사를 지으면서 실질적으로 그들만의 공동체를 구축하고 확장해 나갔다. 이를 팔레스타인의 아랍계 민족주의자들이 가만히 보고 있을 리가 없었다. 자신들의 생활권이 점차 유대인들에게 잠식되자, 아랍인들은 유대인 배후에 영국이 있다고 보고 영국에 대항해서 반란을 일으켰다. 영국은 유대인 민병대의 협조를 받아 그 반란을 무자비하게 진압했다. 이후 영국은 아랍인들의 불평을 무마하기 위해 유대인 이주를 제한하고 10년 안에 아랍-유대인 연합 국가를 설립할 것이라고 약속했다. 그러자 이번에는 유대인들이 발끈했고, 약속을 깬 영국을 불신했다. 그 사이 유대인과 아랍인 간의 크고 작은 충돌이 빈번하게 일어났고, 수많은 희생자가 발생했다.

유대인들이 꿈꿔온 국가, 이스라엘의 탄생

제2차 세계대전 후 영국은 팔레스타인을 통치하는 것이 불가능하다는 것을 깨닫고, 그 문제를 갓 태어난 유엔에 넘겼다. 1947년 말, 영국은 유엔에 팔레스타인을 아랍인과 유대인 국가로 분할하는 것과 예루살렘을 국제사회가 관할하는 것을 제안했고, 유엔은 이를 받아들였다. 유엔은 유대인과 아랍인 국가의 영토를 같은 크기로 분할하면 문제가 없을 거라고 판단했다.

하지만 분할 계획이 발표되자마자 유대인과 팔레스타인 인근 아랍 국가들 간에 전쟁이 발발했다. 그러는 사이, 1948년 5월 유대인들은 이스라엘 국가 건립을 선포했다. 길게는 수천 년간 꿈꾸어왔던 유대인의 국가가 드디어 탄생했다. 유대인에겐 꿈이 이뤄진 역사적인 순간이었지만, 팔레스타인에 거주하던 아랍인들에겐 비극의 시작이었다.

제1차 중동전쟁에서 승리한 이스라엘은 유엔 계획보다 3분의 1이 더 많은 땅을 차지하게 되었다. 반면에, 요르단은 서안지구(웨스트뱅크)와 예루살렘 구 도시를 차지했고, 이집트는 가자 지구를 차지했다. 70만 명 이상의 팔레스타인 사람들은 그들의 모국을 떠나 인접 아랍 국가들로 피난을 떠났다. 이스라엘의 입장에서는 전쟁에서 승리함으로써 무력으로 독립을 확인한 '영광의 전쟁'이었지만, 팔레스타인의 입장에서는 대대로 살던 고향에서 쫓겨나게 된 '통곡의 전쟁'이었다.

이 한 번의 전쟁으로 팔레스타인 문제가 단번에 해결될 수는 없었다. 팔레스타인을 놓고 이스라엘과 아랍 국가들 간의 긴장은 계속해서 고조되었고, 물리적 마찰도 빈번해졌다. 결국 1967년 6월, 이스라엘과 아랍 국가들 간에 전쟁이 다시 발발했다. 6일 전쟁이라 불리는 전쟁에서 이스라엘이 승리했고, 이스라엘은 서안지구와 가자지구, 시나이반도, 그리고 골란 고원까지 차지하게 되었다.

전쟁에서 패배했지만, 인접 아랍 국가들과 팔레스타인 난민들이 이스라엘의 지배를 받아들일 리가 없었다. 아랍 국가들의 반이스라엘 정서는 더욱 증폭되었고, 팔레스타인 난민은 국제적 문제가 되었다. 팔레스타인의 화약고가 언제든 다시 폭발할 가능성이 높아지자, 결국 유엔이 나서서 1967년 11월에 결의안을 통과시켰다. 이 '유엔 결의안 242'는 향후 팔레스타인 지역의 평화를 위한 기본 프레임을 제공했다. 이스라엘은 전쟁으로 얻은 모든 영토를 반환하고, 모든 전쟁 당사자들은 팔레스타인에서 상대국의 주권과 정치적 독립을 위협하는 행위를 하지 않고 "안전하고 안정된 경계 내에서 평화롭게 살 권리를 서로 존중하고 인정"할 것을 요구했다.

과연 이러한 유엔 결의안으로 팔레스타인에 평화가 찾아왔을까? 이스라엘과 아랍 세력 간의 불신과 증오가 사라지지 않고 오히려 증폭되고 있던 상황에서 유엔 결의안은 제대로 효력을 발휘할 수 없었다. 각자의 주권과 독립을 존중한다고는 하지만, 세부적인 국경 문제와 민간인 거주 문제 등에서 서로 의견을 달리했기에 실질적인 평화는 요원할 수밖에 없었다.

무엇보다도 팔레스타인에 거주하는 아랍인들은 그들의 운명이 이스라엘과 다른 아랍 국가들에 의해 좌우되는 것을 좌시할 수 없었다. 팔레스타인 분리 독립을 위해 1964년에 창설된 무장단체인 팔레스타인해방기구PLO의 과격파들은 이스라엘에 대한 군사적 공격을 감행하면서 위기를 고조시켰다. 그럴 때마다 이스라엘의 잔인한 보복이 뒤따랐다. 그들은 "눈에는 눈 이에는 이"라는 구약성서의 원칙에 따라 타협하지 않았다. 팔레스타인은 도발과 보복으로 시작된 비극의 연쇄 잔혹사로 점철되었고, 시간이 가면서 그 비극은 더욱 증폭될 뿐이었다.

1980년대 후반에 들어서자, 팔레스타인 사람들은 최초의 인티파다(intifada, 1987년부터 시작된 이스라엘의 잔혹한 압제에 대항한 팔레스타인의 민중 봉기) 운동을 전개하며 팔레스타인 지역 내 아랍인 반란을 부추겼다. 이는 이스라엘 제품과 서비스에 대한 보이콧, 이스라엘 세금 거부 등을 포함하는 온건한 운동으로 시작

2023년 10월 11일 벨기에 브뤼셀, 이스라엘과 하마스 간 충돌 후 팔레스타인을 지지하는 시위.

했지만, 1990년대에 이르면서 이스라엘에 대항한 자살폭탄 공격과 같은 과격한 군사적 행동으로 이어졌다. 이스라엘이 강경 진압으로 맞서면서 1,000여 명의 팔레스타인 사람들이 희생을 당했다. 이스라엘 측의 사망자도 약 300명에 이르렀다.

오슬로 협정으로
평화를 향해 나아가다

1990년대 초에 팔레스타인 문제는 연일 세계적인 뉴스거리가 되었고, 국제사회의 개입을 바라는 여론이 높아갔다. 미국의 빌 클린턴 대통령의 중재로 1993년 9월 이른바 '오슬로 협정'이 체결되었다. 협정의 핵심은 서안지구의 도시 제리코에서 우선적으로 팔레스타인 자치를 허용하고, PLO를 팔레스타인 대표 기구로 인정하는 것이었다. 팔레스타인-이스라엘 문제를 두고 최초로 평화협정의 포문을 열었다는 점에서 국제사회의 기대가 컸다. 1994년 12월, 협상에 응한 이스라엘 총리 이츠하크 라빈과 이스라엘 외무장관 시몬 페레스, 그리고 PLO 의장 아라파트는 공동으로 노벨 평화상을 수상했다. 1995년 9월에 2차 오슬로 협정까지 맺어졌다. 이 협정은 1차 협정의 후속으로서 평화를 위한 구체적인 로드맵을 제시했다. 그중에 가장 중요한 것은 서안지구와 가자지구를 삼등분해서 팔레스타인 완전 독립 지구, 중간 독립 지구, 이스라엘 통치 지구로 분할함으로써 팔레스타인의 독립과 지역의 평화를 위한 발판을 마련한 것이었다.

PLO는 합법적인 팔레스타인 대표 기구로 인정을 받아 팔레스타인 자치 문제를 주도할 수 있어서 만족했고, 이스라엘 역시 인티파다의 혼란을 잠재울 수 있는 계기가 될 수 있어서 오슬로 협정에 대한 기대가 컸다.

오슬로 협정으로 노벨평화상을 공동 수상한 세 사람. 왼쪽부터 PLO 의장 아라파트, 이스라엘 외무장관 시몬 페레스, 이스라엘 총리 이츠하크 라빈.

하지만 팔레스타인-이스라엘 문제는 첫술에 배부르지 않으면 해결되기가 어렵다는 것이 문제였다. 민족, 종교, 난민 등으로 복잡하게 얽혀 있기 때문에, 일괄 타결이 아닌 점진적인 해결을 염두에 둔 임시방편적인 타결로는 양국 문제를 근본적으로 해결할 수 없었다. 예컨대, 가장 큰 문제 중의 하나가 서안지구와 가자지구에 있는 이스라엘 정착촌에 대한 것인데, 오슬로 협정에는 이 문제가 빠져 있었다. 더군다나 오슬로 협정으로 이 지역에 이스라엘의 정착촌이 두 배로 늘어나고 말았다. 이를 PLO 내부의 강경파들이 받아들일 리 없었다. 이스라엘 극우 과격파 역시 이 협정에 불만이었다. 이스라엘 정착촌에 대한 안전을 명확하게 보장하지 않았다는 것이다. 2차 오슬로 협정 체결 두 달 뒤인

1995년 11월 4일, 라빈 이스라엘 총리가 이 협정을 반대한 유대인 극우 단체에 의해서 암살되었다. 오슬로 협정은 사실상 실패했고, 팔레스타인 문제는 또다시 안개 속으로 빠져들었다.

눈물과 피의 흔적으로 얼룩진
팔레스타인의 오늘

　2000년 9월, 이스라엘 수상 후보 아리엘 샤론이 경호 목적으로 1,000명의 군경을 동원해서 예루살렘에 위치한 산성Temple Mount을 방문했다. 샤론은 '통곡의 벽'이 있는 유대인의 성지 방문이 문제될 것이 없다고 판단했지만, 그곳은 이슬람의 3번째 성지인 알아크사 모스크가 있는 곳으로 아랍인들을 자극하는 행동이었다. 이 방문으로 1차 인티파다보다 훨씬 과격한 2차 인티파다가 발발했다. 팔레스타인인 3,000여 명과 1,000여 명의 이스라엘인이 사망했다. 이후 지금까지 비슷한 상황이 반복되고 있고, 최근의 이스라엘-하마스 전쟁도 마찬가지이다.
　샤론의 산성 방문과 그로 인한 인티파다는 팔레스타인 문제에 대한 근본적인 해결책을 찾기가 얼마나 어려운지를 잘 보여준다. 팔레스타인이라는 문명의 교차로에는 눈물과 피의 흔적이 너무 진하게 배어 있다. 서로 다른 민족과 종교에 따른 아픔과 고통이 큰 만큼 치유를 향한 갈증도 더해 갔지만, 그럴수록 서로 간의 증오만 증폭될 뿐이었다. 게다가 문명의 교차로는 유대인과 팔레스타인 사람 간의 문제뿐만 아니라 기독교와 이슬람 간 문명 충돌의 최전선이 되면서 화해와 평화의 길과는 더욱 멀어지고 말았다.

이스라엘의 강력한 후원국으로서 세계화를 주도하고 있는 미국이 가장 크게 경계한 지역이 중동이다. 물론 정치, 경제적 이해관계로 인해 중동 국가들이 미국에 우호적인 곳과 그렇지 않은 곳으로 나뉘긴 하지만, 정치적 이해관계는 정서적 민감성보다 우선될 수가 없다. 팔레스타인-이스라엘 갈등의 근원인 이 정서적 갈등은 시간이 가면서 누그러지기보다는 더욱 악화되고 있다. 이는 단순히 종교적 갈등을 넘어서 가파른 세계화의 물결 속에서 피해를 보고 있다는 이슬람 세력과 어렵게 탄생시킨 그들만의 나라를 무조건적으로 지켜내야 한다는 유대인들의 다짐으로 인해 더욱 심화되고 있다.

1882년 유대인들이 팔레스타인에서 리숀레지온을 설립하는 순간 팔레스타인의 비극이 시작되었다고 생각하는 측과 그것이 지금까지 142년 동안 계속된 축복의 시작이었다고 믿는 측의 정서적 간극이 좁혀지지 않는 한 팔레스타인 문제의 해결은 요원할 수밖에 없다. 게다가, 팔레스타인-이스라엘 갈등이 이스라엘-아랍 갈등은 물론이고 서구 기독교 문명과 이슬람 문명 간의 갈등의 상징으로 굳혀지는 상황에서, 더더욱 갈등의 골은 깊어만 간다.

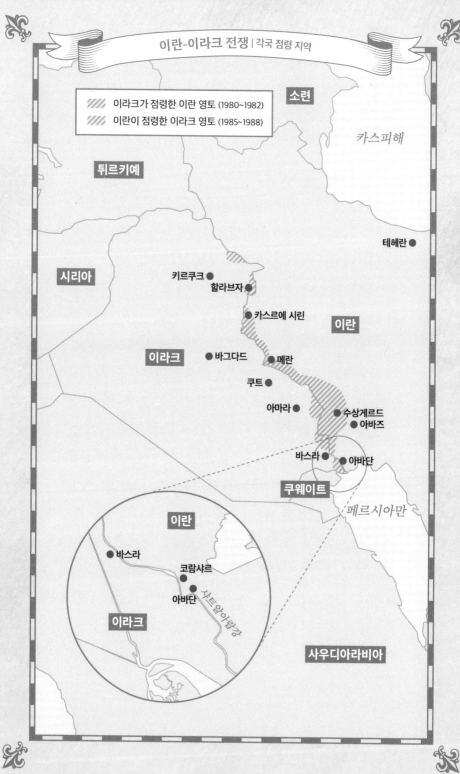

이란-이라크 전쟁 | 각국 점령 지역

//// 이라크가 점령한 이란 영토 (1980~1982)
//// 이란이 점령한 이라크 영토 (1985~1988)

소련

카스피해

튀르키예

시리아

테헤란 ●

키르쿠크 ●
할라브자 ●
카스르에 시린 ●

이란

이라크
● 바그다드
메란 ●
쿠트 ●
아마라 ●
● 수상게르드
● 아바즈
바스라 ● ● 아바단

쿠웨이트
페르시아만

이란
● 바스라
코람샤르
아바단
샤트알아랍강

이라크

사우디아라비아

♣ 이란-이라크 전쟁 연표 ♣

632년	무함마드 사망
처음 900년간	수니파 주도
16세기 초	사파비드 제국 융성, 소수파 시아파 세력 약진
1935년	페르시아, 이란 제국으로 국호 변경 팔레비 지도 아래 근대화 길에 들어섬
1975년	레바논 내전 발발
1978년	이란의 반정부 시위
1979년	이란 혁명 발발, 팔레비 망명, 호메이니가 신정정부의 수장이 됨
1980년	이란-이라크 전쟁 발발
1981년	이라크 화학무기 사용
1982년	라마단 작전 시작
1988년	휴전 협정 체결

수니파와 시아파가
무려 1,400년간 싸우는 이유

🏛 🗽 🎰 🌐 🌍

이란-이라크 전쟁
1980~1988

이슬람교를 따르는 무슬림은 크게 두 개의 종파, 수니파Sunni 와 시아파Shia로 나뉜다. 수니파는 '(무함마드의) 길'을 뜻하는 아 랍어 '순나'에서 유래했고, 시아파라는 용어는 "알리의 당파"라는 뜻의 아랍어 '시아투 알리'에서 유래했다. 이들 간의 차이는 아들 이 없던 무함마드의 계승자를 누구로 보느냐에 있다. 632년, 이 슬람교의 창시자인 선지자 무함마드가 후계자를 정하지 않은 채 숨을 거두자, 수니파는 선출된 칼리파가 후계를 이을 수 있다고 본 반면, 시아파는 무함마드의 사촌인 알리를 계승자로 여겼다.

온건파부터 극단주의자까지 두 그룹의 추종자들은 다양하지만, 수니파는 주로 현세에서 신의 권능에 초점을 맞추고 시아파는 내세에서의 보상을 더 중요하게 생각하기 때문에 순교를 기념하는 데 큰 가치를 둔다. 하지만 두 종파는 무하마드의 계승을 놓고 어느 쪽이 '순수한' 종파인가에 대한 이른바 '정통성' 논쟁으로 1,400년간 갈등을 겪었고, 이는 세속 세력의 다양한 이해관계와 국제 관계의 역학과 얽히면서 이슬람 세계의 불안을 조성했다.

처음 900년 동안에는 다수파인 수니파가 이슬람 세계를 주도했는데, 16세기 초 지금의 이란을 중심으로 사파비드 제국이 융성하면서 소수파인 시아파의 세력이 약진했다. 그러면서 양 분파 간에 갈등이 수면 위로 부상하기 시작했다. 사파비드 제국과 오스만 제국과의 경쟁 속에서 사파비드 통치자들이 시아파를 추종하며 시아파의 세력을 키우려 했기 때문이다. 그렇지만 이슬람 세계 전체에서 수니파의 주도권은 흔들리지 않았다.

제2차 세계대전 이후 양 분파 간의 갈등이 재현되는 조짐이 보이기 시작했다. 이는 식민 지배에서 벗어난 중동 국가들의 복잡한 내부 문제들과 국제 관계의 역학과 밀접한 관계가 있었다. 1970년대 중반에 발발한 레바논의 내전이 그러한 상황을 잘 보여준다. 국교가 없는 상태에서 18개의 종파로 나뉘어 있던 레바논에서 이스라엘-팔레스타인 문제와 미소 냉전의 여파 등 복잡한 국제 정세와 맞물려 내전이 발발했다.

1975년 4월 기독교 민병대가 팔레스타인 난민들이 탄 버스를 공격하면서 촉발된 내전은 근본적으로 기독교와 이슬람의 대결이었지만, 이슬람 내에서도 수니파와 시아파 간의 분열과 갈등이 증폭되었다. 전통적으로 수니파는 다수파로서 세속 정치권과 유대가 깊었고, 시아파는 수니파들로부터 차별을 받는다고 원망이 컸다. 이러한 분파적 갈림은 다른 이슬람 세계에도 영향을 주었다. 예컨대, 수니파는 사우디아라비아의 지원을 받았고, 시아파는 이란과 시리아의 지원을 받았다. 이렇듯, 양 분파 간의 분열과 갈등은 순수한 종교전쟁이라기보다는 국내외 정치적 이해관계의 산물이었다.

종교가 세속의 이해관계에 맞닿을 때 분파의 정체성과 성격이 더욱 또렷해지며, 세속의 야망이 커질 때 분파 간의 분열과 갈등이 증폭되고, 돌이킬 수 없는 파국으로 치달을 가능성이 크다. 그 가능성이 1980년에 현실이 되었다. 무려 8년 동안이나 지속되며 그동안 이슬람 세계에서 볼 수 없었던 처절한 비극을 낳았던 이란-이라크 전쟁이 발발했다.

이란에서 시작된
혁명의 불꽃

레바논 내전이 계속되는 사이, 1979년에 이란에서 혁명이 일어났다. 1935년 국호를 페르시아에서 이란 제국으로 바꾼 이란은 제2차 세계대전 이후 국왕 무함마드 리자 팔레비의 지도 아래 근대화의 길에 들어섰다. 석유 수출 덕분에 이란의 경제는 폭발적인 호황을 맞게 되었다. 미·소 냉전 체제에서 팔레비는 미국에 의존했고, 미국은 중동에서 소련의 영향력을 견제할 강력한 친미 정권을 구축하고자 이란의 석유 수출을 도왔다.

문제는 팔레비의 통치 방식에 있었다. 그는 억압적이고 비민주적인 통치로 일관했고, 노골적인 친미 정책을 추구하면서 서방의 자본주의와 그 문화를 경계하던 성직자들의 원성을 샀다. 게다가 석유 수출에 따른 부는 국왕과 그 측근들의 배만 불렸고, 일반 시민들은 가난에 허덕였다. 급속한 경제성장은 빈부 격차만 심화시킬 뿐이었다. 이러한 배경에서 1978년 일련의 반정부 시위가 발생했다. 처음에는 단순한 시위였으나 시간이 가면서 걷잡을 수 없는 과격한 반정부 시위로 격화되더니, 혁명의 불꽃으로 점화되었다. 수도 테헤란은 팔레비 군대와 반정부 세력 간의 치열한 시가전으로 아수라장이 되었다.

1979년 초에 반정부 세력이 정부군을 제압했고, 팔레비는 망명길에 올랐다. 망명 중이던 시아파 종교 지도자 호메이니가 열렬한 환영을 받으며 귀국했고, 혁명정부가 모든 권력을 장악했다. 국민투표로 새로운 헌법이 제정되었고, 호메이니가 새로운 이란 신정정부(신권 정치 체제의 정부)의 수장이 되었다. 호메이니 정부는 노골적인 반서방주의를 표방하면서 서방과 맺었던 협약들을 파기했다. 미국을 포함한 서구 문명의 영향력을 벗겨낸다

1979년 11월 테헤란에 위치한 주이란 미국 대사관을 넘어가는 이란 학생들.

는 명분으로 우선 군대 내부의 친미 세력부터 숙청했다. 미국에서 훈련이나 연수를 받은 공군 사령관을 비롯해서 수십 명의 장교들을 처형했고, 더 많은 장교들을 투옥했다. 수많은 엘리트 조종사들과 엔지니어들이 나라를 빠져나갔다.

혁명 세력의 반외세, 반미 외침은 1979년 11월 미국 대사관 점거로 이어졌다. 대사관에 진입한 과격파 혁명 세력은 미국인 52명을 인질로 잡았다. 호메이니는 이란주재 미국 대사관을 미국의 간첩 본부라고 지칭하고, 미국이 팔레비 2세를 이란에 인도하지 않는 한 인질을 풀어주지 않을 것이라고 선언했다. 전 세계의 눈이 이란에 쏠렸고, 특히 미국의 언론은 연일 이란 사태를 톱뉴스로 전했다. 인질은 무려 444일이나 풀려나지 않았다.

이라크의 침공과
이란 국민의 결사 항쟁

이란의 혁명은 서방 세계와 미국만의 관심사가 아니었다. 이웃 이슬람 국가 지도자들도 긴장하기 시작했다. 자국민들에게 영향을 끼칠 뿐만 아니라, 집권에 불안 요소로 작용할 것이기 때문이었다. 이슬람 종교 지도자들도 마찬가지였다. 호메이니가 자신은 단순히 시아파와 이란의 지도자가 아닌 전체 이슬람 세계의 지도자라고 주장하며, 전 아랍권 시아파들에게 이슬람 혁명을 선동하고 있었기 때문이었다.

이란 혁명에 가장 위협을 느낀 나라는 이란과 긴 국경을 접하고 있는 이라크였다. 이란 접경지대에 위치한 이라크 남부의 시아파들이 이미 이란 혁명에 고무되어 있었고, 정권 내부의 시아파들 중에도 호메이니에 동조하는 세력이 있었기에, 이라크의 통치자 사담 후세인은 이란 혁명의 불똥이 그와 이라크에 떨어질까 봐 걱정했다. 게다가 두 나라는 오랫동안 국경 문제로 갈등을 겪고 있었다. 특히 샤트알아랍강을 놓고 갈등이 증폭되었고, 이미 여러 차례 군사적 충돌이 발생해서 수많은 인명 피해를 낳

고 있었다. 후세인은 이란 혁명을 기회로 국경 문제를 정리하고
자 했다. 사우디아라비아와 쿠웨이트 같은 아랍권 국가들도 자
국에 영향을 미칠 수 있는 호메이니 혁명을 우려했고, 미국과 서
방 국가들도 이란 혁명과 그 여파에 노심초사하고 있었기에, 후
세인은 이란 사태가 절호의 기회라고 보았다.

1980년 9월 22일 이라크는 북쪽 전선, 중부 전선, 남부 전선
이렇게 세 곳으로 나눠서 전격적으로 이란을 침공했다. 후세인
은 이라크가 이란보다 월등한 지상군을 보유하고 있었기에 이란
을 손쉽게 제압하고 전쟁을 종결할 수 있을 것으로 내다봤다. 이
란이 그동안 미국으로부터 꾸준히 전투기를 사들였고 조종사들
이 미국에서 훈련을 받았기에 공군력에서 막강하긴 했지만, 혁
명 기간에 상당수의 조종사들이 이탈하거나 숙청되었기에 이란
공군은 이미 절름발이라고 판단했다. 이란의 비행장들을 기습
공격으로 마비시키기만 하면 손쉽게 기선을 제압하고 빠른 시일
내에 전쟁을 종결시킬 수 있으리라고 예상했다. 하지만 후세인
이 미처 알지 못한 것이 있었다. 이란 공군기들은 대부분 격납고
에 들어가 있었기에 피해가 제한적이었다. 활주로가 약간 파괴
되었지만, 그것은 쉽게 복구가 가능했다.

후세인은 15만의 보병 전력과 2,000대의 탱크를 앞세워 진격
했다. 예상대로 북쪽 전선에선 이란 영토 내로 손쉽게 진입했다.
중부 전선에서도 이라크의 침공은 순조롭게 진행되었다. 그러나
남부 전선은 만만치 않았다. 남부 전선은 대단위 석유 저장 지역

인 데다 시아파 교도가 많았고, 이란 혁명 사상이 전파되었을 가능성이 큰 지역이었다. 남부 전선의 승리가 전쟁 승리의 전제라고 판단해서 후세인은 이곳에 6개 사단 중에서 4개 사단을 투입했다. 강력한 포격으로 남부의 주요 도시들이 거의 파괴되었고, 수천 명의 민간인이 사망했다. 남부에서도 이라크의 승리가 눈앞에 있는 듯했다.

하지만 후세인이 간과한 것은 이란 국민들의 정신력이었다. 호메이니는 전쟁을 그들의 종교를 지키기 위한 성스러운 전쟁으로 설파하며 결사 항쟁을 명령했고, 국민들은 소총, 수류탄, 심지어 화염병으로 격렬히 저항했다. 예상치 못한 저항에 놀란 이라크 군대가 주춤하는 사이, 초기의 이라크 공습을 이겨낸 이란 공군이 반격을 시작했다. 적어도 140대의 공군기들이 11개의 이라크 공군기지와 바그다드 국제공항을 폭격했다.

화학무기와 인해전술로 계속된
상상을 초월한 살육전

당황한 후세인은 책임을 물어 서부 방어 지역 사령관을 처형하고, 소령급 이상의 장교들도 수없이 처형했다. 양측은 이란 남서부의 요충지인 코람샤르 지역을 중심으로 치열한 교전을 벌였다. 330대의 이란 전차와 350대의 이라크 전차가 맞붙었다. 미국

이라크의 화학무기 공격에 대비해 방독면을 쓴 이란 병사.

이나 영국제 탱크로 무장한 이란의 전력도 만만치 않았다. 하지만 이라크에 비해 훈련되지 않은 이란군은 이라크에 밀렸다. 결국 전투에 투입된 절반 이상의 이란 탱크와 100대의 군용 트럭이 파괴되었다. 이라크의 손실은 이란의 절반 수준이었다.

이후 전투는 소모전 양상으로 변했다. 서로는 철조망과 참호를 중심으로 무의미한 공방을 계속했다. 이라크는 제네바 협약에서 금지된 화학무기까지 사용했다. 그로 인해 수천 명이 목숨을 잃었다. 이러한 비극적인 상황이 1981년 내내 계속되었다. 화학무기 사용으로 사담 후세인은 국제사회의 지탄을 받았지만, 아랑곳하지 않고 화학무기를 계속 사용했다. 그는 이번이야말로 이란의 사기가 꺾일 거라고 예상했지만 이번에도 그의 예상은 빗나갔다. 사상자가 속출했지만 이란은 끊임없이 새로운 병력으로 보충했다. 전쟁이 계속될수록 성전에 참가해서 순교하려는 이란인들의 수가 늘어갔다. 이들은 특별한 군사 훈련을 받지 못했고 무기도 변변치 않았지만, 수적인 우위를 바탕으로 이라크 참호로 돌진했다. 중동 판 인해전술이 전개된 것이다. 탱크 등으로 중무장한 이라크의 방어벽을 뚫지 못하고 사망자만 늘어갔지만, 또 다른 보충병이 투입되었다. 상상을 초월한 살육전이 계속되었다.

인해전술은 효과가 있었다. 몇 군데에서 이라크 전열이 흐트러지기 시작했다. 이란군은 코람샤르를 포위하고 이라크군을 전멸시켰다. 2만 5,000명의 이라크군이 사망했고, 2만여 명이 포로로 잡혔으며, 361대의 이라크 탱크, 18대의 전투기, 300여 개의 수송 트럭이 파괴되었다. 이라크의 남쪽 통로는 완전히 파괴되었고, 이라크 군대는 퇴각할 수밖에 없었다. 화가 난 후세인은 책임을 물어 군 장교 200여 명을 처형하며 전열을 가다듬고자 했지만, 이란은 추격을 멈추지 않았다. 후세인은 즉각적인 휴전과 14일 안에 이란 영토에서 철수한다는 평화 제안을 제시했다. 하지만 호메이니는 평화에 관심이 없었다. 후세인 정권이 몰락하고 이라크에 이슬람 공화국이 수립될 때까지 공격을 계속할 것이라고 선언했다.

후세인은 사태 수습을 위해 수뇌부 회의를 소집했다. 이때 보건장관이 이란의 침공을 저지하기 위해서 호메이니의 요구를 들어주는 모양새를 취하자고 건의했다. 즉, 후세인이 잠시 정권에서 물러나서 일단 평화를 이끌어낸 후에 다시 복귀하면 된다는 제안이었다. 후세인은 그 의견에 동의하는 자가 있느냐고 물었다. 아무도 손을 들지 않자 그는 보건장관을 다른 방으로 데려가서 권총으로 처형한 후 회의를 속개했다.

후세인이 믿는 구석은 국제사회가 이라크의 패배를 원치 않고 있다는 점이었다. 특히 미국은 이란의 혁명으로 가장 큰 타격을 받았고, 이란의 혁명 사상이 다른 중동 지역으로 확산되는 것을 가장 경계하고 있었다. 미국은 위성으로 이라크에 정보를 제공하면서 어떻게 해서든지 이라크의 패배를 막고자 했다. 소련도 이란 혁명 정부가 공산당을 몰아냈다고 항의하며 탱크와 무기들을 이라크에 제공했다. 미국과 서방 국가들의 엄격한 경제 제재를 받고 있는 이란은 중국, 파키스탄, 북한으로부터 무기 수입에 의존해야 했다. 후세인은 전쟁이 장기전으로 갈 경우, 이라크가 절대적으로 우위에 있다고 믿었다.

성전의 미명 아래
총알받이로 희생된 소년군들

그런데 이란에겐 믿을 수 있는 최고의 카드가 있었다. 바로 군대의 사기였다. 호메이니가 전쟁은 성전이며 알라를 위한 순교의 영광을 위한 기회라고 독려하자 지원병이 줄을 이었고 군대의 사기는 하늘을 찔렀다. 이전에 십자군 전쟁이 그랬던 것처럼 12세 이하의 어린 소년들도 대거 참전하기 시작했다. 이들은 대부분 총알받이 역할을 하면서 인해전술의 최전선에 섰다. 1982년 7월 13일에 시작된 라마단 작전에서 수십만 명의 이란 군대가 인해전술로 이라크의 방어진을 공격했는데, 이때 이 소년군들이 선봉에 섰다.

몇 주간 지속된 라마단 작전에서 이란군 2만 명이 사망했고, 8만 명이 부상당했다. 1983년부터 1984년까지 이란은 10차례나 공격을 시도했지만, 4번째 작전에서 북부 영토를 회복한 것을 제외하곤 별다른 성과를 얻지 못했고, 전쟁은 교착상태에 빠졌다. 전선은 그야말로 생지옥이었다. 이란 병사들은 계속해서 이라크의 가스 공격을 받았고, 수중에 설치된 고압전선에 감전되었으며, 독을 탄 물에 노출되었다. 전략적으로 별다른 소득이 없는 무의미한 전투가 계속되었고, 이란은 너무 많은 대가를 지불했다.

이란의 공세가 주춤한 사이, 이라크는 탱크 부대를 앞세워 이란을 공격했다. 전세는 다시 이라크에 우세하게 전개되었다. 후세인은 이란 도시들에 대한 폭격과 함께 이란 내 민간인 지역에 미사일 공격을 감행했다. 겨자폭탄과 같은 화학폭탄 공격도 서슴지 않았다. 1986년과 1987년 사이 이라크가 몇 번의 휴전을 제안했지만 이란은 전부 거부했다.

1988년에 변화가 일기 시작했다. 전세는 이라크 쪽으로 급속히 기울어져 갔다. 4월까지 이라크군은 그동안 이란에게 내주었던 이란 내 점령 지역을 대부분 되찾았다. 호메이니 정부는 더 이상 이라크의 휴전 제안을 거부할 수 없는 상황에 처했다. 경제는 망가졌고, 무엇보다도 급속히 늘어나는 인명 피해에 따라 군인들의 사기와 결집력이 예전 같지 않았다. 국민들은 지쳐 있었다. 결국 유엔의 중재로 1988년 8월 휴전협정이 체결되었다. 영토는 전혀 변화가 없었다. 국경은 전쟁 이전으로 되돌아갔다. 수백 개의 도시가 파괴되었고, 50만 명 이상이 목숨을 잃었고 수백만 명의 사상자를 낳았다. 제2차 세계대전 이후 가장 비극적인 전쟁이 이렇게 끝이 났다.

전쟁의 후유증은 컸다. 무엇보다도 두 나라는 심각한 부채를 떠안게 되었다. 이란은 서서히 회복했지만 이라크는 이 부채를 극복하지 못했다. 사담 후세인은 또 다른 도발을 통해 돌파구를 찾으려 했다. 1990년 후세인은 쿠웨이트를 침공했다. 미국은 즉각 개입했고 후세인은 전 세계의 이목이 집중된 1차 걸프전쟁에서 참패를 당했다. 2003년 미국은 대량 살상 무기 제거를 명분으로 2차 걸프전쟁인 이라크 전쟁을 감행했다. 후세인은 미군 특수부대에 의해 체포되어서 새로운 이라크 정부에 인계되었고, 이내 형장의 이슬로 사라졌다. 미국의 후원을 받아 이란-이라크 전쟁을 수행했던 후세인이 미국에 의해 정권의 종말을 맞게 되었으니 역사의 아이러니가 아닐 수 없다.

수세기 동안 평화로운 관계를 유지했던 이슬람 분파주의는 세속의 야망과 그것에 맞닿아 있는 외부적 이해관계 속에서 분열과 갈등을 증폭시켰다. 이란 혁명과 사담 후세인의 야망, 그리고 국제적 환경에 맞물려 벌어진 이란-이라크 전쟁의 비극은 아직도 사라지지 않은 중동의 화약고를 이해하는 값비싼 기억으로 남게 되었다.

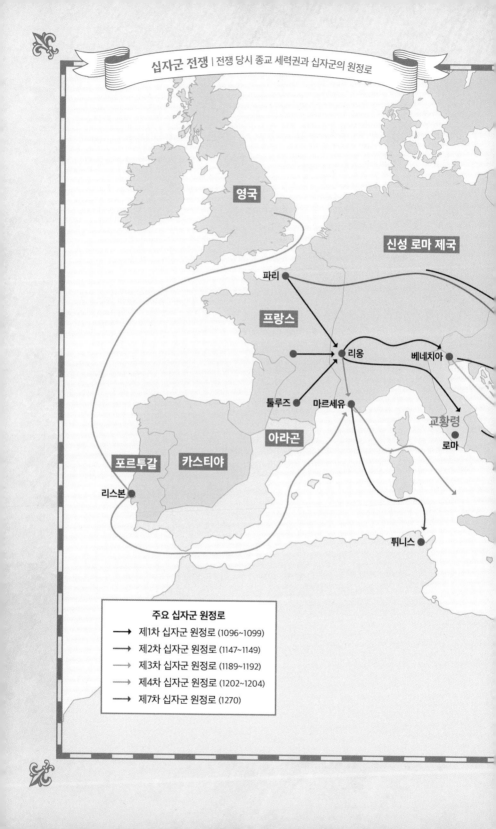

십자군 전쟁 | 전쟁 당시 종교 세력권과 십자군의 원정로

영국

신성 로마 제국

파리

프랑스

리옹   베네치아

툴루즈   마르세유   교황령

아라곤   로마

포르투갈   카스티야

리스본

튀니스

주요 십자군 원정로
→ 제1차 십자군 원정로 (1096~1099)
→ 제2차 십자군 원정로 (1147~1149)
→ 제3차 십자군 원정로 (1189~1192)
→ 제4차 십자군 원정로 (1202~1204)
→ 제7차 십자군 원정로 (1270)

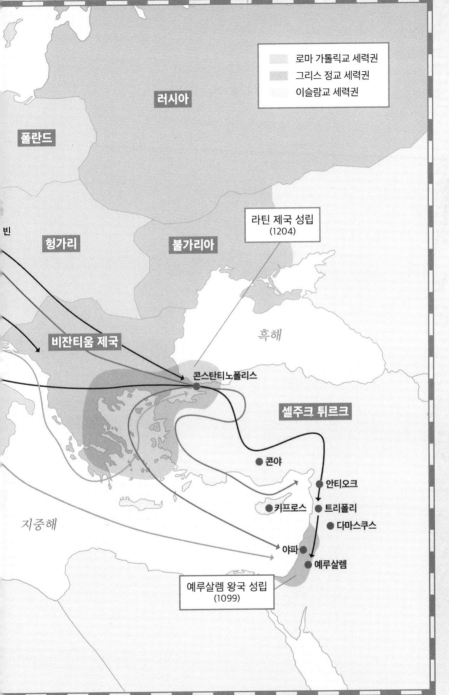

폴란드

러시아

빈

헝가리

불가리아

라틴 제국 성립
(1204)

로마 가톨릭교 세력권
그리스 정교 세력권
이슬람교 세력권

흑해

비잔티움 제국

콘스탄티노폴리스

셀주크 튀르크

콘야

지중해

안티오크

키프로스

트리폴리

다마스쿠스

야파

예루살렘

예루살렘 왕국 성립
(1099)

1071년	무슬림과 기독교의 말라즈기르트 전투
1095년	1차 십자군 원정의 시작
1098년	안디옥 성 정복
1099년	예루살렘 함락, 4개 십자군 국가 건립
1144년	무슬림의 에데사 백국 점령
1147년	2차 십자군 원정대에 의해 리스본 함락
1180년대	이슬람 세력의 강력한 지도자 살라딘의 등장
1187년	하틴 전투, 십자군 연합군의 대패
1189년	3차 십자군, 세 왕의 진군
1291년	아레크 함락

신의 이름 아래 벌어진
참혹한 살육과 약탈

십자군 전쟁
1095~1291

1054년 유럽은 훗날에 정교회가 된 동방 교회와 가톨릭교회가 된 서방 교회로 분열되었다. 분열로 가는 과정과 분열 이후 그 분열의 책임을 놓고 서로가 서로를 원망했고, 그 원망은 서로에 대한 불신으로 이어졌다. 지금의 중동과 소아시아에 뿌리내리던 이슬람교 역시 분열되었다. 632년 모하메드가 죽자 이슬람 세계는 여러 분파로 갈라졌고, 그 과정에서 수많은 칼리프와 왕조들의 흥망성쇠가 반복되었다.

이슬람이 분열되어 있을 때, 11세기에 우리가 '돌궐'이라는 이름으로 알고 있는 중앙아시아의 유목 민족이 서쪽으로 이동하

15세기 프랑스에서 그려진 말라즈기르트 전투 그림. 당시 무장한 군대 모습을 그대로 표현했다.

며 분열되고 약화된 이슬람 세계를 정복하기 시작했다. 그들이 셀주크 튀르크였다. 이들은 지금의 이란, 이라크, 시리아는 물론, 팔레스타인과 이집트까지 정복하면서 이슬람 세계 대부분을 지배했다.

튀르크족의 일부가 동로마 제국의 아나톨리아 지역으로 이주하자, 무슬림과 기독교도들이 맞붙었다. 1071년 8월 26일, 지금의 튀르키예의 동부에 위치한 말라즈기르트에서 숙명적인 전투가 벌어졌다. 이 전투에서 동로마 제국이 패배하며, 니케아, 안디옥과 같은 주요 기독교 도시들이 이슬람 세력의 수중에 들어갔다.

1095년 동로마 제국의 황제 알렉시우스 1세는 서방 교회에 도움의 손길을 요청했다. 그동안 소원했고 껄끄러운 관계였지만 자존심을 뒤로하고 교황에게 친서를 보내 잘 훈련된 기사 300명을 보내달라고 요청한 것이다. 뜻밖에도 교황은 그 요청에 즉각 반응했다. 교황 우르바누스 2세는 클레르몽 공의회에서 동로마 제국 원정을 선포했다. 이로써 역사적인 십자군 원정이 시작되었다.

우르바누스 2세가 내세운 십자군 원정의 목적은 단순히 동로마 제국에서 이슬람을 격퇴하는 것뿐만이 아니라, 이슬람이 지배하고 있던 동지중해에서 기독교 순례자들의 안전을 확보하는 동시에 400년 동안 이슬람의 수중에 있던 예루살렘 성지를 탈환하는 것이었다. 게다가 교황은 이 원정을 통해 동서로 분열되어 있는 교회를 하나로 통합함과 동시에 그의 말을 듣지 않는 공작과 제후들을 그의 영향력 아래 둘 수 있는 절호의 기회로 보았다.

동질감으로 똘똘 뭉친
1차 십자군 원정대

우르바누스 2세는 원정을 독려하기 위해 파격적인 인센티브를 제시했다. 원정에 참여하는 기사나 귀족, 일반 시민 누구나에게 죄를 사해주는 면벌부를 주겠다고 약속했다. 중세는 믿음의 시대였다. 죄를 용서받고 천국을 보장받는 것이 누구에게나 삶의 궁극적인 목적이었다. 게다가 중세 유럽인들에게 예루살렘은 신비로운 성지로서 그곳을 이교도로부터 수복한다는 것, 그리고 그 부름에 응해서 그 과업을 성취할 수 있다는 것은 뿌리칠 수 없는 종교적 로망이었다. 교황은 "하나님은 그것을 원하신다!"라고 선언했다. "그것"은 성지 회복이었다. 유럽 전역에서 영주와 기사는 물론이고 일반인들이 성지 탈환을 위한 성스러운 원정에 동참하기 시작했다. 중무장한 기사들이나 변변치 못한 무기로 무장한 훈련되지 않은 농민들 모두가 가슴과 어깨에 십자가를 새겼다. 계급과 배경, 그리고 출신 지역은 달랐지만, 십자가 군병이라는 동질감으로 똘똘 뭉쳤다. 이렇게 제1차 십자군 원정이 시작되었다.

믿음은 이성의 반대 개념이다. 믿음이 충만할 때 사람들은 이성을 잃곤 한다. 1096년 4월에 지금의 독일로 진군했던 농민 십자군이 그랬다. 나귀를 타고 돌아다니면서 성지에서 베드로의 목소리를 들었다며 성지를 탈환해야 한다고 외쳐대는 은자 피에

프랑스 샤티용쉬르마른에 있는 교황 우르바누스 2세 전신상

로의 절규에 마을마다 수천 명이 십자군 행렬에 뛰어들었고, 그 수는 이내 5만 명 이상으로 불어났다. 그들은 독일에 거주하던 유대인들을 공격했다. 유대인들이 예수를 죽였다는 이유만으로 유대인 5,000명을 살육했고, 그들의 재산을 강탈했다. 이들은 다뉴브강을 따라 진군하다가 식량이 떨어지자 헝가리에서 그곳 기독교도들에게 또다시 살육과 약탈을 저질렀다. 이들 십자가 군 병들에겐 모든 것이 하느님의 뜻이었고, 누구도 그들의 진격을 막을 수가 없었다.

그들이 콘스탄티노플에 도착하자 동로마 황제는 당황했다. 잘 훈련된 소규모의 중무장한 기사 부대를 예상했던 그에게 오합지졸의 농민 십자군은 황당 그 자체였다. 이미 이성을 잃고 광분한 그들을 통제하기란 불가능했다. 황제는 그들이 그 상태로는 이슬람 군대를 이길 수 없다는 것을 알았지만, 그들이 보스포루스 해협을 건너 아나톨리아를 공격할 수 있게 도울 수밖에 없었다. 해협을 건너 이슬람 점령지에 도착하면서 농민 십자군은 현실에 직면했다. 훈련되지 않은 오합지졸의 십자군은 튀르크 군대의 상대가 되지 않았고, 아나톨리아에서 거의 전멸했다. 독일에서 출병한 지 6개월 만이었다.

두려움 속에 일어난
두 번의 기적과 승리

그러는 사이, 유럽의 힘 있는 영주들이 성지를 향해 진군했다. 레몽 4세, 고드프루아 드 부용, 보에몽 1세 등 쟁쟁한 군웅들을 앞세운 그들은 농민 십자군에 비해 훨씬 훈련되었고 일사불란하게 움직였다. 이탈리아반도를 통해 콘스탄티노플에 집결한 그들의 숫자는 6만 명이나 되었다. 서로마 제국 붕괴 이후 가장 큰 군사력의 집합체였다. 이들이 사실상의 제1차 십자군 원정의 본대라고 할 수 있다.

동로마 제국의 황제 알렉시우스 1세는 또다시 당황했다. 농민 십자군을 겪었던 그가 이번에는 잘 훈련된 군대가 도착하자 기뻐했을 것 같지만, 사실은 정반대였다. 작은 규모의 용병이 파병될 줄 알았는데 엄청난 대군이 들이닥치자 황제는 걱정이 앞섰다. 원정군이 전쟁에 승리한 뒤에 이슬람으로부터 탈취한 땅을 차지할까 봐 걱정이었던 것이다. 다행히 원정군은 그 땅을 소유하지 않고 황제에게 되돌려줄 것을 약속했고, 황제는 그들이 해협을 건너 아나톨리아를 공격하도록 지원했다.

중무장한 기사들이 중심이 된 십자군은 본래의 목적을 잊지 않았고, 여전히 사기가 높았다. 게다가 셀주크 튀르크는 내분으로 전쟁에 몰두할 수 없는 상황이었기에 십자군의 진군은 생각보다 수월하게 진행되었다.

하지만 십자군은 안디옥 성을 지나가야 했다. 안디옥 성은 예루살렘으로 가는 길에 꼭 정복해야 하는 셀주크 튀르크의 핵심 요새로서 난공불락이었다. 십자군은 8개월이나 성을 포위했지만, 사막의 열기에 지쳐갔고, 보급품이 바닥나면서 아사 직전이 되었다. 게다가 이슬람 지원병이 오고 있다는 소식에 십자군은 공포에 사로잡혔고 기적이 일어나기만을 기도했다.

그런데 기적이 일어났다. 1098년 6월 3일 굳게 닫혔던 성문이 열렸다. 십자군에 매수된 성의 수비대장이 성문을 열었던 것이다. 성에 진입한 십자군은 튀르크인들을 닥치는 대로 살육했다. 십자군은 성을 정복했지만 이슬람 구원 부대가 다가오고 있었기에 또다시 두려움에 휩싸였다. 그 성을 지킬 힘과 정신력도 바닥이 난 상태였다. 그때 또 기적이 일어났다. 누군가가 십자가에 달린 예수를 찔렀던 창을 발견했다고 소리쳤다. 성창은 예수가 최후의 만찬에 사용했던 성배와 같이 기독교도들이 숭배하는 신비의 성물이었다. 그 성창을 안디옥 성에서 발견했다고 하니, 그것은 순식간에 십자군들에게 마법으로 작용했다. 그들은 하느님이 함께할 것이라고 믿었고, 포위하고 있는 적군을 공격했다. 수적으로 훨씬 우월했지만, 십자군의 기세에 놀란 무슬림 군대는 혼비백산했고, 도망가기에 급급했다.

안디옥에서 승리했지만, 오랜 전쟁에 지친 십자군 상당수는 고향으로 되돌아갔다. 남은 십자군은 계속해서 예루살렘을 향해 진격했다. 예루살렘까지의 진군에 별다른 장애물은 없었다. 안디

중세에 그려진 그림으로, 안디옥 성을 포위하여 공격하는 십자군을 묘사했다.

옥이 무너지자 수많은 무슬림 도시들이 십자군에 항복하든지 먼 곳으로 피난을 가버렸기 때문이다.

1099년 7월 15일, 드디어 예루살렘이 십자군에 의해 함락되었다. 환호하며 성안에 들어선 십자군은 성안에 있던 무슬림과 유대인들을 모두 살해했다. 어린이, 노인, 여자 가리지 않았다. 예루살렘 성에서 자행된 만행은 끔찍했고 지금까지도 기억되고 있다. 적어도 무슬림과 유대인들은 잊지 않고 있다.

본래의 목적이 달성되자 성을 지키기 위해 300명 정도의 기사만 남고, 대다수의 십자군은 고향으로 돌아갔다. 제1차 십자군 원정의 성공으로 지중해의 동해안을 따라 4개의 십자군 국가들이 세워졌다. 에데사 백국, 안티오키아 공국, 트리폴리 백국, 예루살렘 왕국은 기독교인들의 성지 순례와 그들의 통상을 지키는 역할을 했다.

교황의 부름을 받은 세 왕의 진군

제1차 십자군 전쟁으로 예루살렘을 빼앗긴 무슬림들이 가만 있을 리 없었다. 다마스쿠스를 중심으로 세력을 결집하던 무슬림들은 기독교 국가들을 공격하기 시작했다. 1144년, 이들은 에데사 백국을 점령했다.

이 소식이 유럽에 전해지면서 프랑스와 독일을 중심으로 제2차 십자군 원정대가 꾸려졌다. 이들은 우선 1147년에 이베리아 반도에 가서 그곳의 무슬림을 공격했고, 리스본을 함락했다. 이후 그들은 동부 유럽을 거쳐 동로마 제국으로 향했고, 그곳에서부터 다마스쿠스로 진군했다. 하지만 이들은 제1차 십자군 원정만큼 강한 성취동기가 없었고, 그 목적이 뚜렷하지 않았다. 게다가 계속되는 동로마 제국과의 갈등으로 그들로부터 충분한 지원을 획득하지 못했다. 그 결과 그들은 다마스쿠스에서 참패를 당하고 말았다.

1180년대에 들어서면서 살라딘이란 강력한 지도자가 등장하면서 이슬람 세력은 급속도로 통합되고 단결되었다. 살라딘은 리비아와 이집트, 그리고 팔레스타인과 예멘을 비롯한 메소포타미아 서쪽을 장악했고, 1187년 하틴 전투에서 십자군 연합군을 대패시켰다. 이 승리 후 살라딘 군대는 기독교 왕국들을 하나둘씩 정복하더니 그해 10월 예루살렘 왕국까지 정복하고 말았다.

교황 그레고리 8세는 성지 탈환과 무슬림에게 빼앗긴 기독교 영토를 수복하기 위한 제3차 십자군 원정을 선포했다. 1189년 3명의 주요 왕들이 교황의 부름에 응했는데, 이들이 신성 로마 제국의 프리드리히 왕, 사자왕으로 불린 영국의 리처드 왕, 프랑스의 필리프 2세였다. 가장 먼저 프리드리히 왕이 이끈 십자군이 성지를 향해 진군했다. 1190년 중반에 그의 군대는 아나톨리아에 도착해서 셀주크 튀르크의 수도였던 콘야를 함락했다. 하지만 1190년 6월 프리드리히 왕이 갑자기 아나톨리아에서 물에 빠져 죽자 그의 군대는 혼란에 빠졌고, 상당수 군대가 다시 고향으로 되돌아가버렸다. 남은 군대가 성지를 향해서 진군을 강행했지만, 이미 세력과 사기가 떨어져 있었다.

한편 리처드 왕과 필리프 2세는 바다를 통한 원정을 선택했다. 그들은 시칠리아를 거쳐 1191년 7월에 아크레 성을 탈환했다. 하지만 두 왕과 프리드리히 왕의 아들인 레오폴드가 이권 문제로 서로 다투더니 필리프 왕과 레오폴드가 본국으로 되돌아가고 말았다. 다행히 병사들과 군비를 남겨두고 갔기 때문에 그들은 리처드 왕의 지휘를 받게 되었다.

1191년 여름, 리처드 왕은 살라딘에게 포로 교환을 하자고 협상을 타진했지만 순조롭게 진행되지 않았다. 리처드 왕은 3,000명의 무슬림 교도를 학살했다. 그 복수로 살라딘은 다마스쿠스에 포로로 잡혀 있던 2,000여 명의 기독교도를 살해했다. 리처드 왕은 야파와 아크레를 함락했고, 다음 해 4월 예루살렘으로 진격했다. 그런데 예루살렘을 코앞에 두고 리처드 왕은 진격을 멈췄다. 군 내부의 분열에다 본국에서 들려오는 소식으로 인해 예루살렘 공격에 집중할 수 없었기 때문이다. 본국에서 그의 동생 요한이 프랑스의 필리프 왕의 도움을 받아 왕권 찬탈을 획책하고 있다는 소식이었다.

리처드 왕의 군대가 흔들리자 살라딘은 공격에 나섰고, 이후 양측은 치열한 공방을 주고받았다. 결국 9월 리처드 왕과 살라딘은 협상을 체결했다. 협상의 내용은 3년간의 휴전과 살라딘의 예루살렘 통치를 인정하는 대신 기독교도의 성지순례를 보장하는 것이었다.

광신으로 뒤범벅된
십자군 전쟁의 최후

이후 십자군 원정은 다섯 차례나 더 계속되었지만, 교회와 세속의 이해관계 그리고 동로마 제국과의 계속된 갈등 등으로 매번 실패로 귀결되었다. 제4차 십자군 원정이 대표적이다. 교황의 야망과 프랑스, 잉글랜드, 독일 군주들의 야심, 그리고 베네치아 상인들의 물욕 등이 뒤섞이면서 십자군은 콘스탄티노폴리스에서 약탈과 살육을 자행했다. 본래 목적인 예루살렘 탈환은 안중에 없이 기독교도들이 같은 기독교도들을 죽이는 어처구니없는 일이 발생한 것이다.

제4차 십자군 원정이 끝나고 10여 년이 지난 뒤에는 십자군 원정 역사에서 또 하나의 황당한 해프닝이 벌어졌다. 이른바 '어린이 십자군'이었다. 프랑스 북부의 한 마을에서 어느 양치기 소년이 성지를 회복하라는 하느님의 목소리를 들었다고 하자 수천수만 명의 열 두서너 살 정도의 어린이들이 성지를 회복하겠다고 무기를 들고 모여들었다. 이 소식이 지금의 독일까지 전달되어서 독일에서도 수많은 어린이들이 십자군에 동참했다. 아무런 군사훈련이나 재정적 지원이 없이 무작정 그들만의 십자군 원정을 시작한 것이다. 누구도 그들을 말릴 수 없었다. 결과는 예상대로 처참했다. 상당수의 원정대는 이집트의 알렉산드리아에 도착하기도 전에 배가 난파되어서 목숨을 잃었고, 도착한 나머지 어린이들은 노예로 팔려나갔다. 미신과 광신으로 뒤범벅이 된 십자군 원정의 단면을 보여준 해프닝이었다.

5차에서 8차까지 십자군 원정이 계속되었지만, 갈수록 원정에 대한 뚜렷한 목적이 불투명했으며, 교황과 세속 군주들의 이해관계 충돌, 그리고 교황청과 동로마 제국의 갈등과 견제가 계속되면서 원정은 매번 실패로 끝이 났다. 1291년 결국 4개의 기독교 왕국 중에서 마지막으로 남아 있던 아크레가 함락되면서, 200여 년간 지속되었던 십자군 전쟁은 끝이났다.

세속적 욕망으로 얼룩진
종교적 열망

십자군 원정은 왜 실패했을까? 무슬림 측 역사가들은 흩어지고 분열되었던 이슬람 세력들이 단합해서 그들의 영토에서 기독교도들을 격퇴하기 위한 성전, 즉 지하드를 성공적으로 수행했기 때문이라고 설명한다. 하지만 이슬람 세력은 통합적인 힘을 발휘했던 것보다는 분열된 경우가 더 많았고, 지하드에 대한 열정도 간헐적이었다. 십자군 원정이 실패한 가장 큰 요인은 유럽 기독교 내의 다양한 이해관계와 분열에 두어야 할 것이다. 교황은 동서 교회를 통합해서 그의 영향력을 키우려고 했고, 제후와 기사들은 새로운 영토를 차지하려고 했으며, 상인들은 지중해

무역을 독점하려고 했고, 농민들은 신분의 자유를 꿈꾸었다. 각자가 동상이몽을 꿈꾸게 되면서 원정이 계속되면서 원래의 목적은 사라지고 서로의 이익을 위해서, 서로가 서로를 견제하는 형국이 되어갔다. 무엇보다도 십자군 원정은 종교적 열망이 뒷받침되어야 했다. 그런데 시간이 지나면서 그 종교적 열망은 변색되었으며, 여러 세속적인 욕망이 그것을 대체했다.

십자군 원정은 본래의 의도와 정반대의 결과를 낳으며 마무리되었다. 원정의 실패로 교황청의 권위는 추락했고, 교황청과 동로마 제국의 간극은 그 이전보다 더 벌어졌으며, 종교적 열망보다는 세속적 욕망이 고개를 들었다. 특히, 이탈리아의 주요 항구도시들이 해상을 통한 십자군 원정의 주요 거점이 되면서 베네치아, 제노바, 피사와 같은 도시들이 급성장했다. 이 도시들이 다가오는 르네상스 시대를 열게 하는 중심 매개체로 등장했다. 십자군 전쟁이 본래의 의도와는 달리 세속적 가치에 기초한 근대의 여명을 열었던 것은 역사의 아이러니가 아닐 수 없다.

긴 역사의 흐름에서 십자군 전쟁이 남긴 가장 안타까운 유산은 유럽 기독교 세계와 이슬람 세계의 분단과 증오가 되돌릴 수 없는 상황으로 심화되고 만 것이다. 원정 이전에는 두 종교 사이에 극단적인 증오감 없이 서로가 양존하는 상황이었는데, 200년간의 긴 전쟁과 그에 따른 서로 간의 약탈과 살육이 반복되면서 각각의 기억 속에 되돌릴 수 없는 반감과 증오만을 증폭시켰고, 그것은 지금까지도 이어지고 있다.

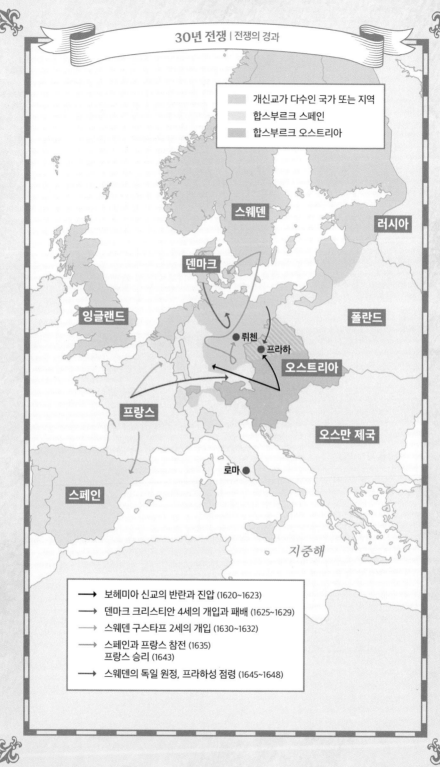

30년 전쟁 | 전쟁의 경과

개신교가 다수인 국가 또는 지역
합스부르크 스페인
합스부르크 오스트리아

스웨덴
러시아
덴마크
잉글랜드
폴란드
뤼첸 ● ● 프라하
오스트리아
프랑스
오스만 제국
로마 ●
스페인
지중해

→ 보헤미아 신교의 반란과 진압 (1620~1623)
→ 덴마크 크리스티안 4세의 개입과 패배 (1625~1629)
→ 스웨덴 구스타프 2세의 개입 (1630~1632)
→ 스페인과 프랑스 참전 (1635)
　프랑스 승리 (1643)
→ 스웨덴의 독일 원정, 프라하성 점령 (1645~1648)

♣ 30년 전쟁 연표 ♣

1517년	마르틴 루터, '95개 논조' 발표
1555년	아우크스부르크 화의 가톨릭과 루터교 중 종교 선택 자유 부여
1618년	프라하 투척 사건
1635년	페르디난트 2세, 스웨덴과 프라하 평화조약 체결 프랑스 참전, 본격적인 유럽 전쟁으로 확대
1643년	스페인 참패
1648년	스웨덴 군대, 프라하 성 점령 베스트팔렌 조약 체결

유럽사에 엄청난 변화를 몰고 온
서양 최초의 국제 전쟁

30년 전쟁
1618~1648

1618년 5월 23일, 보헤미아에서 믿기지 않는 사건이 발생했다. 오늘날의 오스트리아와 체코 공화국에 해당하는 보헤미아 지역의 신교도들이 프라하성으로 쳐들어가 3명의 가톨릭 관료를 붙잡아 창밖으로 던져버렸다. 이것이 30년 전쟁의 발화점이 되는 '프라하 투척 사건'이다.

그런데 세 사람 모두 기적적으로 살아났다. 3층 높이에서 떨어졌음에도 불구하고 이들이 살아난 것은 사건을 더욱 키웠다. 가톨릭교도들은 천사와 성모 마리아가 그들을 받아냈기에 살아남았다고 주장하며 신교도의 악마와 같은 행동에서 하느님은 자

1618년 신교도들이 프라하 성으로 쳐들어가 가톨릭 관료를 창밖으로 투척한 사건을 묘사한 삽화.

신들 편에 섰다고 설파했다. 이에 신교도들이 발끈했다. 그들은 세 사람이 두엄더미에 떨어졌기 때문에 살아났다고 주장하며 교회의 일방적인 해석을 비웃었다.

사건은 순식간에 독일 전체로 퍼져나갔고, 주변 유럽 국가들을 긴장하게 만들었다. 이미 100년 동안 유럽은 종교적 대변혁을 겪고 있었다. 1517년 독일의 비텐베르크에서 가톨릭 수사였던 마르틴 루터가 교회를 비판하는 '95개조 논조'를 발표하면서 1,000년 이상 견고했던 가톨릭 세계가 뿌리째 흔들리기 시작했다. 유럽 전역은 종교와 맞닿은 세속적 이해관계가 얽히고 부딪

히면서 혁명의 기운이 가득했다. 자그마한 사건 하나도 유럽 전체를 뒤흔들어 놓을 거대한 혁명의 불씨가 될 수 있었다. 그 불씨가 프라하 투척 사건이었다.

주로 북부 유럽, 즉 신교 영향권이 큰 곳에서는 보헤미아 신교를 지원하기 시작했다. 그 대표적인 국가가 스웨덴과 덴마크-노르웨이 왕국이었다. 구교는 차기 신성 로마 제국 황제에 내정된 페르디난트 2세를 중심으로 결집했다. 황제의 조카인 스페인의 필리페 4세가 지원하고 나섰다. 이렇게 30년 전쟁의 서막이 열렸다.

페르디난트 2세는 범 가톨릭 연합을 내세우며 보헤미아의 반란 진압에 총력을 기울였다. 합스부르크 왕가와 가톨릭 제후 연합은 스페인을 비롯해서 프랑스와 벨기에 등의 방대한 지원을 받았다. 결집된 구교의 세력에 신교는 별다른 구심점을 구축하지 못했다. 결국 1620년, 신교 반란은 진압되었다. 반란 지도자들은 처형되었고, 그들이 소유한 수많은 대지는 진압군에게 몰수당했다.

하지만 합스부르크 왕가의 세력이 북유럽까지 확대되는 것을 우려한 덴마크-노르웨이 왕국의 크리스티안 4세가 신교 제후들을 지지하자, 전쟁의 불씨는 다시 타올랐다. 1625년 독일 작센 지방의 여러 영주들과 도시국가들이 그들을 지원했고, 영국과 네덜란드도 군자금을 댔다. 하지만 상황은 그들에게 유리하게 전개되지 않았다. 작센과 브란덴부르크 선제후들이 적극적으로 참전하지 않았고, 지원을 약속했던 영국이나 스웨덴은 국내 상황 때문에 적극적으로 지원할 수 없었으며, 스웨덴이나 네덜란드도 마찬가지였다. 결국 1629년 크리스티안 4세는 신성 로마 제국과 별도로 조약을 맺고 독일에서 완전히 물러났다. 페르디난트 2세는 복원령을 내려 신교도들에게 그들이 차지했던 가톨릭교회의 재산을 모두 내놓으라고 명령했다.

국가와 종교보다는 돈벌이로
전쟁에 뛰어든 병사들

승리에 도취한 페르디난트 2세는 발트해로 진출해서 세력을 키우려고 했다. 그러자 스웨덴이 발끈했다. 1630년 스웨덴 왕 구스타프 2세는 신교도 편에 서서 전쟁에 뛰어들었다. 가톨릭 군대는 북유럽에서 위축되기 시작했고, 신교도 연합은 그동안 잃어버린 영토의 상당 부분을 되찾게 되었다.

위기에 처한 페르디난트 2세를 도운 사람이 알브레이트 폰 발렌슈타인이었다. 그는 보헤미아의 하급 귀족으로서 전쟁의 소용돌이 속에서 부를 축적하며 유럽 최대 규모의 개인 용병 군대를 소유한 야심가였다. 그는 몇 년 전 크리스티안 4세와의 전투에서 페르디난트 2세에 발탁되어서 황제군의 총사령관으로서 북부 독일에서 상당한 전과를 올렸다. 하지만 독단적이고 개인

보헤미아의 군인이자 정치가
발렌슈타인

적 야욕을 챙기는 데 급급했기에 독일 내 가톨릭 제후들의 반감을 사서, 해임을 당한 인물이었다. 그런 그를 스웨덴 군대의 압박을 뚫기 위해서 페르디난트 2세가 다시 불러들인 것이다.

30년 전쟁은 용병의 전쟁이었다. 이전 시대와는 달리 새로운 전술과 무기가 등장하면서 전투는 기동성이 요구되었다. 4열 밀집 대형이 파괴적인 대포 공격과 측면 공격에 취약하게 되자 2열로 늘어뜨리는 대형으로 변화되었다. 대포는 더욱 경량화되어서 전투의 형태에 따라 유연성 있게 이동이 가능하게 되었다.

새로운 전술과 무기는 숙달된 전문 군인들을 필요로 했다. 또한 먼 지역으로 이동을 요구하는 전술에다 장시간 전쟁을 수행하기 위해서는 많은 병사가 필요했는데, 그들을 한 지역에서 충원할 수는 없었다. 스웨덴의 구스타프 2세의 경우만 보더라도 그가 가용할 수 있는 병사는 인구의 20% 정도였으니, 대다수의 병사들은 외국 용병을 고용할 수밖에 없었다. 용병들은 같은 신교도 국가인 스코틀랜드와 다른 북부 유럽에서 왔는데, 그야말로 돈만 주면 어디나 지원하는 병사들이었다. 이들은 국가와 종교보다는 약속한 돈을 받기 위해서 전쟁에 뛰어든 사람들이었다. 약속을 지키지 않거나 더 좋은 조건을 제시하는 지도자가 나타나면 진영을 바꾸기도 했다.

용병 대장이란 칭호가 붙은 발렌슈타인도 용병을 활용해서 전쟁에 참가했다. 그는 여러 다양한 지역으로 나뉜 신성 로마 제국의 특성을 이용해서 자신의 재원으로 용병을 키웠다. 1631년 그는 54개의 보병 연대와 74개의 기마 연대를 보유한 총 10만 명 규모의 군대를 거느릴 정도였다. 페르디난트 2세의 입장에서는 신교도가 대부분이던 독일에서 발렌슈타인과 같은 용병 대장이 자신을 대신해서 전투를 수행할 수 있었기에 그를 중용할 수밖에 없었다.

용병은 전쟁을 참혹하게 만들었다. 발렌슈타인 군대는 전투가 계속되면서 살인, 방화, 약탈, 강간 등 온갖 잔혹한 행위를 일삼았다. 지역과의 유대감이 없었던 용병들은 민간인들에게까지 이러한 만행을 서슴지 않았다. 수많은 사람들이 죽어나갔고, 농토는 황폐화되어갔다. 발진티푸스와 콜레라 같은 전염병이 창궐

하면서 독일의 대부분은 죽음의 도시로 변해갔다. 예컨대 아우크스부르크는 4만 8,000명이던 인구가 전쟁 후 2만 1,000명으로 줄어들었다.

1632년 11월 16일 뤼첸 전투에서 구스타프 2세가 전사하면서 스웨덴의 전열이 흐트러지기 시작했다. 하지만 발렌슈타인은 이 기회를 적극적으로 살릴 수 없었다. 그가 내부의 반발로 위기에 처했기 때문이었다. 발렌슈타인은 전쟁이 지속될수록 자신의 경제적, 정치적, 군사적 야망을 키우고 있었다. 자신이 황제와 동격인 권한을 가졌다고 떠들고 다니면서 군사적으로는 물론 정치적, 외교적 영역에서도 독단적으로 이권을 챙겼다. 게다가 그의 용병 부대는 약탈과 살인, 강간 등 온갖 야만적인 만행을 자행한 탓에, 신교 지역뿐만 아니라 구교 지역 내에서도 민심을 잃었다.

페르디난트 2세는 더는 참을 수 없었다. 그는 발렌슈타인을 반역자로 선언했다. 1634년 2월 25일 발렌슈타인은 자신의 용병 부하들에게 암살당했다.

이후 전투는 특별한 구심점 없이 공방전만 계속되었고, 다음 해 페르디난트 2세는 스웨덴과 프라하 평화조약을 체결했다. 독일 북동부의 루터파와 칼뱅파 제후들은 더 이상 상호 동맹을 맺거나 외국과의 동맹을 맺지 않기로 약속했고, 그 대가로 그들의 영토를 보존했다. 하지만 오늘날의 오스트리아와 체코 공화국의 남부와 서부 영토는 보존 받지 못했기에 여전히 불화의 불씨는 남게 되었다.

유럽 전역으로 퍼진
서양 최초의 국제 전쟁

30년 전쟁은 '프라하 투척 사건'이라는 상징적인 사건을 계기로 기존의 가톨릭 세력과 신교 세력 간에 벌어진 전쟁이었다. 시작은 전쟁이라고 하기보다는 신성 로마 제국의 황제 페르디난트 2세가 가톨릭 연합군의 도움을 받아 보헤미아의 신교도 반란을 진압하려는 지엽적인 군사적 원정이었다.

하지만 이로 인해 신교도가 많았던 보헤미아가 위축되고 합스부르크 왕가의 세력이 북유럽까지 확대되는 것을 우려한 스웨덴과 네덜란드 등의 주요 반가톨릭 국가들이 신교 제후들을 지지하면서 전쟁이 확대되었다. 그리고 이후 보헤미아와 북유럽에 제한적이었던 전쟁이 전 유럽의 전쟁으로 확대되는 결정적인 계기가 발생했다. 스웨덴의 구스타프 2세가 전사하고 스웨덴이 고립되자, 그동안 뒤에서 스웨덴을 지원했던 프랑스가 본격적으로 전쟁에 개입한 것이다.

왜 가톨릭 국가인 프랑스가 스웨덴을 지원했을까? 프랑스는 합스부르크 왕가의 세력이 너무 커지는 것을 그대로 지켜볼 수 없었기 때문이었다. 1635년에 스페인이 프랑스의 보호를 받고 있던 트리어 대주교를 사로잡자, 루이 13세의 추기경이자 재상인 리슐리외는 이것을 명분으로 신교 국가들과 손잡고 30년 전쟁에 뛰어들었다.

프랑스와 스페인이 30년 전쟁에 참전함으로써 전쟁은 본격적인 유럽 전쟁으로 확대되었다. 프랑스와 스페인의 대결은 처음에는 팽팽했지만, 이내 스페인의 힘이 급격히 쇠락해갔다. 1639년, 77척의 스페인 함대는 프랑스 북부에 상륙하려다가 네덜란드에 의해 선박 대부분이 침몰되거나 나포되는 참패를 당했다. 이후 스페인의 해군은 다시는 일어서지 못했다. 1640년 포르투갈의 반란으로 스페인의 전력은 더욱 약화되었다.

1643년은 30년 전쟁에서 중추적인 해였다. 프랑스의 루이 13세가 죽고 왕위는 그의 다섯 살 된 아들 루이 14세에게 양위되었다. 왕위 계승 이틀 후인 5월 17일, 스페인은 프랑스 북동부에서 결정적인 패배를 당하고 말았다. 병력 2만 6,000명이 전멸되는 참패를 당한 스페인은 더 이상 유럽에서 군사적 강대국으로서의 지위를 유지할 수 없게 되었다. 1645년에 스웨덴 군대가 비엔나를 공격했다. 1647년 합스부르크 군대는 지금의 오스트리아에서 스웨덴과 프랑스를 격퇴할 수 있었지만, 다음 해 봄, 스웨덴 군대가 30년 전쟁의 시발점이었던 신성 로마 제국의 프라하 성을 점령했다. 이로써 독일의 종교 문제로 발발했지만 유럽의 여러 정치적 이해관계와 엮이면서 유럽 최초의 국제전으로 확대되었던 30년 전쟁이 마무리되었다.

'세력 균형의 원칙'이
유럽 외교의 근간이 되다

전쟁에 참여했던 국가들은 1648년 '베스트팔렌 조약'을 맺고 30년간 끌어온 긴 전쟁의 막을 내렸다. 조약의 결과로 종교적으로는 신성 로마 제국 내에서 가톨릭, 루터파와 더불어 칼뱅파도 공식적으로 신앙의 자유를 인정받았고, 개인이 신앙을 자유롭게 선택할 수 있게 되었다. 정치적으로는 신성 로마 제국 내의 제후들은 영토에 대한 완전한 주권과 외교권, 조약 체결권 등을 인정받았다. 이는 독일이 1871년까지 통일 국가를 이루지 못한 결정적인 배경이 되었다. 유럽의 정치 지형도에도 큰 변화가 생겼다. 스페인은 포르투갈과 네덜란드 공화국에 대한 지배권을 잃었다. 네덜란드와 스위스의 독립이 정식으로 승인되었다. 프랑스는 승전의 대가로 알자스 지방과 라인강 왼쪽 연안의 땅을 차지하게 되었고, 스웨덴은 발트해 연안의 땅을 가졌으며, 브란덴부르크는 동 포메른을 차지하여 영토를 확장했다.

30년 전쟁으로 근대 유럽의 종교적, 정치적 지형도의 근간이 형성되었다. 참혹한 전쟁의 결과로 유럽은 그러한 비극을 막기 위해서는 어떠한 강한 세력이 등장하지 못하도록 견제해야 한다는 것을 실감했다. 이른바 '세력 균형'의 원칙이 향후 유럽 외교의 근간이 되었다. 이는 나폴레옹이 등장하기까지 150여 년간 유럽의 불문율이 되었다.

〈뮌스터의 베스트팔렌 평화 회의〉, 헤라르트 테르 보르흐. 1648년, 30년 전쟁 참전국들은 독일 북부의 베스트팔렌 지방에 모여 전쟁을 끝내기 위한 평화조약을 체결했다.

하지만 이러한 원칙과 교훈을 얻기까지 유럽인들이 치렀던 대가는 너무나 컸다. 무엇보다도 상상을 초월한 인명 피해였다. 새로운 전술과 파괴적인 무기의 등장으로 전사율은 갈수록 높아졌다. 전투에서 병력의 절반 이상이 죽어나가는 경우도 허다했다. 무엇보다도 전투가 계속되면서 군대는 사람을 죽이는 것에 너무 익숙해졌다. 발렌슈타인이 그랬던 것처럼 용병의 투입이 일상화되면서 기본적인 인간 정신이 사라졌고, 수많은 민간인들이 살육당했다. 가장 피해가 컸던 독일에서는 마을 하나가 사라지는 일이 비일비재했다.

유럽 인구의 20%가
목숨을 잃은 대재앙

30년 전쟁은 종교개혁의 역사적 의의를 되돌아보게 한다. 1517년 마르틴 루터가 당긴 가톨릭에 대한 비판의 화살은 순식간에 유럽을 혁명의 화염에 휩싸이게 했고, 그 정점이 30년 전쟁이었다.

그런데 역사적 전개의 공식 명칭이 종교개혁이란 것이 흥미롭다. 영어로는 리포메이션Reformation이라고 한다. 요즘 우리식으로 생각하면, 오래되고 더럽혀진 기존의 가톨릭교회를 '리폼'해서 새로이 거듭난다는 의미이다. 루터를 비롯한 이른바 '프로테스탄트' 개혁가들은 혁명을 부르짖기보다는 개혁을 요구했다. 기존 가톨릭교회의 타락과 부패를 청산하고 교회를 새롭게 하자는 것이 그들의 근본적인 요구였기에, 이는 혁명이라기보다는 개혁에 가깝다. 결과적으로 교회는 갈라졌지만, 어느 한쪽이 완전히 무너진 것이 아니라 가톨릭의 구교와 프로테스탄트의 신교가 비교적 균등하게 양분된 것이기에 혁명보다는 개혁에 가깝다고 할 수 있다.

하지만 역사의 큰 흐름에서 보면 그것은 혁명이었다. 그것도 작은 혁명이 아니라 엄청난 혁명이었다. 1,000년 동안 유럽인에겐 그 자체가 우주이며 전부였던 교회가 갈라지고 전 유럽이 처절한 아픔과 상처로 얼룩지게 된 사건을 어찌 개혁이란 용어로 설명할 수 있겠는가? 거기에는 혁명, 아니 그보다 훨씬 더 강력한 용어가 붙어야 할 것이다.

혁명의 매서운 불꽃은 인간의 목숨을 태우면서 번진다. 그것도 너무 많은, 도저히 믿기지 않는 희생이 뒤따른다. 그리고 그 인재人災의 토대 위에 전혀 새로운 질서가 태동한다. 그 비극의 장은 훗날 역사가들에 의해 역사의 전환점이란 훈장적 수식이 주어진다. '전환점'이란 뉘앙스에서 풍기는 역사적 불가피성이라는 매력적인 은폐로 말이다.

1618년부터 1648년까지 지속된 30년 전쟁으로 인해 적게는 400만 명, 많게는 1,200만 명이 목숨을 잃었다. 유럽 인구의 20%가 사라졌다. 전쟁의 중심지였던 신성 로마 제국, 즉 지금의 독일은 적어도 인구의 30%가 사라졌다. 어떤 지역에서는 인구의 절반 이상이 목숨을 잃었다. 역사상 가장 처참한 전쟁으로 간주하는 제2차 세계대전에서 전체 인구의 3%가 사망했으니, 30년 전쟁의 비극이 어느 정도였는지를 상상할 수 있다.

이런 참극 속에서도 정치인들은 국가와 민족의 정체성이란 명분으로 전쟁을 합리화했고, 종교인들은 불가피한 '영적' 전쟁으로 그들의 전사를 영웅화했다. 30년 전쟁이 민족국가의 토대를 제공하고, 종교적 갈등을 마무리하며 근대 유럽의 여명을 재촉한 것은 사실이지만, 그것이 과연 필요한 전쟁이었는가에 대한 무거운 물음을 던진다. 너무 많은, 도저히 믿기지 않는 인간의 희생을 치르면서 말이다.

본문 이미지 출처

제1차 세계대전

p25. 사라예보 사건을 묘사한 삽화, Achille Beltrame 그림, 신문 〈La Domenica del Corriere〉
1914. 7. 12 일자 게재

p33. 베르덩 전투, ⓒshutterstock 785840254

p36. 베르사유조약의 서명, Helen Johns Kirtland etc. 촬영, 1919. 6. 28,
ⓒ미국 국립문서보관소

우크라이나 전쟁

p45. 홀로도모르로 굶어 죽은 사람들, Alexander Wienerberger 촬영, 1933

p48. 보흐단 흐멜니츠키, 작자 미상, ⓒ러시아 주립역사박물관

p48. 알렉세이 미하일로비치, 작자 미상, www.varvar.ru

p54. 러시아의 우크라이나 공습, ⓒshutterstock 2128738142

이라크 전쟁

p59. 9.11테러 당시 세계 무역 센터 남쪽 타워, Robert J. Fisch 촬영, 2001. 9. 11

p69. 사담 후세인, 작자 미상, 2003. 12. 14

스페인의 아메리카 정복 전쟁

p78. 원주민을 학살하는 탐험가들, Theodor de Bry, 1590s.

p83. 마추픽추, ⓒshutterstock 2288166057

100년 전쟁

p95. 〈크레시 전투Battle of Crécy〉, Jean Froissart, 15세기, ⓒ프랑스 국립도서관

p98. 〈장2세John II of France〉, anonymous, 1350s, ©루브르 박물관

p98. 〈샤를5세Charles V of France〉, Gillot Saint-Evre, 1838, ©베르사유궁전

p102. 〈잔다르크의 오를레앙 입성Entrée de Jeanne d'Arc à Orléans〉, Jean-Jacques Scherrer, 1887

베트남 전쟁

p117. 틱광득 스님의 소신공양, Malcolm Browne 촬영, 1963. 6. 11.

p120. 구찌 터널 내부, ©shutterstock 1864226704

p120. 구찌 터널 입구, ©shutterstock 131888564

p122. 사이공 테트 공세, Meyerson, Joel D. 촬영, 1968

p124. 사이공을 탈출하는 남베트남인들, 미국 해병대(USMC) 촬영, 1975. 4. 29

미국 남북 전쟁

p133. 〈죽음의 수확The Harvest of Death〉, Timothy H. O'Sullivan 촬영, 1863. 7. 5

p136. 〈바람과 함께 사라지다〉 영화 포스터, ℗originalfilmart

p139. 링컨 암살 슬라이드, Adam Cuerden, 1900년경, ©Heritage Auctions

p141. 링컨 기념관, G. Edward Johnson 촬영, 2004. 10. 11

보스니아 전쟁

p152. 바냐루카의 현재 모습, ©shutterstock 2168826107

p157. 스레브레니차 발굴, ©구 유고슬라비아 국제형사재판소(ICTY), 1996

p160. 믈라디치, ©구 유고슬라비아 국제형사재판소(ICTY), 2017. 11. 14

p160. 카라지치, Mikhail Evstafiev 촬영, 1994. 3. 3

중국내전

p171. 마오쩌둥 대장정, 미확인

p174. 장제스와 마오쩌둥, Jack Wilkes 촬영, 1945. 9. 27, ©Time Inc.

제2차 세계대전

p184. 아돌프 히틀러의 초상, Heinrich Hoffmann 촬영, 1938, ©독일 연방 기록 보관소

p186. 아우슈비츠 강제 수용소, ©shutterstock 1426404212

p190. 〈미국 전함 애리조나The USS Arizona〉, 작자 미상, 1941. 12. 7.

p194. 〈죽음의 문턱 속으로Into the Jaws of Death 〉, Robert F. Sargent 촬영, 1944. 6. 6.

ⒸΠ미국 국립문서기록관청

p197. 히로시마 상공의 버섯구름, George R. Caron 촬영, 1945. 8. 6.

p197. 나가사키 상공의 버섯구름, Charles Levy 촬영, 1945. 8. 9.

페르시아 전쟁

p204. 페르세폴리스의 다리우스 부조, Derfash Kaviani 촬영, 2008. 3. 19

p211. 〈페르모필레의 레오니다스Léonidas aux Thermopyles〉, David, Jacques-Louis, 1814,
Ⓒ루브르 박물관

p213. 〈테미스토클레스Themistocles〉, E. Wallis, 《Illustrerad verldshistoria utgifven》 1권의
삽화, 1875

p215. 파르테논 신전, Ⓒshutterstock 719305414

몽골의 정복 전쟁

p222. 징기즈 칸의 초상화, 작자 미상, 14세기, Ⓒ대만 국립고궁박물원 소장

p225. 〈레그니차 전투Battle of Legnica〉, 작자 미상, 1353, ⒸJ. Paul Getty Museum

알렉산드로스 대왕의 정복 전쟁

p238. 알렉산드로스 대왕의 대리석 초상, Ⓒshutterstock 358037771

p242. 〈알렉산드로스와 포로스Alexander and Porus〉, Charles Le Brun, 1673

p245. 마케도니아식 팔랑크스 대열, Ⓒshutterstock 2063509808

p249. 전투 코끼리, André Castaigne, 1911년경

p252. 페르세폴리스, Ⓒshutterstock 2240060881

나폴레옹 전쟁

p260. 〈알프스를 넘는 나폴레옹Napoleon Crossing the Alps〉, Jacques-Louis David, 1805,
Ⓒ프랑스 말메종 국립박물관

p264. 〈아우스터리츠 전투의 나폴레옹The Battle of Austerlitz〉, François Gérard, 1810,
Ⓒ베르사유궁전

p267. 〈나폴레옹의 모스크바 철군Napoleon's retreat from Moscow〉, Adolph Northen, 1851

p270. 롱우드 하우스, Ⓒshutterstock 1193204035

팔레스타인-이스라엘 전쟁

p278. 예루살렘, Ⓒshutterstock 533085721

p287. 인티파다, ⓒshutterstock 2374534017

p289. 노벨평화상을 받는 오슬로 협정의 주역들, Saar Yaacov 촬영, 1994. 12. 10

이란-이라크 전쟁

p298. 주이란 미국 대사관 인질 사건, 작자 미상, 1979. 11. 4.

p302. 방독면을 쓴 이란 병사, Mahmoud Badrfar 촬영, 1985. 3

십자군 전쟁

p312. 말라즈기르트 전투 그림, Boccace, 15세기

p315. 교황 우르바누스 2세 전신상, Denys 촬영, 2007. 11. 2.

p319. 안디옥 성 포위 공격, Jean Colombe, 1474년경, ⓒ프랑스 국립도서관

30년 전쟁

p329. 프라하 성 투척 사건, 《유럽극장Theatrvm Evropaevm》1권의 삽화, Matthäus Merian
그림, 1635~1662년경 발행

p332. 발렌슈타인 초상화, 작자 미상, 1700년경

p338. 〈뮌스터의 베스트팔렌 평화 회의The Ratification of the Treaty of Münster〉, Gerard ter
Borch, 1648, ⓒ네덜란드 국립미술관

그 외의 본문 사진 ⓒwikipedia

요즘 어른을 위한
최소한의 전쟁사

초판 1쇄 발행 2024년 3월 20일
초판 9쇄 발행 2024년 10월 14일

지은이 김봉중
펴낸이 이경희

펴낸곳 빅피시
출판등록 2021년 4월 6일 제2021-000115호
주소 서울시 마포구 월드컵북로 402, KGIT센터 19층 1906호